长江经济带

发展与保护

李世祥　王占岐　郭凯路　著

中国社会科学出版社

图书在版编目（CIP）数据

长江经济带：发展与保护 / 李世祥，王占岐，郭凯路著. —北京：中国社会科学出版社，2020.12

ISBN 978-7-5203-7211-4

Ⅰ.①长… Ⅱ.①李…②王…③郭… Ⅲ.①长江经济带—区域经济发展—研究 Ⅳ.①F127.5

中国版本图书馆 CIP 数据核字（2020）第 175308 号

出 版 人	赵剑英
责任编辑	黄 晗
责任校对	王玉静
责任印制	王 超

出　　版	中国社会科学出版社
社　　址	北京鼓楼西大街甲 158 号
邮　　编	100720
网　　址	http://www.csspw.cn
发 行 部	010-84083685
门 市 部	010-84029450
经　　销	新华书店及其他书店
印　　刷	北京君升印刷有限公司
装　　订	廊坊市广阳区广增装订厂
版　　次	2020 年 12 月第 1 版
印　　次	2020 年 12 月第 1 次印刷
开　　本	710×1000 1/16
印　　张	21
字　　数	273 千字
定　　价	119.00 元

凡购买中国社会科学出版社图书，如有质量问题请与本社营销中心联系调换
电话：010-84083683
版权所有　侵权必究

前　言

习近平总书记在党的十九大报告中指出："以共抓大保护、不搞大开发为导向推动长江经济带发展。"2018年4月26日，习近平总书记在武汉召开的推动长江经济带发展座谈会上指出，推动长江经济带发展是党中央作出的重大决策，是关系国家发展全局的重大战略；并进一步强调，要坚持把修复长江生态环境摆在推动长江经济带发展工作的重要位置，共抓大保护，不搞大开发，不搞大开发不是不要开发，而是不搞破坏性开发，要走生态优先、绿色发展之路。当前，我国社会主要矛盾已经转化为人民日益增长的美好生活需要和不平衡不充分的发展之间的矛盾。放到长江经济带来看，上游、中游和下游之间的地区发展不平衡问题十分明显，上游、中游要发展，解决贫困问题，经济增长压力大；下游要持续发展，转变发展方式、优化经济结构和转换增长动力，高质量发展需求大。这些不同区域都有自己的发展与保护任务的侧重点。就全流域整体来看，都有一个共同前提条件，那就是要把修复长江生态环境摆在压倒性位置。总之，面向新时代，发展与保护是长江经济带战略实施过程中必须统筹兼顾的两大战略任务。长江经济带建设必须坚持在发展中保护、在保护中发展，不能把生态环境保护和经济发展割裂开来，更不能对立起来。

本书以长江经济带的发展与保护为主题开展研究，针对长江经济带的过去、现在和未来进行系统研究。全书共分九章。其中，

第一章是导论，介绍了长江经济带发展与保护提出的背景，综述了目前的相关研究，提出了本书的内容体系、研究方法和主要观点。第二章是长江经济带发展与保护理论基础，包括区域经济、产业集聚与协调发展，资源环境与可持续发展，流域治理与保护，"两山"理论与长江大保护等相关理论。第三章是长江经济带发展与保护战略的形成，包括改革开放前长江流域开发治理，改革开放后长江经济带战略演变，党的十八大以来长江经济带战略转型升级，新时代长江经济带战略导向，以及长江经济带战略不同阶段对比。第四章是长江经济带经济社会发展形势，包括长江经济带整体发展概况，长江经济带农业发展、工业化、城镇化及社会发展情况。第五章是长江经济带自然资源与生态环境现状，包括长江经济带自然资源与生态系统、自然资源利用和突出环境问题。第六章是长江经济带发展与保护政策及其实施，包括长江经济带中央层面政策及其实施、省级层面政策及其实施，以及长江经济带发展与保护政策实施总体评价。第七章是长江经济带分区域特点及其政策，包括长江经济带上游区域特点及其政策、中游区域特点及其政策、下游区域特点及其政策。第八章是湖北长江经济带发展与保护案例，包括湖北在长江经济带中的地位及优势，湖北长江经济带发展与保护现状、面临的问题及体制机制优化建议。第九章是长江经济带发展与保护的未来展望，包括长江经济带发展形势与挑战，长江经济带竞争力提升策略、政策创新及研究展望。

总体看来，本书的特点主要体现在四个方面。一是较为系统地梳理和分析了长江经济带战略的形成、演变、实施及其评估，内容涵盖了长江经济带研究的一般理论、社会经济、自然资源和生态环境、分区域各省市特点、发展与保护政策现状、典型案例研究、发展与保护政策建议等方面。二是围绕长江经济带发展与保护的两大战略任务开展研究，紧紧围绕"在发展中保护，在保护中发展"这条主线，深刻阐释"绿水青山就是金山银山"的习近平生态文明思想。三是理论与实践相结合，全书重点突出、理论联系实际，从长江经济带所涉及的一般理论出发，通过调查研究和案例研究，将一般理论与具体政策实践相结合，统筹分析长江经济带发展与保护现状、政策特点及发展趋势。四是注重政策应用性，全书通过评估现行政策，剖析湖北案例，借鉴国外流域治理成功经验，结合长江经济带发展与保护形势及挑战，有针对性地提出了相关政策建议，为推动长江经济带高质量发展和长江大保护提供了科学、可行的思路和方案。

目 录

第一章 导论 …………………………………………………… （1）
 第一节 长江经济带发展与保护提出的背景 ………………… （1）
 第二节 长江经济带发展与保护相关研究 …………………… （4）
 第三节 本书内容体系与研究方法 …………………………… （17）
 第四节 本书的主要观点 ……………………………………… （22）

第二章 长江经济带发展与保护理论基础 …………………… （25）
 第一节 区域经济、产业集聚与协调发展 …………………… （25）
 第二节 资源环境与流域可持续发展 ………………………… （39）
 第三节 流域治理与保护 ……………………………………… （50）
 第四节 "两山"理论与长江大保护 ………………………… （62）

第三章 长江经济带发展与保护战略的形成 ………………… （68）
 第一节 改革开放前长江流域开发治理 ……………………… （68）
 第二节 改革开放后长江经济带战略演变 …………………… （71）
 第三节 十八大以来长江经济带战略转型升级 ……………… （76）
 第四节 新时代长江经济带战略导向 ………………………… （78）
 第五节 长江经济带战略不同阶段对比 ……………………… （79）

第四章 长江经济带经济社会发展形势 ……………………… （81）
 第一节 长江经济带整体发展概况 …………………………… （81）

第二节　长江经济带农业发展 …………………………… (88)
　　第三节　长江经济带工业化 ……………………………… (97)
　　第四节　长江经济带城镇化 ……………………………… (104)
　　第五节　长江经济带社会发展 …………………………… (110)

第五章　长江经济带自然资源与生态环境现状 …………… (124)
　　第一节　长江经济带自然资源与生态系统 ……………… (124)
　　第二节　长江经济带自然资源利用 ……………………… (133)
　　第三节　长江经济带突出的环境问题 …………………… (149)

第六章　长江经济带发展与保护政策及其实施 …………… (157)
　　第一节　长江经济带中央层面政策及其实施 …………… (157)
　　第二节　长江经济带省级层面政策及其实施 …………… (173)
　　第三节　长江经济带发展与保护政策实施总体评价 …… (180)

第七章　长江经济带分区域特点及其政策 ………………… (184)
　　第一节　长江经济带上游区域特点及其政策 …………… (184)
　　第二节　长江经济带中游区域特点及其政策 …………… (199)
　　第三节　长江经济带下游区域特点及其政策 …………… (214)

第八章　湖北长江经济带发展与保护案例 ………………… (233)
　　第一节　湖北在长江经济带中的地位及优势 …………… (233)
　　第二节　湖北长江经济带发展与保护现状 ……………… (237)
　　第三节　湖北长江经济带发展与保护面临的问题 ……… (245)
　　第四节　湖北长江经济带发展与保护体制机制 ………… (254)

第九章　长江经济带发展与保护的未来展望 ……………… (275)
　　第一节　长江经济带发展形势与挑战 …………………… (275)

第二节　长江经济带竞争力提升策略…………………（279）
第三节　长江经济带政策创新……………………………（281）
第四节　长江经济带研究展望……………………………（286）

附件1　湖北构建"共抓长江大保护"体制机制研究
　　　　 调研问卷………………………………………（288）

附件2　中央及湖北省关于长江经济带政策文件一览表……（296）

参考文献………………………………………………………（298）

后　记…………………………………………………………（324）

第一章

导　　论

第一节　长江经济带发展与保护提出的背景

一　长江经济带

长江经济带是中国重大国家战略发展区域，是具有全球影响力的内河经济带、东中西互动合作的协调发展带、沿海沿江沿边全面推进的对内对外开放带，也是生态文明建设的先行示范带。它涵盖9省2市，包括上游的重庆、四川、云南和贵州，中游的江西、湖北和湖南，以及下游的上海、浙江、江苏和安徽，横跨东中西三大区域。区域内共有125个地级以上城市，866个县级行政单元，总面积约205万平方公里，占全国的21.4%，人口和GDP均超过全国的40%，具有独特优势和巨大发展潜力。

长江经济带是从行政区划和区域经济的角度划分的，它既是一个自然地理意义上的概念，更是一个区域经济意义上的重要概念。作为一个自然地理概念，长江经济带在空间上本身就是一个系统化、整体化的区域，有其自然范围和边界。作为一个区域经济概念，长江经济带是以人的意志划分出来的，它是以长江流域为依托，按照沿线省市行政区域边界划分出来的范围，包含了长江流域的主要部分，因而空间范围小于长江流域。

长江经济带在交通、资源、产业、人力资源、城市发展、文化等方面具有明显优势。按照国家的战略定位，长江经济带应努力成为引领中国经济高质量发展的排头兵，实施生态环境系统保护修复的创新示范带，培育新动能引领转型发展的创新驱动带，创新体制机制推动区域合作的协调发展带。

新时代，党中央、国务院提出的长江经济带发展战略主要有四个方面的意义：

（1）有利于探索绿色发展道路。长江是中国第一大河流，流域面积广，生态资源丰富，沿途分布着众多城市、产业和人口，长江经济带的绿色发展模式对全局发展具有示范和引领作用。因此，推动长江经济带战略可以为我国其他区域经济发展提供模式和体制机制经验借鉴。

（2）有利于推动区域经济纵深发展。长江经济带横贯东中西，区域发展差异明显，特别是中上游广阔腹地蕴含巨大发展潜力。因此，实施长江经济带战略有利于推动区域经济纵深发展，缩小东中西发展差距。

（3）有利于促进经济一体化。长江经济带涵盖9省2市，面积广，人口多，生产要素密集，共同市场需求大，一体化效应显著。因此，实施长江经济带战略有利于推动区域内要素自由流动、最优配置和成果共享，促进经济一体化。

（4）有利于培育国际经济合作竞争优势。长江经济带是"一带一路"在国内的主要交汇地带，对于优化沿江产业结构和城镇化布局，统筹沿海、沿江、沿边和内陆开放，实现同"一带一路"建设有机融合，培育国际经济合作[1]竞争优势，具有重要的现实意义。

经过不断积累和发展，长江经济带已成为中国重大国家战略发展区域，成为我国综合实力最强、战略支撑作用最大的区域之一，起着承上启下，承东启西的重要作用。它是整个长江流域最发达

---

[1] 习近平：《在深入推动长江经济带发展座谈会上的讲话》，《人民日报》2018年4月27日第1版。

的地区，是东中西互动合作的协调发展带，是沿海沿江沿边全面推进的对内对外开放带，也是生态文明建设的先行示范带。[①] 与其他经济区域相比，长江经济带拥有我国最广阔的腹地和发展空间，将为我国经济可持续增长注入新动能，可望成为世界上可开发规模最大、影响范围最广的内河经济带。

二 长江大保护

2016年1月5日，习近平总书记在重庆召开的推动长江经济带发展座谈会上强调，把修复长江生态环境摆在压倒性位置，共抓大保护、不搞大开发，努力把长江经济带建设成为生态更优美、交通更顺畅、经济更协调、市场更统一、机制更科学的黄金经济带，探索出一条生态优先、绿色发展新路子。[②] 在这次座谈会上，长江大保护的概念首次从国家层面提出并得到广泛关注。

2018年4月26日，习近平总书记在武汉召开的推动长江经济带发展座谈会上指出，推动长江经济带发展是党中央作出的重大决策，是关系国家发展全局的重大战略。进一步强调，要坚持把修复长江生态环境摆在推动长江经济带发展工作的重要位置，共抓大保护，不搞大开发，不搞大开发不是不要开发，而是不搞破坏性开发，要走生态优先、绿色发展之路。[③] 这为长江经济带发展立下规矩，通过共抓大保护实现发展，做到"绿水青山"和"金山银山"的有机统一。

长江大保护的提出是由多方面因素促成，具体如下：

（1）长江大保护是由长江经济带面临的突出环境问题决定的。由于长期的资源攫取性、掠夺性的粗放发展模式，导致长江流域

[①] 参见《国务院关于依托黄金水道推动长江经济带发展的指导意见》（国发〔2014〕39号）。
[②] 习近平：《在深入推动长江经济带发展座谈会上的讲话》，《人民日报》2018年4月27日第1版。
[③] 习近平：《在深入推动长江经济带发展座谈会上的讲话》，《人民日报》2018年4月27日第1版。

生态环境问题突出，废水、化学需氧量、氨氮的排放量分别占全国的43%、37%和43%，农业面源污染和沿江工业污染严重，这严重制约长江经济带的可持续发展。因此，迫切需要转变发展方式，在共抓长江大保护中实现经济社会和生态文明的协调发展。

（2）长江大保护是由地方经济利益与整体生态利益的现实矛盾所决定的。目前，长江流域的系统性保护不足，生态功能退化严重，缺乏整体性。流域的整体性及上下游关系密切等特点决定了长江生态保护不是单纯的局部保护或地区保护，而是全流域、全区域的生态保护。可见，"大"和"共"都是要确保长江生态保护的有效性及全面性。长江流域涉及众多区域行政主体，需要站在全流域角度，由中央政府统一制定政策和发展框架，破除地方行政壁垒和本位主义，通过共抓实现全流域统一管理。

（3）长江大保护是由流域丰富的生态要素、功能和价值决定的。长江流域是一个天然的生态系统，生态要素丰富，生态功能多样，生态系统产品和服务价值巨大。因此，开展长江大保护，维护长江流域生态系统的整体性和完整性，关系着子孙后代的利益、代际公平和可持续发展。当前和今后相当长一个时期，要把修护长江生态环境摆在压倒性位置，从山水林田湖草生命共同体的高度统筹推进长江大保护，保护好中华民族的母亲河。

第二节　长江经济带发展与保护相关研究

一　长江经济带发展研究

长江经济带的本质是要发展，经济增长对于沿江各省市经济社会发展至关重要。一方面，经济增长需要资本、劳动、能源等生产要素支撑；另一方面，经济增长不可避免会排放大量废弃物，污染环境。目前，长江经济带发展方面的研究主要集中在经济增长的因素及污染排放、空间格局演化、区域协调发展、产业结构优化等四个方面。

(一) 经济增长的因素及污染排放

长江经济带经济增长是我国经济社会发展的重要引擎，其增长受到多种因素的共同影响。相关研究发现，基础设施建设是推动长江经济带经济增长最重要因素。例如，靖学青[1]研究指出，东部三省水运交通基础设施对长江经济带经济增长具有显著的正面影响。王磊和翟博文[2]研究发现，长江经济带交通基础设施和经济增长存在显著的空间自相关。张津瑞和施国庆[3]认为长江经济带各省市经济增长存在显著的空间依赖特征，能源基础设施资本存量显著地促进了全域经济增长，交通基础设施资本存量显著拉动本地经济增长。此外，黄德春和徐慎晖[4]通过对长江经济带39个城市2004—2013年的面板数据进行分析，认为长江经济带存在金融集聚现象，银行业和保险业是促进经济增长的重要因素。

同时，长江经济带经济增长不可避免地带来了不良影响。夏会会等[5]发现长江经济带经济增长过程所伴生的工业废气排放整体经历了从扩张性负脱钩到相对脱钩发展的趋势，工业二氧化硫和烟粉尘排放整体上经历了从相对脱钩向绝对脱钩发展的趋势，技术效应和能源效率是大气污染排放的主要影响因素。平智毅等[6]运用环境库兹涅茨曲线建立了经济增长与工业污染之间的空间计量模型，结论指出长江经济带经济增长对工业废气污染的省际溢出效

---

[1] 靖学青：《长江经济带产业转移与区域协调发展研究》，《求索》2017年第3期。
[2] 王磊、翟博文：《长江经济带交通基础设施对经济增长的影响》，《长江流域资源与环境》2018年第1期。
[3] 张津瑞、施国庆：《公共基础设施资本存量对区域经济增长的影响——以长江经济带为例》，《长江流域资源与环境》2019年第7期。
[4] 黄德春、徐慎晖：《新常态下长江经济带的金融集聚对经济增长的影响研究——基于市级面板数据的空间计量分析》，《经济问题探索》2016年第10期。
[5] 夏会会等：《1996—2013年长江经济带工业发展过程中的大气环境污染效应》，《长江流域资源与环境》2017年第7期。
[6] 平智毅、吴学兵、吴雪莲：《长江经济带经济增长对工业污染的影响分析——基于地理距离矩阵的空间杜宾模型》，《生态经济》2019年第7期。

应和总效应都呈现类"N"形关系，与工业废水污染存在倒"N"形关系，与工业固体废弃物产生量呈现单调递增线性关系。

（二）空间格局演化

空间格局在长江经济带的发展过程中发挥着基础性作用。武晓静等[1]以长江经济带130个城市作为空间观测单元，发现长江经济带城市创新能力表现出显著的空间自相关，空间分布集聚态势增强，但在地理空间的差异上呈现出缩小的趋势，且不同集聚区在不同空间范围上都表现出一定的扩展与收缩态势。城市的经济发展水平、创新主体、创新投入及创新基础设施的差异性，对长江经济带城市创新能力呈现的不均衡的空间分布产生重要影响。王维等[2]认为长江经济带经济发展水平、社会建设水平、环境保护水平都具有明显的时空差异，其中，经济发展水平、社会建设水平和区域发展水平空间格局为下游地区＞中游地区＞上游地区，环境保护水平空间格局为上游地区＞中游地区＞下游地区。王维等[3]研究发现2003—2013年长江经济带生态压力持续增大，空间格局均为下、中、上游梯度递减；生态承载力先下降后上升，空间格局由上、中、下游梯度递减向中、上、下游梯度递减转变。

（三）区域协调发展

协调是持续健康发展的内在要求，其根本目的是要增强我国发展的整体性协调性。习近平总书记形象地把协调发展比作"制胜要诀"，充分凸显了协调在我国经济社会发展全局中的地位。长江经济带既有多个具有重要影响力的城市群，又有三峡库区、中部蓄滞洪区等欠发达地区，发展不平衡不协调问题突出。协调问题首先体现

---

[1] 武晓静等：《长江经济带城市创新能力差异的时空格局演变》，《长江流域资源与环境》2017年第4期。

[2] 王维等：《长江经济带区域发展差异时空格局研究》，《长江流域资源与环境》2017年第10期。

[3] 王维等：《长江经济带城市生态承载力时空格局研究》，《长江流域资源与环境》2017年第12期。

在城镇化的区域差异上。刘欢等[①]认为，从整体来看长江经济带2006—2013年人口城镇化与土地城镇化协调发展水平不断提高，并呈现相对平稳增长态势。从区域视角来看，协调发展度呈现阶梯特征，即下游地区＞中游地区＞上游地区的状态，在空间上呈现"东北—西南"的空间非均衡性和空间异质性，东北高、西南低，并表现出明显的"城市群集聚"发展特征。其次，城乡发展不协调也是长江经济带协调发展问题的又一重要表现。王维[②]研究表明，长江经济带城市发展水平和乡村发展水平均呈现上升趋势，城乡协调发展耦合度先下降，后上升，协调度先缓慢上升，后加速上升。城乡协调发展高值集聚区和热点区域主要分布在下游地区，逐渐向中游地区扩展；低值集聚区和冷点区域主要分布于中上游地区，逐渐向上游地区收缩。再次，经济带各省市间，协调发展水平也存在不同程度的差异。杜宾等[③]研究发现，长江经济带综合协调发展水平呈现由东向西递减的趋势。最后，宏观政策调控、产业结构升级、区域布局优化等因素有利于经济与环境的协调性逐渐提高，但由于长江经济带所辖城市较多、区域差异较大、产业同构等现象的存在，转变经济发展方式，突破行政壁垒，实现长江经济一体化建设，进而推动经济与环境的协调发展仍是未来发展的重中之重。

（四）产业结构优化

产业结构升级是通过产业内部各生产要素之间、产业之间时间、空间、层次相互转化实现生产要素改进、产业结构优化、产业附加值提高的系统工程。为了合理促进经济的综合发展和区域协调可持续发展，迫切需要构建产业结构优化和升级的新格局。

---

① 刘欢、邓宏兵、李小帆：《长江经济带人口城镇化与土地城镇化协调发展时空差异研究》，《中国人口·资源与环境》2016年第5期。
② 王维：《长江经济带城乡协调发展评价及其时空格局》，《经济地理》2017年第8期。
③ 杜宾、郑光辉、刘玉凤：《长江经济带经济与环境的协调发展研究》，《华东经济管理》2016年第6期。

从区域经济发展趋势来看，长江经济带也面临同样的问题。

长江经济带产业结构的优化升级，是学者们关注的重点问题。在学者们的相关研究中，基础设施[1]、能源效率[2]、技术创新[3]、高等教育发展[4]等是关注较多的产业结构升级的影响因素。其中，政策导向影响、要素价格变化、区域分工合作以及产业发展的客观规律是长江经济带产业结构演变的主要影响因素[5]。产业结构优化升级的方向和对策，也是国内学者关注较多的一个方面。付保宗[6]认为长江经济带产业结构重型化的特征显著，绿色制造技术装备和创新能力较弱，应优化调整产业结构，推进产业创新发展，强化节能环保准入约束，推进节能环保技术和产业发展，构建区域协调合作机制。方敏等[7]提出了高质量发展背景下长江经济带产业集聚创新发展路径，认为未来一个时期内长江经济带中小城市还应以专业化产业集聚为主，鼓励企业竞争创新，大城市则需着力构建多元化产业体系，促进产业融合创新。

二 长江流域治理与保护研究

流域综合治理是长江经济带实现高质量发展的重要保障。相关学者主要围绕长江经济带可持续发展、长江流域综合治理的影响

---

[1] 张治栋、李发莹：《基础设施、空间溢出与产业结构升级——基于长江经济带地级市的实证分析》，《云南财经大学学报》2019年第5期。
[2] 张建清、程琴：《长江经济带产业结构升级对能源效率的影响研究——基于2001—2017年数据》，《工业技术经济》2020年第1期。
[3] 张治栋、廖常文：《区域市场化、技术创新与长江经济带产业升级》，《产经评论》2019年第5期。
[4] 何宜庆、吴铮波：《高等教育发展、技术创新水平与产业结构升级——基于长江经济带的空间效应研究》，《高校教育管理》2019年第3期。
[5] 黄庆华、周志波、刘晗：《长江经济带产业结构演变及政策取向》，《经济理论与经济管理》2014年第6期；刘莉君、康佳妮、刘友金：《基于偏离—份额法的长江经济带制造业发展类型演变特征与转/承态势分析》，《重庆大学学报》（社会科学版）2020年第1期。
[6] 付保宗：《我国推行绿色制造面临的形势与对策》，《宏观经济管理》2015年第11期。
[7] 方敏等：《高质量发展背景下长江经济带产业集聚创新发展路径研究》，《中国软科学》2019年第5期。

因素、模式、手段和方法等开展研究。

（一）长江经济带可持续发展

可持续发展是科学发展观的基本内涵，也是我国经济发展的重大战略措施。长江经济带可持续发展问题，主要围绕经济发展和长江流域的环境保护问题展开，学者们对可持续发展问题的关注集中在三个方面。

首先，在长江经济带可持续发展的整体规划上，学者们从不同角度提出了不同的建议。李同明[1]认为长江经济带气候资源[2]丰富，开发气候资源拥有国家政策支持、广阔的消费市场、雄厚的资金和发达的科学技术等优势条件。胡天杨和伍志显[3]研究指出，合理开发长江经济带的气候资源，可以为长江经济带的可持续发展提供新动能，有利于长江生态环境的全面修复，有效地促进社会、经济和生态的和谐发展。从长江经济带资源环境特征出发，岑晓喻等[4]从自然、经济、社会、环境等方面建立指标体系，分析长江经济带资源环境格局特征，发现区域内资源环境格局存在"双向梯度"特征，可借鉴欧洲莱茵河流域经济区发展模式，从空间联系和产业联系两种视角探索长江经济带可持续发展联动机制。

其次，在沿江各省市推动经济可持续发展的对策上，学者们以各省市为主体，进行了针对性的对策研究。以四川为例，龚勤林

---

[1] 李同明：《长江经济带的综合开发与可持续发展》，《经济问题》1999年第7期。
[2] 气候资源，通常是指光、热、水、风、大气成分等。作为人类生产、生活必不可少的主要自然资源，可被人类直接或间接的利用，或在一定的技术和经济条件下为人类提供物质及能量。气候资源分为热量资源、光能资源、水分资源、风能资源和大气成分资源等，具有普遍性、清洁性和可再生性，已被广泛应用于国计民生的各个方面，在人类可持续发展中占据重要地位和作用。
[3] 胡天杨、伍志显：《气候资源——长江经济带可持续发展的新动能》，《长江技术经济》2018年第3期。
[4] 岑晓喻等：《长江经济带资源环境格局与可持续发展》，《中国发展》2015年第3期。

和孟庆红[①]指出,四川推进长江经济带可持续发展的重点战略是调整产业结构,利用自身优势,从构建生态屏、延伸产业链、建设城市群的视角参与产业链分工。也有专家认为,四川应积极争取中央、沿江各省市特别是中、下游各省市对四川推进长江经济带可持续发展的重视和支持;配合国家有关政策和规定,把四川推进长江经济带可持续发展的战略变成"政府宏观调控,企业自制能力,社会公众建设参与"三位一体的社会行动[②]。

最后,长江经济带可持续发展能力评估的研究。陈套[③]构建了一套包括4个维度31项指标的可持续发展能力指标体系,对2008—2013年长江经济带经济可持续发展能力进行了测算和分析,表明多数区域的经济可持续发展能力随时间呈小幅波动,东部地区经济可持续发展能力强于中、西部;江苏、浙江和安徽经济可持续发展能力呈上升趋势,其余则为保持或下降状态。孙亚南[④]以《长江经济带发展规划纲要》和《长江三角洲城市群发展规划》为依据,构建了4个层次29个指标的长江经济带核心城市可持续发展能力评价体系,对不同城市可持续发展的现状、优劣势及发展潜力进行定量研究,进而明确各城市的目标定位。

(二)流域综合治理的影响因素

有学者认为,人为因素产生的污染物对生态环境良性发展的影响突出。潘桂行等[⑤]通过构建模型分别计算人为因素和非人为因素在海流河流生态环境影响的占比,发现人为因素是生态环境健康

[①] 龚勤林、孟庆红:《四川推进长江经济带可持续发展战略初探》,《理论与改革》1999年第2期。
[②] 程玉春:《论四川推进长江经济带可持续发展》,《软科学》1999年第3期。
[③] 陈套:《长江经济带经济可持续发展能力动态评价研究》,《调研世界》2015年第7期。
[④] 孙亚南:《长江经济带核心城市可持续发展能力评价》,《南京社会科学》2016年第8期。
[⑤] 潘桂行等:《人类活动和自然因素对海流兔河流域生态环境影响分析》,《干旱区资源与环境》2017年第4期。

发展的主要推动力，同时自然因素对分水岭、沙丘等生态环境领域影响较大，二者共同影响生态环境的发展变化。孔令桥等[①]通过分析长江流域生态系统格局，认为城镇聚集是导致生态环境演化的重要影响因素，对生态环境变化贡献率较高，同时水资源开发和农业开发对其也有一定影响。也有一部分观点认为，生态环境自身的脆弱性等自然因素影响生态环境，治理投入力度是生态环境良性发展的有效推动力。高永年和高俊峰[②]对汉江中下游地区生态环境进行测度，得出对汉江流域生态环境变化影响程度最大的因素依次为水质、土壤及社会生产等。王镇环[③]对我国流域生态环境进行总体分析，认为水土流失、自然灾害以及生态修复等问题影响生态环境发展，应加强治理力度，对生态功能区进行修复。

（三）流域综合治理模式

关于治理模式，胡鞍钢[④]研究指出流域治理的根本思路应从以"控制"为核心的传统治理模式转变为以"良治"为目标的现代治理模式，呼吁建立新型流域统一管理与分级分部门管理相结合的治理机构。郑晓等[⑤]探索了我国基于生态文明的流域综合治理模式，提出了创新流域管理机构、完善相关法规、创新流域规划体系、建立公众参与机制、发挥市场化治理等政策。

从治理主体上看，普遍认为政府是流域治理的传统主体。目前，由于更多的新型主体逐渐参与到流域治理中，促使传统主体由"不合作"向"全面合作"、由"绝对主权"到"超越主权"、由"单一"

---

① 孔令桥等：《长江流域生态系统格局演变及驱动力》，《生态学报》2018 年第 3 期。
② 高永年、高俊峰：《南水北调中线工程对汉江中下游流域生态环境影响的综合评价》，《地理科学进展》2010 年第 1 期。
③ 王镇环：《加强黄河流域生态环境治理》，《中国人大》2018 年第 1 期。
④ 胡鞍钢、王亚华、过勇：《新的流域治理观：从"控制"到"良治"》，《经济研究参考》2002 年第 20 期。
⑤ 郑晓、郑垂勇、冯云飞：《基于生态文明的流域治理模式与路径研究》，《南京社会科学》2014 年第 4 期。

治理主体向"多元"治理主体方向转变①。实践中,仅靠政府治理流域生态环境问题效果不明显,需要利益相关者的共同参与,形成合作治理模式。通常由政府负责组织和监督,利益相关者进行生态环境治理措施的落实,只有二者相互配合才有利于治理效率的提高②。

基于治理主体的多元参与观点,我国流域治理可采取合作治理模式③。具体而言,可以根据河流地理位置差异选择流域合作模式,也可根据合作程度的不同选择合作治理模式。例如,在前一种模式中,交通、能源、旅游、环保、水利属于第一优先合作领域;在后一种模式中,合作层次可由单一目标、单一项目合作逐渐过渡到多目标、多项目合作,甚至发展到覆盖全流域、一体化的深度合作④。

（四）流域综合治理手段和方法

针对治理过程中流域主体间治理的形式与方法,一些学者认为流域治理与府际的资源合作治理机制相关联,是针对环境问题的跨界性和公共物品效用的外溢性的一种协调和应对⑤。实践中,流域治理外溢效应更多地表现为一种环境资源价值,需要流域治理相关主体共同提供⑥。在区域利益、信息不对称和缺乏激励机制的影响下,污染外部性和利益冲突则使各行政区之间难以达成合作治理,府际博弈的非理性均衡成为跨行政区流域水污染治理困境的深层次原因⑦。因此,

---

① 何大明等:《中国国际河流研究进展及展望》,《地理学报》2014年第9期。
② 于璐璐等:《流域生态系统健康评价研究进展》,《水文》2017年第3期。
③ 严登华等:《生态海绵智慧流域建设——从状态改变到能力提升》,《水科学进展》2017年第2期。
④ 胡兴球、张阳、郑爱翔:《流域治理理论视角的国际河流合作开发研究：研究进展与评述》,《河海大学学报》（哲学社会科学版）2015年第2期。
⑤ 胡兴球、张阳、郑爱翔:《流域治理理论视角的国际河流合作开发研究：研究进展与评述》,《河海大学学报》（哲学社会科学版）2015年第2期;易志斌、马晓明:《论流域跨界水污染的府际合作治理机制》,《社会科学》2009年第3期。
⑥ 李忠魁等:《流域治理效益的环境经济学分析方法》,《中国水土保持科学》2003年第3期。
⑦ 黎桦林:《流域府际合作治理机制文献综述》,《学理论》2013年第30期;李胜、陈晓春:《基于府际博弈的跨行政区流域水污染治理困境分析》,《中国人口·资源与环境》2011年第12期。

在流域跨界治理中，政府间有效的信息沟通是关键，应建立起较为牢固的相互信任关系，政府间可以通过科技手段，更多地采用平等协商等方式来解决冲突和争端，实现对全流域的府际间合作治理[①]。

实践中，一种观点认为应实施流域生态修复整治工程[②]。现实中，流域生态环境治理面临局部断流、水土流失、污染严重等问题，因此生态环境修复需要加强水利资源的合理开发利用，依法划定生态保护区，加强水污染源的综合防治工程建设。另一种主流观点认为，实施流域综合治理需要一个长期的过程，而最为优先的是改革流域管理体制。机构的改革是流域综合治理体制改革的核心内容，没有统一的流域管理机构，流域综合治理是不可能实现的[③]。随着经济社会的发展和进步，流域综合治理实践必须引入民主的科学决策机制，充分回应利益相关者的诉求，不断改进和完善治理体系，提升治理能力。

三 长江经济带战略及政策研究

当前，相关学者和政府部门对长江经济带战略及政策的研究，主要集中在长江经济带战略的总体构想、长江经济带战略建设重点和长江经济带建设的地方响应等方面。

（一）战略总体构想

针对长江经济带战略的总体构想，具有代表性的是将长江沿线进行轴线开发的整体战略构想，主要是从产业合作、交通互联互通、空间布局、政策机制等方面进行研究。就产业合作而言，段进军[④]认为应该构建纵向联动的制度、市场、交通，推进高新技术

[①] 王勇：《浅析法国流域治理的政府间协调机制》，《大连干部学刊》2009年第8期。
[②] 魏永平、段艳芳：《汾河流域生态治理现状及修复措施》，《中国水利》2017年第7期。
[③] 王毅：《改革流域管理体制促进流域综合管理》，《中国科学院院刊》2008年第2期。
[④] 段进军：《长江经济带联动发展的战略思考》，《地域研究与开发》2005年第1期。

等产业领域的合作。从交通互联互通视角,陆大道[1]认为长江经济带将内地2个最发达的核心地区(成渝地区和武汉地区)与海岸经济带联系起来,其腹地几乎包括半个中国,形成世界上最大的以水运为主的,包括铁路、高速公路、管道以及超高压输电等组成的具有超强能力的综合运输通道,而且以海岸地带和长江沿岸作为今后几十年中国国土开发和经济布局的一级轴线的战略将是长期的。尚勇敏等[2]建议长江经济带建设应完善区域综合交通体系,加强区域经济合作,加强城市群的联动。从空间布局视角,郑德高等[3]提出长江经济带未来发展可采取"一带两廊、三区四群"的空间结构。肖金成和黄征学等[4]对长江经济带城镇化战略思路进行研究,提出进一步优化空间布局、完善城镇体系、积极推进新型城镇化的建议。有学者从"胡焕庸线"的理论内涵出发,测算了未来长江经济带资源环境人口承载力的状况,从"胡焕庸亚线"的视角细划了长江经济带人口承载力空间格局,提出以城市群城市的辐射带动作用为主,有效推进产业转移来带动人口向上游转移,以此推动长江经济带人口承载力实现梯度转移,缓解中下游人口承载力压力过大的目标[5]。从政策机制视角,段学军等[6]认为长江经济带目前在重化工业发展与布局、生态环境影响、港口建设与发展、城市群培育等方面面临一系列主要问题,应从

---

[1] 陆大道:《建设经济带是经济发展布局的最佳选择——长江经济带经济发展的巨大潜力》,《地理科学》2014年第7期。
[2] 尚勇敏、曾刚、海骏娇:《"长江经济带"建设的空间结构与发展战略研究》,《经济纵横》2014年第11期。
[3] 郑德高、陈勇、季辰晔:《长江经济带区域经济空间重塑研究》,《城市规划学刊》2015年第3期。
[4] 肖金成、黄征学:《长江经济带城镇化战略思路研究》,《江淮论坛》2015年第1期。
[5] 黄贤金等:《胡焕庸亚线构想与长江经济带人口承载格局》,《长江流域资源与环境》2017年第12期。
[6] 段学军、邹辉、王磊:《长江经济带建设与发展的体制机制探索》,《地理科学进展》2015年第11期。

改革考核机制、破除行政壁垒、强化流域协调机构与建立流域管理法律法规等方面进行政策改进。郝寿义等[1]提出区域合作机制是国家区域发展战略的关键,应重构长江经济带战略背景下的区域合作机制。就国家大战略融合发展而言,杨继瑞和罗志高[2]、陶永亮和赵婷[3]对"一带一路"建设与长江经济带战略协同进行思考,并提出相应对策。蔡之兵[4]认为长江经济带发展战略应发挥探索新的可持续发展模式的功能。

(二)战略建设重点

针对长江经济带战略建设的重点,相关研究学者建议长江经济带建设的重点在于促进产业结构优化、构建综合运输体系和生态环境保护体系等。在产业结构优化方面,黄庆华等[5]、王林梅和邓玲[6]通过研究发现,长江经济带产业发展程度差异性大且存在产业结构趋同现象,提出应加快建立区域互动合作协调机制,加强培育区域主导产业和区域产业分工协作,推进城镇化与工业化良性互动,形成合理的区域产业梯度。李根等[7]基于实证分析,从长江经济带产业结构与城乡收入差距关系入手,提出发挥产业结构调节功能,提高人力资本投入水平以及统筹三次产业的合理布局来缩小长江经济带城乡收入差距。在综合运输体系方面,吴

---

[1] 郝寿义、程栋:《长江经济带战略背景的区域合作机制重构》,《改革》2015年第3期。

[2] 杨继瑞、罗志高:《"一带一路"建设与长江经济带战略协同的思考与对策》,《经济纵横》2017年第12期。

[3] 陶永亮、赵婷:《大国开放路径及影响研究——兼论"一带一路"和长江经济带战略对空间经济绩效的影响》,《经济问题探索》2018年第8期。

[4] 蔡之兵:《基于空间属性的长江经济带发展战略重点方向研究》,《学习与实践》2018年第10期。

[5] 黄庆华、周志波、刘晗:《长江经济带产业结构演变及政策取向》,《经济理论与经济管理》2014年第6期。

[6] 王林梅、邓玲:《我国产业结构优化升级的实证研究——以长江经济带为例》,《经济问题》2015年第5期。

[7] 李根:《长江经济带产业结构与城乡收入差距关系研究——基于面板数据的实证检验》,《经济问题探索》2019年第7期。

威等[1]认为应完善长江经济带综合立体交通走廊,在构建水运和陆运交通体系的基础上,促进航空运输的协调发展。周业旺[2]和冯兴华等[3]通过研究长江经济带公路和铁路运行效率,提出应构建综合交通网络建设,加大西部地区交通建设投资,提升贫困山区对外联系水平。在生态环境保护方面,长江经济带生态环境脆弱,资源开发、经济发展和生态环境保护之间存在尖锐矛盾,因此,应划定生态保护红线,实行严格保护的空间边界与管理限值[4]。

(三)战略执行

针对长江经济带战略执行问题,一些学者研究了长江经济带不同省份的应对策略。例如,2018年在重庆召开的长江经济带高峰论坛,地方政府、金融机构、专家学者等结合自身定位和地方实际,总结了一系列融入长江经济带的有益实践和经验。诸大建[5]、张美涛[6]、刘茂松[7]、邓宏兵[8]和冀学金[9]等学者分别提出了上海、贵州、湖南和湖北融入长江经济带战略的方式和策略。如上海应强化对周边地区的正向溢出效应,通过合作提高区域城市发展的动力和活力;贵州应以绿色产业和服务业为重点推进与各省的经

---

[1] 吴威等:《长江经济带航空运输发展格局及对策建议》,《经济地理》2018年第2期。
[2] 周业旺:《长江经济带公路运输效率的测度》,《统计与决策》2018年第19期。
[3] 冯兴华等:《长江经济带城市的网络层级——基于铁路公路客运视角的分析》,《城市问题》2017年第7期。
[4] 《划定生态保护红线,推进长江经济带大保护》,《环境保护》2016年第15期。
[5] 诸大建:《进一步发挥上海对长江三角洲带动作用的思考》,《城市规划学刊》2003年第6期。
[6] 张美涛:《贵州融入长江经济带经贸合作路径的思考》,《贵州社会科学》2016年第8期。
[7] 刘茂松:《基于长江经济带建设的湖南战略研究》,《湖南社会科学》2017年第6期。
[8] 邓宏兵:《强力推进长江经济带绿色发展》,《决策与信息》2016年第3期。
[9] 冀学金:《对长江经济带及湖北区段开放开发的战略研究》,《湖北社会科学》1998年第6期。

贸合作；湖南在城市建设上，应全力推动长株潭同岳阳联姻，建设大长沙都市圈；湖北需要构建沿江走廊等。

四　简要评述

从研究现状看，当前长江经济带作为我国区域发展的国家战略，从理论到实践均有了较为丰富的研究和探索，得到的启示主要集中在三个方面。一是应建立长江流域统筹协调机制下的分部门管理体制，突出流域协调机制的协调和督促检查之责，强化协调机制的权威和地位。二是要把长江生态修复摆在压倒性位置，分别从国家和地方层面建立和完善全流域生态补偿机制。三是长江经济带发展应重视区域差异性、区域经济社会可持续发展、区域空间布局优化、区域合作与协调发展等方面。

然而，目前的相关研究主要是从不同视角对长江经济带发展或者保护进行分别研究，缺少将二者统一起来的系统研究。尤其是自2018年习近平总书记视察湖北讲话以来，还未见以长江经济带发展与保护为主题的系统研究。新时代背景下，可以预计生态环境保护下的长江经济带发展将成为新的研究热点。本研究的目的是系统梳理长江经济带发展与保护的关系，回顾长江经济带战略发展演变历程，在科学分析现状和问题的基础上展望未来，阐释长江经济带战略的国家意图，领会习近平总书记对于推动长江经济带高质量发展和共抓长江大保护的重要精神。

第三节　本书内容体系与研究方法

一　内容体系

要全面认识和理解长江经济带的发展与保护，应首先立足于处理好发展与保护的关系，在梳理一般理论的基础上，重点从理论、实证和政策三个方面展开系统研究。具体而言，本书主要研究内容包括以下八个方面。

（一）长江经济带发展与保护理论基础

这部分理论分析是开展长江经济带发展与保护研究的基础。主要包括三个方面：一是梳理流域开发与长江经济带发展的关系及相关理论，主要包括区域经济发展理论、产业聚集理论和区域协调发展理论；二是资源环境与流域可持续发展的关系及相关理论，主要包括资源环境承载力理论和可持续发展理论；三是"两山"理论与长江大保护。重点梳理"两山"理论的提出与发展、"两山"理论的核心内涵、运用"两山"理论指导长江大保护。

（二）长江经济带发展与保护战略的形成与演变

回顾长江流域开发历史，了解和掌握长江经济带战略的形成与演变有助于政策理解和政策分析。具体从长江流域开发历史、新中国成立后长江流域开发与治理以及改革开放后长江经济带战略的形成与演变三个时间段展开梳理和分析。重点是联系我国改革开放的背景、工业化和城市化发展的现实国情，对长江经济带战略演变过程进行分析。

（三）长江经济带经济与社会发展形势

长江经济带的本质是要发展，尤其是要高质量发展。为了探索长江经济带高质量发展路径，必须科学考察其经济与社会发展水平，摸清现状。重点是分析长江经济带农业发展、工业化和城镇化发展，以及社会发展情况。

（四）长江经济带自然资源与生态环境现状

长江经济带高质量发展的前提是生态环境保护。为了构建共抓长江大保护的体制机制，必须科学分析长江经济带的自然资源与生态环境形势，以及保护过程中面临的主要问题。重点是分析长江经济带自然资源概况、资源环境约束和突出的环境问题。

（五）长江经济带发展与保护政策及其实施

从政策的角度来讲，应从国家层面和省级层面展开对长江经济带政策行动的研究，从宏观上把握中央和地方、不同行政主体对于长江经济带战略政策侧重点的相同与不同。具体而言，分析长江经济带上游地区、中游地区和下游地区各省市长江经济带的特点、区域和政策概况、政策行动及政策评价。重点从政策的制定和实施两个方面，对长江经济带发展与保护进行全面、深入的政策研究。

（六）长江经济带分区域特点及其政策

长江经济带横贯我国东中西三大区域，自然地理和生态环境特征明显，经济社会发展水平差异较大，面临的发展目标和保护任务各不相同，因而在长江经济带战略实施方面的策略有所差异。这里重点分析长江经济带上游、中游、下游的区域特点及其政策，帮助我们理解各地区在政策实践中是如何兼顾发展与保护双重目标的。

（七）湖北长江经济带发展与保护案例研究

湖北作为长江经济带中部省份，在地理位置、发展程度和生态环境保护等方面都比较典型，是发展与保护矛盾集中的特殊区域，因此，将湖北作为典型案例研究，具有"麻雀虽小五脏俱全"和"窥一斑而知全豹"的意涵。这部分内容主要分析湖北长江经济带发展与保护现状、政策行动与实施评价等方面。重点是站在省级层面的角度，对实施长江经济带战略提出湖北方案、湖北经验，这可为其他地区实施长江经济带战略提供参考。

（八）长江经济带发展与保护的未来展望

在全面分析和深刻认识长江经济带发展与保护理论基础、发展与保护现状、典型案例研究的基础上，进一步总结和概括长江经济带发展与保护的形势与挑战，分析长江经济带竞争力提升策略，并结合我国经济社会现实矛盾、区域工业化发展阶段和资源环境消耗的现实国情，研究提出促进长江经济带未来发展与保护的战略重点及政策建议。这对于相关政府调整和优化长江经济带有关政策具有参考意义。

综合上述主要研究内容，构成了"长江经济带发展与保护"

研究的内容体系。包括导论，全书共九章。

二 研究方法

本书以长江经济带发展与保护为主题展开研究，研究对象是长江经济带。在科学把握发展与保护关系的基础上，重点开展长江经济带发展与保护形势和政策研究。在研究思路上，首先分析涉及流域发展与保护的一般理论基础，了解和掌握长江经济带经济、社会、自然、政策等方面的现状，在此基础上，剖析和总结存在一般性和突出的问题。其次，结合典型案例研究，深入分析寻找提升和优化长江经济带发展与保护体制机制的方法和途径。最后，提出长江经济带发展与保护展望，以及相关政策建议。

在研究过程中，主要运用了历史研究与文献研究相结合、理论分析与实证分析相结合、比较分析与逻辑归纳相结合、调查研究与案例研究相结合的方法。具体如下：

（一）历史研究与文献研究相结合

通过历史研究与文献研究相结合的方法，按照历史发展的顺序对长江流域的开发与保护进行研究，结合搜集、选取和整理相关文献，梳理长江经济带发展与保护理论基础及研究进展。

（二）理论分析与实证分析相结合

通过理论分析与实证分析相结合的方法，在对涉及流域开发的基本理论、资源环境保护基本理论进行分析的基础上，对长江经济带发展与保护的过去、现在与未来进行实证分析。

（三）比较分析与逻辑归纳相结合

通过比较分析与逻辑归纳相结合的方法，对中央与地方、部门之间、省市之间长江经济带政策进行比较，科学归纳和总结具有相同性质和不同性质的特点及问题，为政策评价和政策建议提供基础。

（四）调查研究与案例研究相结合

通过调查研究与案例研究相结合的方法，搜集、鉴别、整理长江经济带经济社会、自然资源环境、政策制度等基础数据和资料,并通过调查、走访、座谈等形式开展调查研究,结合湖北省的案例进行深度研究,力求研究结果的客观性、科学性、可靠性和实用性。

三 研究框架

结合本书的内容体系和研究方法,研究框架如图 1-1 所示:

```
                    长江经济带: 发展与保护
                         ↓
                       核心内容
```

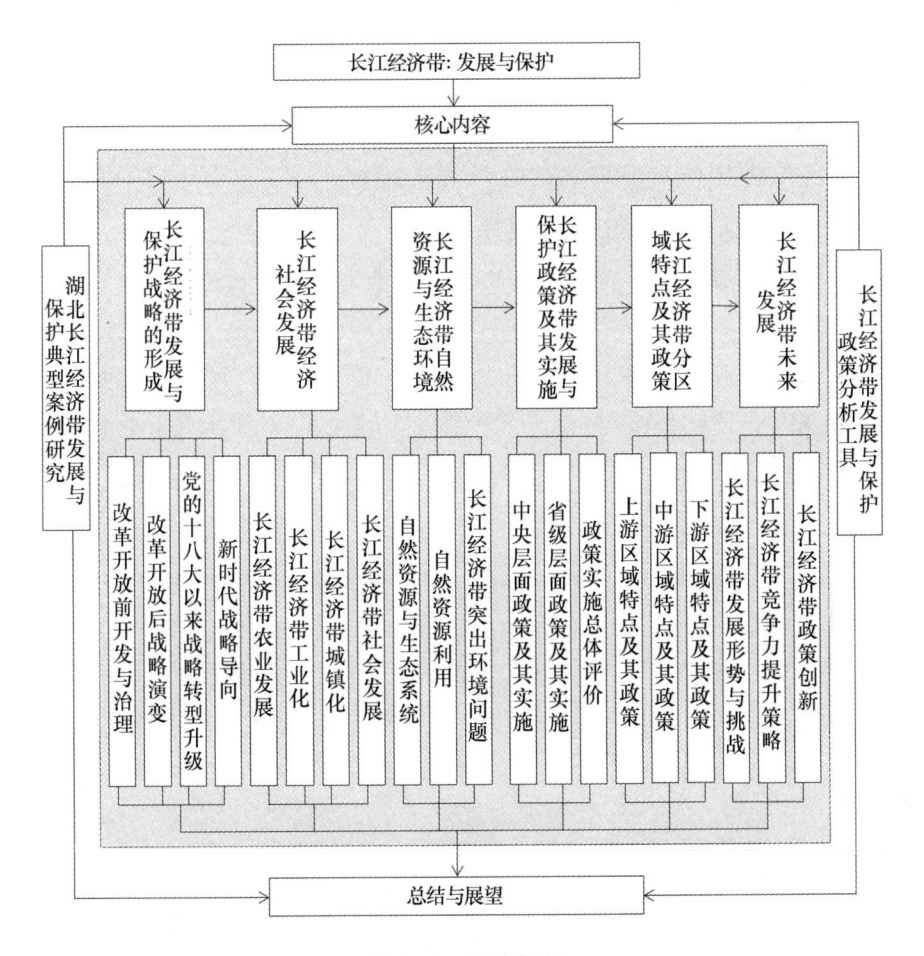

湖北长江经济带发展与保护典型案例研究	长江经济带发展与保护战略的形成	长江经济带经济社会发展	长江经济带自然资源与生态环境	长江经济带发展与保护政策及其实施	长江经济带分区域特点及其政策	长江经济带未来发展	长江经济带发展与保护政策分析工具
	改革开放前开发与治理	长江经济带农业发展	自然资源利用	中央层面政策及其实施	上游区域特点及其政策	长江经济带发展形势与挑战	
	改革开放后战略演变	长江经济带工业化	自然资源与生态系统	省级层面政策及其实施	中游区域特点及其政策	长江经济带竞争力提升策略	
	党的十八大以来战略转型升级	长江经济带城镇化	长江经济带突出环境问题	政策实施总体评价	下游区域特点及其政策	长江经济带政策创新	
	新时代战略导向	长江经济带社会发展					

```
                       总结与展望
```

图 1-1 研究框架

第四节　本书的主要观点

本书以长江经济带的发展与保护为主题展开研究，在系统梳理长江经济带发展与保护一般理论的基础上，回顾了长江经济带发展与保护战略的形成过程，考察了长江经济带经济与社会发展水平现状，分析了长江经济带自然资源与生态环境形势，评估了长江经济带发展与保护政策行动，剖析了湖北省的典型案例，并针对长江经济带发展与保护的未来进行了展望和对策分析，为推动长江经济带高质量发展和流域综合治理提供了科学、可行的思路和方案。研究得出的主要观点如下：

（1）长江经济带发展与保护的一般理论。理论与实践表明，长江沿线地区的经济增长和产业集聚构成各具特色的区域经济，而长江经济带的整体开发和合理产业布局构成具有竞争力的流域经济，因此长江经济带战略对于促进区域协调发展具有重要意义。就长江经济带的未来而言，还应充分考虑流域资源环境承载力和可持续发展的要求，在借鉴国内外流域治理与保护经验的基础上，践行习近平"两山"理论，有效推动促进长江经济带发展与保护体制机制的建立健全。

（2）长江经济带发展与保护战略的形成。新中国成立后长江流域的开发和治理历程奠定了长江经济带上升为国家区域发展战略的基础。长江经济带战略大致经历了20世纪80年代的战略起点、20世纪90年代的酝酿发酵、21世纪的成熟到新时代的转型发展四个阶段，每个阶段都有不同的时代背景和社会经济发展条件。了解和掌握长江经济带战略演变过程有助于帮助我们更好地理解和把握长江经济带政策走向及发展趋势。

（3）长江经济带经济发展形势。长江经济带是我国今后一个时期经济增长潜力最大、可开发规模最大、影响范围最广的内河经济带，已形成了以长江三角洲城市群、长江中游城市群和成渝城市群为核心增长极的核心发展轴，成为承载我国经济社会发展的重要战略支撑带。近年来，区域内经济总量接近全国比重的50%，农业稳步发展，工业化、城镇化总体趋于全国平均水平，人力资本、教育资源、科技创新、社会保障等均处于全国领先地位，经济社会发展成效显著，综合实力稳步提升。在长期的经济社会发展和积累过程中，长江经济带形成了独特的长江流域文明和长江文化。

（4）长江经济带自然资源与生态环境现状。长江经济带蕴含着丰富的水资源、土地资源、矿产及动植物资源等，是我国珍贵的自然资源宝库。新时代背景下，长江经济带高质量发展对土地、矿产、能源等自然资源开发利用提出了新的要求，必须更加注重自然资源的可持续开发利用。在传统模式下，长江经济带发展过程中面临水污染、土壤污染、大气污染、固体废弃物污染等突出环境问题，严重制约着长江经济带生态优先绿色发展战略的实施。

（5）长江经济带发展与保护政策及其实施现状。长江经济带的发展与保护需要体制机制提供保障，而完善的体制机制是由各个层次、各个方面的政策构成的。长江经济带发展与保护战略包括中央层面政策和地方层面政策两部分，而中央和地方层面的政策又涉及生态环境保护和社会经济发展的各个方面。从整体看，国家层面政策制定主要关注长江全流域的发展和生态环境保护，通过顶层设计，统筹兼顾长江经济带发展和保护的有机统一，引导沿线各省市既关注局部又放眼整体。就省级层面而言，对比各省市出台的与长江经济带相关的政策，有共性的地方，也有各省市根据自身地区发展特点和资源环境情况制定的符合本省实际的政策。纵观近年来长江经济带战略的实施情况，结合长江经济带经济、社会和生态环境的积极变化，整体而言，长江经济带发展与保护政策取得了巨大的成效。

（6）长江经济带分区域特点及其政策。长江经济带所属的9

省2市，分别属于长江流域上中下游地区，横贯我国版图的东中西三大区域，自然地理和生态环境特征明显，经济社会发展水平差异较大，面临的发展目标和保护任务各不相同，因而在长江经济带战略实施方面的策略有所差异。现实中，上游的重庆、四川、贵州、云南自然资源相对丰富，但生态环境脆弱敏感，普遍面临经济、环保双重压力，在国家主体功能区的定位下其政策偏向于保护。中游的湖南、湖北、江西在流域自然和人文特性方面具有过渡性和折中性，经济社会发展处于中等水平，但是农业面源污染、生态系统退化等问题较为严重，因此其政策偏向在保护中发展，在发展中保护。下游的上海、浙江、江苏、安徽工业化和城镇化水平较高，经济实力强，面临资源贫乏、工业污染严重等问题，因此其政策偏向于高质量发展。

（7）湖北长江经济带发展与保护案例。湖北作为长江经济带中游省份，在经济、社会、生态等方面兼有上下游的特点，各方面都处于中间地位，既迫切需要解决发展问题，又需要兼顾严峻的保护任务。湖北是粮食主产区，处于工业化中后期阶段，城镇化速度快，资源环境压力大，在发展与保护二者统一上还有较大的提升空间。因此，湖北应以打造长江中游生态文明示范带、航运中心和产业转型升级支撑带为目标，在挑起长江经济带"脊梁"的重担方面应更加充分体现湖北的责任和担当。

（8）长江经济带发展与保护的未来展望。当前，长江经济带面临区域发展不协调不平衡、资源环境"超载"、共抓大保护机制不完善等问题和挑战。为此，长江经济带应立足于整合全流域资源，强调以大保护为前提的沿江各省市协调发展，依托沿江三大城市群辐射和带动全流域多点发展，推动我国经济高质量发展。鼓励沿江各省市结合区域特点和经济社会发展阶段，因地制宜地开展政策创新试点，破除地区之间的利益藩篱和政策壁垒，形成齐抓共管合力。

第二章

长江经济带发展与保护理论基础

理论与实践表明，长江沿线地区的经济增长和产业集聚构成各具特色的区域经济，而长江经济带的整体开发和合理产业布局构成具有竞争力的流域经济，因此长江经济带战略对于促进区域协调发展具有重要意义。就长江经济带的未来而言，还应充分考虑流域资源环境承载力和可持续发展的要求，在借鉴国内外流域治理与保护经验的基础上，践行习近平"两山"理论和共抓长江大保护，有效推动促进长江经济带发展与保护体制机制的建立健全。

第一节　区域经济、产业集聚与协调发展

从国家区域发展战略上来看，长江流域的开发主要依托于长江经济带的发展，属于典型的区域经济和流域经济。一般而言，长江沿线地区的经济增长和产业集聚构成各具特色的区域经济，而长江经济带的整体开发和产业布局构成流域经济。区域经济和流域经济相互依赖、相互促进。实施长江经济带战略对于缩小地区差距，缓解发展的不平衡、不充分问题，实现区域协调发展具有重要意义。

一　区域经济与流域开发
（一）区域经济理论概述

区域经济（Regional Economy）是指在一定区域内经济发展的

内部因素与外部条件相互作用而产生的生产综合体，它是国民经济的缩影，具有综合性和区域性的特点[①]。区域经济理论是发展经济学的重要部分，主要包括六个部分，即区位理论、区域产业结构理论、区域分工与贸易及要素流动理论、区域增长与发展理论、产业转移与区域经济格局演变理论和区域经济干预理论。这些理论大致形成了一个从个体到总体的发展脉络，构成了区域经济发展的理论体系[②]。

区域经济理论的发展演变主要包括三个阶段：（1）20世纪50年代区域经济理论的形成，以美国区域经济学家艾萨德出版《区位和空间经济学》为标志，还包括缪达尔于1957年提出的累积因果论、赫希曼于1958年出版的《经济发展》等成果；（2）20世纪80年代以来的发展壮大，主要包括新经济地理学派、新制度学派、区域管理学派；（3）区域经济学成熟阶段，主要是将空间分析的思维带入了区域经济分析之中，使区域经济学日益成为规范的空间分析经济学，以迈克尔·波特、克鲁格曼等为代表[③]。

（二）区域经济发展阶段

区域经济发展是一个由不发达向发达转变的过程，认识和掌握区域经济发展过程和阶段是理解区域经济和判断区域经济发展质量的重要依据和衡量尺度。国外比较具有代表性的区域经济发展阶段理论有埃德加·胡佛和约瑟夫·费希尔的区域经济发展阶段理论（二人于1949年发表《区域经济增长研究》）、罗斯托的区域经济增长阶段理论（1960年出版《经济增长的阶段：非共产党宣

[①] 萧浩辉：《社会主义复兴和创新的伟大世纪——21世纪社会主义展望》，《长沙电力学院学报》（社会科学版）2001年第2期。

[②] 陈秀山：《从"福特主义"到"后福特主义"——区域经济发展面临的新挑战》，《经济理论与经济管理》2003年第9期。

[③] 白永秀、任保平：《区域经济理论的演化及其发展趋势》，《经济评论》2007年第1期。

言》和1971年出版《政治与增长阶段》）以及约翰·弗里德曼的区域空间成长阶段理论（1967年发表《极化发展的一般理论》）。他们分别从经济增长程度、经济结构成熟和高级化、生活质量的改善等方面提出不同的区域发展阶段理论。这对我国流域开发和区域经济发展具有指导意义。

国内学者对区域经济增长阶段理论研究颇具代表性的有陈栋生等对区域经济成长阶段的研究（1993年出版《区域经济学》），将区域经济成长分为待开发、成长、成熟和衰退四个阶段。还有中国经济地理学家陆大道的区域空间结构演变阶段论（1988年出版的《区位论及区域研究方法》和1999年出版的《区域发展及其空间结构》），他认为社会经济空间结构是处在不断变化发展中的，大致分为农业时期、农业向工业过渡时期、工业化中期、工业化后期和后工业化阶段几个时期。

（三）区域经济发展模式

在了解和认识区域经济发展过程后，分析和研究区域经济发展模式便十分重要。这也是经济学和经济地理学研究的核心问题之一。任何模式的形成与发展都是基于特定的发展环境，在不同的发展环境条件下，各区域的经济发展模式也存在很多差异。区域经济发展模式主要有增长极点开发模式、点轴开发模式、网络开发模式[①]。就流域开发而言，不同区域有不同的发展方式，部分发达地区形成了一定的模式，如"浙江模式""长三角模式""昆山模式"等。从流域整体和地理空间布局的角度来看，我国众多的沿江城市及区域发展布局是遵循点轴圈的模式。

点轴开发理论最早由波兰经济学家玛利士和萨伦巴提出，是增长极理论的延伸。其核心观点是：经济中心首先集中在少数条件较好的地区，在空间上形成斑点状分布，随着经济社会的不断

---

① 魏后凯：《区域开发理论研究》，《地域研究与开发》1988年第1期。

发展，这些集聚成的斑点开始扩张，点与点之间由于生产要素交换需要交通线路以及能源供应线、水源供应线等相互连接起来，连接的部分即为轴线。这种轴线的形成最初是为区域增长极（斑点）服务的，但一经建立形成，其对沿线人口、产业等也同时具有吸引力，使人口和产业布局逐渐向轴线靠近和集聚，从而产生新的增长带，点轴贯通形成点轴系统。陆大道于1986年在此基础上提出"点轴系统"理论，其理论内涵为：在国家和区域发展过程中，大部分社会经济要素在"点"上集聚，并由线状基础设施联系在一起而形成"轴"；轴线上集中的社会经济设施对附近区域有扩散作用，扩散的物质要素和非物质要素作用于附近区域，与区域生产力要素相结合，形成新的生产力，推动社会经济的发展[①]。

陆大道先生"T"字形战略和"点轴系统"理论的提出对当时我国宏观经济布局和国土开发起到了指导作用。据资料显示，1985—1987年，陆大道参与由国家计委组织的《全国国土总体规划纲要》的编制工作，其理论思想和对我国未来15年国土的开发布局被写进了"纲要"。以沿海开放地区为纵轴，以长江流域为横轴的"T"形开发开放战略奠定了我国区域开发和经济开放的基础。同时也为后来长江经济带的战略发展埋下了伏笔。

（四）区域开发政策

区域开发政策是影响区域发展的主要因素，其总目标是通过发展（货币、财政、产业和社会等）政策的制定与实施，解决区域经济发展的公平与效率问题，实现区域经济产出效率提升与扩大社会福利保障力度。政策主体是中央及各级地方政府。国家宏观经济是由各个经济发展区域组成的，区域开发政策的制定对于

[①] 胡昊苏：《穿越时空的城市轨迹——西方人笔下的晚清云南城市》，《西南大学学报》（社会科学版）2011年第3期。

一国产业和经济社会发展十分重要。从中央政府的角度，制定区域开发政策主要侧重于宏观考虑地域间的协调发展；消除地区行政壁垒；合理分配和协调地区间产业结构和分工；缩小地区发展的不平衡；对于贫困地区和特定发展区域进行帮助或优惠照顾等。从地方政府的角度，制定区域开发政策主要侧重于本地区的优势产业培育及产业链的发展；落实和配合国家总体调控政策；提高本地区社会福利水平；协调地区间及地区内部产业分工、资源利用、公共设施建设等。任何特定区域的开发都需要其依托的国家或中心部门制定相应的区域开发政策以满足其发展的需要。

根据国外经济学家对国家经济增长的特征分析和区域经济空间成长的一般规律分析，一国的经济增长会经历特定区域先发展，此时会导致社会财富分配的不平均，但随着经济发展程度的不断提高，收入分配和社会财富分配逐渐趋向平均。因此，世界各国都根据自身实际情况和经济发展需要制定了国家层面区域开发政策，如第二次世界大战后美国政府制定关于阿巴拉契亚地区的区域开发政策、德国联邦政府从1990年实施的"紧急救援计划"等。现阶段，我国区域开发政策的制定和实施有力地促进了经济社会的发展，但同时也促成了新阶段社会主要矛盾的转变，地区之间发展的不平衡问题突出。自1999年开始，国家便开始制定实施了一系列偏向支援欠发达和落后地区的区域开发政策，如西部大开发、振兴东北老工业区、中部崛起战略等。在宏观层面强调两个同步，实现居民收入增长和经济发展同步、劳动报酬增长和劳动生产率提高同步，地区之间、城乡之间共享发展成果。长江经济带战略是一种典型的区域开发政策，它决定着长江流域开发的方向、模式和强度。

(五) 流域经济

在遵循一般区域理论的基础上，水资源的开发利用决定着流域经济的发展速度和规模，一方面水资源高效利用可以促进流域经济的快速发展，另一方面流域经济发展的需要又决定着水资源开发利用的方向、规模和速度①。换句话讲，流域经济的蓬勃发展一般是建立在对水资源利用的科学性、合理性和环保性等方面，水生态系统的良性运转决定着流域经济发展的可持续性。

历史上，大河流域孕育了人类的文明，繁衍了沿河各族人民。人类社会总是围绕一定区域进行生产生活，资源丰富地区尤其是水资源丰富的区域人类活动便更为频繁，对该区域资源的利用强度也比其他区域更大。最主要的原因是人类要通过对就近资源的利用，以最少的能量消耗进行最大的能量积累，从而产生更多的富余资源。所以，对于江河的开发和利用从远古时期至今仍在继续。鉴于流域开发的优势巨大，近代社会，尤其是各国工业化蓬勃发展，由于化工、冶金工业具有高耗能、需水强度大、运输成本高的特点，沿流域布局工业和城市，使得流域经济高速发展。凡是具有丰富江河资源的国家，无一例外地开展了大规模的流域开发。以流域为基本单元的开发模式都取得了显著的成绩。其重要特征是以水资源的开发利用为主，无论是修建大坝发电、防洪，还是利用淡水资源进行化工生产、冶金和供给城市用水，抑或是利用便捷、低廉的水运交通成本发展物流业，流域开发都是以水资源的优化配置、高强度利用逐步扩大到社会生产生活各个方面的。因此，流域经济的繁荣和发展建立在充分认识水资源开发利用、治理保护的客观规律基础上，流域内水资源的开发利用状况对整个流域乃至国家经济、社会发展产生重大的影响②。

---

① 许洁：《国外流域开发模式与江苏沿江开发战略（模式）研究》，硕士学位论文，东南大学，2004年。

② 马兰、张曦、李雪松：《论流域经济可持续发展》，《云南环境科学》2003年第1期。

二 产业集聚与流域开发

（一）产业聚集的概念及特征

所谓产业聚集，简单地说，就是在一个适当大的区域范围内，生产某种产品的若干个同类企业，为这些企业配套的上下游企业，以及相关的服务业，高密度地聚集在一起[①]。

产业集聚有以下三个特点：一是在集聚区域内，某类产业形成了生产销售产业链条，同时在市场中占有较大份额；二是专业化分工较为细致、成熟；三是由于产业的集聚使得区域内的生产和交易成本较低。

产业集聚是经济社会的一个基本特征，即生产活动在空间地理上的集中。工业化过程中，各产业之间及产业内部由于相互之间的共性和互补而紧密联系在一起，逐渐在地理空间上形成集中布局的一组相互联系和相互支撑的产业群。

（二）产业集聚理论发展

产业集聚的概念涵盖了经济学、社会学、管理学和创新研究等众多方面。从产业集聚研究的发展历程来看，大体经历了四个重要阶段：一是19世纪末，马歇尔在其著作中阐述了企业地理邻近、集中发展这一经济现象，并论述了产业集聚的形成动因和作用等内容；二是20世纪30年代，胡弗首次将集聚经济与产业规模相联系，提出产业集聚最佳规模论；三是20世纪70—80年代，随着发达国家一批产业集聚区的快速兴起，斯科特聚焦"产业区"以及新的"产业空间"，创立了产业空间理论；四是20世纪90年代以来，波特提出产业集聚的创新体系。

早期的产业集聚理论始于新古典经济学鼻祖马歇尔界定地方性工业集聚的内涵，他还阐述了产业聚集的经济动因。阿尔弗雷

---

① 熊耀献等：《广西承接东部产业转移的研究》，《经济研究参考》2008年第23期。

德·韦伯首次提出工业聚集的概念,在著名的《工业区位论》一书中,他将聚集经济定义为一种对成本的节约,是内部规模经济的外部表现。这个时期较为关注产业集聚中产业间的相互联系,而忽视了产业集聚地理上的接近性。

当产业集聚呈现出地理上的集中时,产业集聚的概念便与地理空间概念结合到一起,地理上的接近成为界定产业集聚的基本特征之一[①]。迈克·波特在其著作《国家竞争优势》中提出产业群(Industrial Cluster)的概念,他利用"钻石(Diamond)"模型对产业群进行分析,认为产业集聚是某一特定领域内相互联系的企业及机构在地理上的集聚体。他通过考察发现,产业集群是工业化过程中的普遍现象。从而引发了人们对"新区域经济现象"研究的兴趣,从经济的社会性、行业地理特征等新的角度重新审视区域规划的问题,在这方面起步较早的应该是英国学者们用产业聚集理论研究了剑桥区域的软件产业、泰晤士河谷的电子产业以及伦敦周边的仪器与控制设备产业案例[②]。典型的产业聚集案例,如意大利的艾米利亚—罗马格纳地区、法国的索菲亚地区、印度的班加罗尔地区以及目前正在规划中的长三角、珠三角等。

国外学者普遍认为,产业的集聚和经济全球化及贸易自由化密切相关。实际上,产业集聚的成因在现实情况中比较复杂,大致有社会文化、资源禀赋、政府政策等几种促成因素,有时是一种因素作用,多数情况是共同作用的结果。例如,意大利艾米利亚—罗马格纳地区中小企业集群主要依赖传统社会文化因素。这些企业大部分从事该地区的传统产业如纺织业、木材家具业、印染业、玻璃制品业等。与其类似的如我国的景德镇瓷器产业集群,基本上是基于该地区的历史传统工业传承,形成了集瓷器设计、烧造、

---

① 向世聪:《基于产业集聚的园区经济运行效应分析》,《湘潭大学学报》(哲学社会科学版) 2006 年第 3 期。
② 徐进:《基于信用的产业集群优势研究》,《中国软科学》2003 年第 8 期。

销售一体化的产业集群。更多的是多种因素共同作用的结果，如我国广东东莞，工厂集聚的结果是在人力资源和引进外资等因素共同作用下形成的。又如我国乌镇互联网产业集群的初步形成则是各种因素共同推动的结果，行业的促进、政府的推动、地区经济发展的需要等。所以产业集聚的形成没有固定的模式和成因。但可以肯定的是，优厚的地区资源禀赋，无论是天然因素，还是人为因素，都会对产业的集聚产生重要的影响。

我国是全球化产业链中的制造业生产大国，国内学者从20世纪80年代中后期开始对产业集聚现象进行研究，从90年代开始逐渐形成系统性研究。从研究成果看，大致分为对国外最新的研究成果进行介绍与解释、围绕我国出现的产业集聚现象进行总结和案例分析，以及对产业集聚理论的基本概念、分析框架、形成机制和动力机制等方面的理论问题研究。总的来看，国内学者在解释产业集聚现象尤其是企业的集聚方面作出了很多贡献，但大多数研究借鉴了国外学者的相关理论，整体上处于研究的起步阶段，研究趋势偏向于关注产业集聚的外部性问题。总之，通过对产业集聚理论的不断研究，可以为指导我国流域开发和地区经济发展提供理论依据。

（三）流域开发中的产业集聚

无论是历史上，还是当今，在国家崛起的过程中，特定区域经济的优先发展加速了国家经济的崛起，利用区域特定资源，推动具有地区特色和优势产业发展为一国加快融入全球化经济链条提供了保障。同时，沿大江大河发展的区域资源优势明显，对区域产业聚集具有更为突出的作用。例如，欧盟第一大河莱茵河发源于瑞士的阿尔卑斯山，流经列支敦士登、奥地利、法国、德国和荷兰，全长1232公里，流域面积超过22万平方公里，莱茵河流经德国的部分最长，约865公里，被誉为德国的摇篮。同时也是欧洲乃至世界上最重要的工业运输大动脉之一，流域沿线布满城市群和工业产业带，产业集聚带动了城市的发展，是欧洲的经济轴线。其流域经济的发展有力地支撑了沿线各国的经济发展，是典型的发达流域经济区域。

流域天然的资源优势使得产业集聚在地理空间意义上显得十分重要。同时，由于人类在此区域的频繁活动，也使得世界上众多的流域在近代工业化过程中难以逃脱环境污染、水体恶化的命运，流域经济发达的区域已经通过产业合理规划、转型、环境治理等方式扭转了环境恶化的现状，进而依托流域的产业集聚效应提升区域竞争力。因此，产业集聚的相关理论的研究和发展在流域开发中具有十分重要的现实意义。低碳、绿色、环保的现代经济可持续发展理念也为产业集聚理论增添了重要的研究内容和新的含义。

三 区域协调发展

区域协调发展理论主要从两个方面支撑长江经济带发展与保护，一方面以区域协调发展促进和带动长江流域生态共治、共保；另一方面通过区域协调发展弥补不同省市之间的经济差异，以共同发展带动共同保护。加强长江经济带的区域合作有利于推动地区之间的产业分工，促进区域协调发展。

（一）区域协调发展理论

国内外关于区域协调发展的研究主要集中于区域协调发展的概念、区域协调发展的理论、区域协调发展的评价、区域协调发展机制和区域协调发展对策与政策等方面[1]。区域协调发展最早可追溯到 100 多年前杜能的农业区位理论和克鲁格曼的新经济地理学理论的形成。随着区域经济协调发展的深入发展，区域发展理论经

---

[1] 姜文仙、覃成林：《区域协调发展研究的进展与方向》，《经济与管理研究》2009 年第 10 期；陈秀山、杨艳：《区域协调发展：回顾与展望》，《西南民族大学学报》（人文社科版）2010 年第 1 期。

历了区域经济均衡增长理论、区域经济非均衡增长理论、区域分工与协作理论、区域空间结构理论、资源环境可持续发展理论和公共服务均等化理论的发展。国内的区域协调发展理论目前历经40多年的深入发展,形成了包括生产力均衡布局理论、区域非均衡发展理论、区域协调发展理论、中国特有的城乡统筹理论在内的成熟系统的理论[1]。

区域协调发展理论的核心认识包括三个方面的共识:一是区域协调发展描述的是一种区域之间的关系;二是区域之间是开放联系的,发展上是关联互动的;三是关联区域内经济发展能够持续或共同发展,区域经济差距能获得适度合理的控制且逐渐缩小,促使其呈现整体促进、良性互动的状态[2]。

根据科学发展观的具体内容要求,区域协调发展的内涵主要包括三点:(1)地区间人均GDP差距处于适度范围;(2)不同区域内的人民能共享均等化基本公共服务;(3)区域间比较优势发挥能够促进优势互补、互惠互利,且人与自然的关系处于和谐状态[3]。有学者将其总结为,区域协调发展是指在既定的环境和条件下,各地区的发展机会趋于均等、发展利益趋于一致,总体上处于发展同步、利益共享的相对协调状态[4]。国家发展和改革委员会《关于贯彻落实区域发展战略促进区域协调发展的指导意见》(发改委〔2016〕1771号)指出,区域协调发展的内涵包括四个维度,即要素有序自由流动、主体功能约束有效、基本公共服务均等和资源环境可承载。习近平总书记在2017年年底的中央经济工作会议中进一步指出,区域协调发展的三大目标是:基本公共服

---

[1] 安虎森、肖欢:《我国区域经济理论形成与演进》,《南京社会科学》2015年第9期。
[2] 彭荣胜:《区域经济协调发展内涵的新见解》,《学术交流》2009年第3期;覃成林:《区域协调发展机制体系研究》,《经济学家》2011年第4期。
[3] 范恒山、孙久文、陈宣庆:《中国区域协调发展研究》,商务印书馆2012年版。
[4] 徐康宁:《区域协调发展的新内涵与新思路》,《江海学刊》2014年第2期。

务均等化、基础设施通达程度比较均衡和人民生活水平大体相当。中国社会科学院工业经济研究所区域协调发展课题组以"创新、协调、绿色、开放、共享"五大发展理念为指导,认为区域协调发展是在区域发展差距、区域一体化发展、城乡协调发展、社会协调发展和资源环境协调发展五个方面的综合协调水平。

(二)区域协调发展战略

习近平同志在党的十九大报告中指出,实施区域协调发展战略,加大力度支持革命老区、民族地区、边疆地区、贫困地区加快发展,强化举措推进西部大开发形成新格局,深化改革加快东北等老工业基地振兴,发挥优势推动中部地区崛起,创新引领率先实现东部地区优化发展,建立更加有效的区域协调发展新机制[1]。2018年11月,中共中央、国务院出台《关于建立更加有效的区域协调发展新机制的意见》,指出实施区域协调发展战略是新时代国家重大战略之一,是贯彻新发展理念,建设现代化经济体系的重要组成部分。

当前,我国区域发展差距依然较大,区域分化现象逐渐显现,无序开发与恶性竞争仍然存在,区域发展不平衡不充分问题依然比较突出,区域发展机制还不完善[2]。我国实施区域协调发展战略,对发挥各地区比较优势和缩小区域发展差距具有重要意义。具体而言,主要体现在以下四个方面:

第一,区域协调发展是国际环境大势所趋,也是立足于我国国情与解决现实矛盾的重要抓手。在经济全球化和区域经济一体化的发展趋势下,区域开放与经济依赖程度与日俱增,区域间经济增长协调互动是实现区域可持续发展的关键。区域协调发展是各

---

[1] 习近平:《决胜全面建成小康社会 夺取新时代中国特色社会主义伟大胜利——在中国共产党第十九次全国代表大会上的报告》,人民出版社2017年版。

[2] 新华社:《中共中央国务院关于建立更加有效的区域协调发展新机制的意见》,http://www.gov.cn/zhengce/2018-11/29/content_5344537.htm,2018年11月29日。

区域内部和谐性和区域间经济共生性的具体方向与目标体现。通过区域间良性和谐的合作与竞争、发挥各区域自然资源禀赋与发展特点，促使区域间达成优势互补、分工紧密的合作机制，是达成整体和综合效益最大化的重要方式。

第二，区域差异化显著、发展不平衡不充分是我国现阶段的基本国情，推动区域协调发展是建设现代化经济体系、推动经济高质量发展的重要方向和主要任务。为顺利解决人民日益增长的美好生活需要和不平衡不充分的发展之间的矛盾，多方面协同推进相关工作是解决矛盾和提高习近平中国特色社会主义思想影响力的重要工具。

第三，区域范围作为经济活动的载体，其区域间均衡程度将会直接影响居民收入、产业结构布局、城乡发展、经济发展与生态环保等各要素之间的均衡。

第四，规模经济、分工经济和网络经济的存在与不断发展，区域发展战略能有效提高区域经济增长效率，以达到区域整体发展效益相加大于独立地区发展效益的结果。

同时，也要客观认识到，区域协调发展存在一定的短板和掣肘。第一，促进区域协调发展是一个复杂且难度高的系统工程。区域协调发展的探索一般首先从政府层面开始，从寻找满足区域发展的约束和激励相容的机制开始，但是这样的激励机制又必须服务于现实，从现实可行的机制中选择和衡量，同时还需要将约束与激励相互适应，然而这种选择和衡量本身就存在难度。第二，区域协调发展要解决的重要难题之一是处理好公平与效率的关系。由于每个区域的资源禀赋与区位优势本就有差异，因此在二者协调的同时，既要兼顾效率，同时也要保证公平，确保不会造成区域差异的进一步扩大，如何左右平衡也具有相当大的难度。

（三）区域协调发展与长江大保护

"共抓长江大保护"中的"共"字可以进一步理解为对区域协

调发展理念的运用。无论是从地域上协同，还是管理部门间协同，长江大保护都要求各区域协调发展。主要原因在于：

第一，由于地理位置、资源环境、国家政策等诸多要素的影响，长江经济带各地区的经济发展水平和产业结构差异较大，因此，突出共抓、协同保护，促进各地区产业分工与协作，是实现产业协调建设长江经济带均衡发展的重中之重。

第二，长江大保护的地域范围广阔、发展水平差异突出，使得协调管控难度大幅增加，尤其是上下游区域资源禀赋和生产水平的巨大差异给长江大保护统一治理、标准化管理及政策制定与实施带来了巨大的挑战。建立区域协调发展机制，统筹发达地区和欠发达地区发展，深化区域合作，促进流域上下游合作发展，完善流域内省市政府协商合作机制，构建流域基础设施体系，严格流域环境准入标准，加强流域生态环境共建共治，推进流域产业有序转移和优化升级，推动上下游协调发展[1]，都有助于长江大保护的实现。

第三，长江经济带沿线11省市，分别有各自的优势与短板，如果将各自优势与短板放在整个区域层面，规划和实施区域总体发展战略，形成分工合理、特征明显、优势互补的局面，将有利于区域内产业结构的调整和区域整体发展质量的提升。

总体而言，受到自然基础、地理区位以及政策条件等多方面要素的影响，长江经济带发展的自然资源环境及社会经济发展水平差异较大，资源配给的不均衡性成为限制地区发展潜力发挥的主要原因。如长江上游的四川省，自然资源丰富，矿产资源储量大，但经济发展水平还有待提升，而下游地区的苏浙沪等地区虽然经济发展水平较高，但自然资源相对贫乏。随着长江经济带战略的

---

[1] 新华社：《中共中央国务院关于建立更加有效的区域协调发展新机制的意见》，http://www.gov.cn/zhengce/2018-11/29/content_5344537.htm，2018年11月29日。

推进实施，长江沿线9省2市在自然资源、生态保护和经济发展等方面的差异性，为加强区域间资源优势互补、产业协调发展和经济平衡增长提供了契机，也是共抓长江大保护的有效方式和关键路径。

第二节 资源环境与流域可持续发展

一 资源环境与经济发展

资源环境与经济发展的关系研究一直是资源环境经济学领域研究中的重点。20世纪60年代，美国学者鲍尔丁（Kenneth Ewart Boulding）基于生态系统的思想提出了最基本的环境经济学问题，他的宇宙飞船经济理论[①]就是所谓循环经济思想的源头。为了实现可持续发展，人类必须改变直线型的经济增长方式，从"消耗型"转变为"生态型"，从"开放式"转为"封闭式"。

20世纪70年代，尼斯（Allen V. Kneese）等学者提出了针对资源环境的物质平衡模型，在《经济学与环境》著作中首次对资源环境与经济的关系进行了论述。一般而言，资源环境与经济发展的关系体现在以下三个方面：

（1）资源环境是经济发展的基础和制约条件。资源环境系统和经济系统是人类社会得以持续存在和发展的两大系统。其中，资源环境系统向经济系统提供大量原材料等资源，经济系统向资源环境系统排放废弃物，两者之间构成相互联系、相互制约的整体，在这个整体中不断地进行着物质交换、能量流动和信息传递。这是一种双向的物质循环过程。利用环境自身具有的扩散、贮存、

---

① 20世纪60年代，美国学者鲍尔丁提出的宇宙飞船经济理论，又叫太空舱经济理论，指出我们的地球只是茫茫太空中的一艘小小的宇宙飞船，人口和经济的无序增长迟早会使船内有限的资源耗尽，而生产和消费过程中排出的废料将污染飞船，毒害船内的乘客，此时飞船会坠落，社会随之崩溃。

固化废弃物的机能为经济活动服务。如果保持环境的这种机能，在一定程度内，自然环境就能为人类经济活动免费提供净化废物的服务。但如果超过一定程度或者破坏了这一功能，人类的利用和排放超出了自然环境可消化的能力范畴，我们就需要付出高昂的费用去处理废物，同时恢复被破坏的环境机能，这在一定程度上又阻碍了经济的发展，影响了正常的生产活动。因此，经济发展不能超过资源环境的承载力，资源环境是经济发展的基础和制约条件。

（2）经济发展对资源环境的变化起到重要作用。经济社会发展必然消耗自然资源，对生态环境造成影响，当人类活动对资源的消耗大于其更新的速度和超过环境的自净能力时，环境质量将会下降，进而威胁到经济社会可持续发展。因此，经济发展对资源环境的变化起到重要作用。当然，区域自然环境变化还可能受其本身的自然力量影响，但这种改变往往需要几千甚至亿万年，是长期的、缓慢的过程。短期内，人类对于资源环境的改变作用最大。

（3）资源环境与经济发展互融共促。良好的环境可以为经济活动提供良好的发展条件，可以为经济系统提供丰富的资源，同时，也能够在一定程度上容纳消化经济活动产生的废弃物[①]。经济发展到一定阶段与自然环境和谐共处，在提升环境质量的同时经济发展质量也在提升，共同发展。

二 资源环境承载力

资源环境承载力是一个全面系统化的概念，既涵盖了资源承载力中各资源构成要素，又包括了环境承载力中的容量表征，是将

---

① 钟世坚：《区域资源环境与经济协调发展研究》，博士学位论文，吉林大学，2013年。

经济、社会、生态三个子系统统筹平衡的概念。资源环境承载力是长江大保护采取措施的关键和基础，是生态环境保护的重要构成与依据。

（一）资源环境承载力理论

资源环境承载力用于衡量资源、环境与人口、经济、社会之间的相互关系，是衡量区域是否可持续发展的重要依据。它由资源承载力和环境承载力两大概念构成，也称为生态承载力，是指特定区域在特定时期内，在满足可持续发展的前提下，区域资源环境系统能够承载人类经济社会生产发展活动的最大阈值[1]。

18世纪的经济学家马尔萨斯最早提出人口增长受限于资源供应不足的观点。20世纪20年代，帕克和伯吉斯从人类生态学的角度定义承载力，是指某种生物个体在特定环境条件下所能存活的最高数量[2]。随着承载力的概念在经济、生态、环境科学等领域的广泛运用，资源承载力与环境承载力的概念衍生。从理论层面上看，国外关于资源环境承载力的研究主要包括承载力的界定、资源与环境之间的关系、资源环境承载力的评估方法与模型等内容。学者施耐德[3]提出环境承载力是指以不遭受严重破坏退化为前提，人工的环境系统或者自然的环境系统对人口持续增长的接纳能力。20世纪80年代，联合国教科文组织将资源承载力给定义为，在能够预测的时空范围内，利用本区域的能源资源加之自然资源、智力资源和技术资源等一些条件，以满足国家和地区的社会文化准

---

[1] Arrow J. O., "Estimating the Influence of Health as a Risk Factor on Unemployment: A Survival Analysis of Employment Durations for Workers Surveyed in the German Socio-Economic Panel (1984–1990)", Social Science & Amp; Medicine (1982), Vol. 42, No. 12, 1996.

[2] Park R. E. and Burgess E. W., *Introduction to the Science of Sociology*, Chicago: The University of Chicago Progress, 1921.

[3] Schneider W. A., "Integral Formulation for Migration in Two and Three Dimensions", *Geophysics*, Vol. 43, No. 1, 1978.

则以及物质生活水平为前提,能够连续供养的人口数目[①]。

国内关于资源环境承载力的研究始于 20 世纪 80 年代中后期,由于社会经济的不断发展致使水资源短缺、水环境污染问题加剧,我国逐步展开对人口、土地、粮食等方面的资源环境承载力研究。国内最早提出"环境承载力"概念的是曾维华等,环境承载力是指区域环境在特定时期状态条件下能够接受人类社会经济活动的临界值。早期的相关研究以水资源环境承载力研究为典型代表。例如,根据黄志英和刘洋[②]的综述,康尔泗等[③]以新疆乌鲁木齐河流域的水资源作为对象,利用常规趋势法对其承载力进行了研究;许有鹏[④]应用模糊综合评判法,建立分析评价模型,研究了和田流域的水资源承载力等。随着资源环境承载力概念日益受到专家学者的关注和深刻认识,对资源环境承载力的评价方法也从单一要素评价分析向多目标多层次的综合资源环境承载力评价。

鉴于资源的多样性及环境的复杂化,资源环境承载力也呈现多样化和复杂性的特征。从资源分类上看,资源承载力包括土地资源承载力、水资源承载力、森林资源承载力、相对资源承载力(自然资源、经济资源、社会资源)等。从环境的主要构成要素上看,环境承载力指的是环境容量,而环境容量又包括大气环境容量、水环境容量、旅游环境容量等。此外,从资源环境承载力的概念及分类上看,资源环境承载力还呈现出空间性、时间性、物质性、稀缺性、客观性、多向性、相对变异性及可调控性等特征。

尽管对资源环境承载力的研究内容和研究方法不同,但承载力

---

① 钟世坚:《区域资源环境与经济协调发展研究》,博士学位论文,吉林大学,2013年。
② 黄志英、刘洋:《资源环境承载力研究综述》,《环境与发展》2018 年第 2 期。
③ 康尔泗等:《乌鲁木齐河山区流域径流形成的实验研究》,《第四纪研究》1997 年第 2 期。
④ 许有鹏:《干旱区水资源承载能力综合评价研究——以新疆和田河流域为例》,《自然资源学报》1993 年第 3 期。

却是评价资源环境与经济协调度的重要标准之一，它包括以下五个方面的内涵和特征①。

（1）资源环境的承载力是根据人类活动而提出的，人类改造环境在很大程度上是为了提高资源环境承载力，但不能忽视的是人类对环境的改造活动对资源环境承载力的改变既可能提高也可能减低。

（2）资源环境承载力的大小（强弱）是与实际分析区域相联系的，它由特定区域的环境状态与自然条件所决定。

（3）资源环境承载力是环境系统结构特性的一种抽象表示。环境作为一个系统，在不同地区、不同时期有不同的结构。资源环境承载力的根源是来源于环境的一种本质属性，环境系统本身能够承受一定的外部压力而不会发生质的变化，维持环境系统的结构与功能不发生质的变化是资源环境承载力的有效前提。

（4）资源环境承载力通常是指环境系统的最大承载力。在极限值允许的区间范围内，环境系统具有完全的自我调整与恢复的能力。

（5）人类活动的方向、强度、规模等都可以作为指标衡量某一区域资源环境承载力的大小。

资源环境承载力理论深化了人类对环境系统的理解，为人类科学合理利用资源提供了重要依据。资源环境承载力评价是我们开发利用流域自然资源的基础和前提保障。

（二）资源环境承载力评价与调控

资源环境承载力的评价与调控，是维持自然资产存量、调节人类对自然系统压力、将可持续发展理念转变为现实可操作目标的关键②。由于资源环境承载力具有相对变异性和可调控性，资源环

---

① 钟世坚：《区域资源环境与经济协调发展研究》，博士学位论文，吉林大学，2013年。

② 陈端吕、董明辉、彭保发：《生态承载力研究综述》，《湖南文理学院学报》（社会科学版）2005年第5期。

境系统会围绕中心平衡点波动，因此在生态系统恢复限度内可以通过技术创新或方式转变提高资源环境承载力的阈值[1]。

资源环境承载力的评价对象从最初的单一资源要素承载力向自然环境其他各要素或综合要素承载力发展[2]，主要包括土地资源承载力评价、水资源承载力评价、环境承载力评价、生态承载力评价等，评价方法也不断发展和完善，评价区域涵盖全国、省市地方、流域或者城市等不同尺度，评价标准也根据对象、内容、方法、区域范围的变化而不同。

资源环境承载力的调控方式主要包括密度制约调节、环境制约调节、K值调节。其中，密度制约调节是指针对生物资源（种群、人口密度）密度过高时，通过降低生育控制种群或人口的数量[3]，进而保证自然界各物种不断繁衍生存。环境制约调节主要用于由环境因素引起的生态系统不平衡的状态，即由于条件过分恶劣、系统不够稳定、系统内外突然变化迫使种群进行数量调节等。K值调节是指利用人的能动力，通过改造生态系统、调节系统的承载阈值提高资源环境的承载力[4]。

（三）资源环境承载力与长江大保护

区域资源环境可承载的范围及大小是合理规划区域资源利用及产业发展的前提和保障。资源环境承载力评价可以为长江生态环境保护提供基础数据及发展支撑。具体而言，包括以下五个方面。

（1）诊断"长江病"的首要任务是对长江流域资源环境承载力的科学分析与评估；

---

[1] 刘文政、朱瑾：《资源环境承载力研究进展：基于地理学综合研究的视角》，《中国人口·资源与环境》2017年第6期。

[2] 黄贤金、周艳：《资源环境承载力研究方法综述》，《中国环境管理》2018年第6期。

[3] 陈端吕、董明辉、彭保发：《生态承载力研究综述》，《湖南文理学院学报》（社会科学版）2005年第5期。

[4] 张林波等：《人类承载力"K值"影响因素》，《中国人口·资源与环境》2007年第6期。

（2）作为长江经济带"共抓大保护、不搞大开发"的先手棋，从生态系统整体性和长江流域系统性出发，开展长江生态环境大普查，系统梳理和掌握各类生态隐患和环境风险，做好资源环境承载能力评价[①]，是找到生态隐患和环境风险的重要手段；

（3）生态保护红线是经济社会发展过程中必须坚守的"底线"，经济生产与经济社会的发展都要以资源环境承载力作为落实的依据，因此，资源环境承载力是长江经济带"三线一单"划定的基础，城市空间规划布局都要以资源环境承载力为依托；

（4）水资源利用、水污染防治、岸线使用、航运调度等的规划与实施都要与资源环境承载力相适应；

（5）资源环境承载力作为长江"大体检"重要指标，科学合理的评价资源环境承载力是系统开展长江生态环境修复和保护的基础，也是各省市主体功能区定位的靶向，同时，建立健全长江流域资源环境承载力监测预警长效机制将有效提升长江大保护的科学性。

三 可持续发展

可持续发展理论主要是为了解决城市化和工业化过程中经济与生态的矛盾，是科学发展观的基本要求之一，是关于自然、科学技术、经济、社会协调发展的理论和战略。绿色发展、生态文明建设等理念是可持续发展理念的延伸与深化。可持续发展是长江经济带发展与保护的重要战略方针和理论基础，该理论对长江大保护具有重要指导作用和理论价值。

（一）可持续发展理论

可持续发展理念核心是实现经济、社会、生态三位一体的可持

---

① 习近平：《在深入推动长江经济带发展座谈会上的讲话》，《人民日报》2018年4月27日第1版。

续发展,且这种可持续性以人的需求为目标,既强调人与人之间资源利用的公平协调,兼顾代际的资源公平可持续,还注重国际之间的资源公平利用[①]。可持续发展内涵广泛,从分析视角而言,主要包括系统科学、资源环境、生态伦理、经济性和价值等多视域,而表现出来的特征主要包括共同发展、协调发展、公平发展、高效发展和多维发展五大维度(见表2-1)[②]。

表2-1　　　　　　　　　　可持续发展的内涵

特征	内容	视角
共同发展	世界或区域系统整体发展	系统科学
协调发展	经济、社会、环境三大系统的协调,世界、国家和地区三个空间层面的协调,区域经济与人口、资源、环境、社会的协调	资源环境
公平发展	当代人与后代人之间的公平发展,国家或地区之间的公平发展	生态伦理
高效发展	追求考虑资源环境代价意义上的经济效率	经济性
多维发展	从国情、地区特点出发,因地制宜,多元发展	价值

资料来源:陈金龙:《五大发展理念的多维审视》,《思想理论教育》2016年第1期。

实现可持续发展的途径与方法主要包括三个方面:(1)维护被人类破坏和影响的生态系统,维持生态系统的完整性和可持续更新能力;(2)通过保护自然资源和生态环境、积累自然资本和生态资本来确保人均国家财富不贬值,通过实现自然资源资本化实现可持续发展;(3)以系统科学为指引,从经济、社会和环境三个方面全面推进可持续发展。

可持续发展理论缘起于20世纪60—70年代的国外环保运动。

---

① 杨勤业、张军涛、李春晖:《可持续发展代际公平的初步研究》,《地理研究》2000年第2期。
② 陈金龙:《五大发展理念的多维审视》,《思想理论教育》2016年第1期。

第二章 长江经济带发展与保护理论基础

工业化给人类带来巨大物质财富的同时，也带来了人口扩张、资源枯竭、环境退化、能源危机等系列新的发展障碍。莱切尔·卡逊（Rachel Carson）、巴巴拉·沃德（Barbara Ward）、雷内·杜博斯（Rene Dubos）等学者纷纷发表著作，表达他们对于世界是否能够可持续性发展的担忧。1972年罗马俱乐部关于人类困境的研究报告（后由美国学者德内拉·梅多斯、乔根·兰德斯和丹尼斯·梅多斯共同出版著作《增长的极限》）第一次提出了地球的极限和人类社会发展极限的观点，对人类社会不断追求增长的发展模式提出了质疑和警告。该论点是可持续发展理论建立的观念先导和理论铺垫。在增长极限论的推动下，同年6月，联合国在瑞典斯德哥尔摩召开第一次人类环境会议。1980年，联合国环境规划署委托国际资源和自然保护联合会编纂的《世界自然资源保护大纲》指出："必须研究自然的、社会的、生态的、经济的以及利用自然资源过程中的基本关系，以确保全球的可持续发展。" 1981年，美国学者布朗（Lester R. Brown）出版著作《建设可持续发展的社会》，提出以控制人口增长、保护资源基础和开发再生能源来实现可持续发展。1987年，国际环境与发展委员会首次将可持续发展的概念正式写进文件中。同年4月，世界环境与发展委员会出版《我们共同的未来》报告，将可持续发展定义为："既能满足当代人的需要，又不对后代人满足其需要的能力构成危害的发展。" 它系统阐述了可持续发展的思想，这标志着可持续发展理论的初步形成，其后可持续发展战略、可持续发展道路、可持续发展模式逐步进入一些国家的社会发展议事日程。

1992年6月，联合国在巴西里约热内卢召开环境与发展大会，会议颁布了《地球宪章》和《21世纪议程》两大纲领性文件。该会议标志着可持续发展从理论探讨走向实际行动，同时也开启了人类合作实现可持续发展的新征程。从1995年开始，为了践行全球意义上的可持续发展，联合国组织了一系列以全球气候变化为主题的国际会议。

  为了积极响应1992年的联合国环境与发展大会提议,中国政府同年7月组织编制了《中国21世纪议程——中国21世纪人口、环境与发展白皮书》,1994年由国务院常务会议通过。该议程从总体可持续发展、人口和社会可持续发展、经济可持续发展、资源合理利用、环境保护五大方面和78个行动方案领域,制定了可持续发展规划。1995年9月,党的十四届五中全会正式把可持续发展作为我国的重大发展战略提了出来。此后中央的许多重要会议都对可持续发展战略作了进一步肯定,使之成为我国长期坚持的重大发展战略。党的十五大报告进一步指出,我国是人口众多、资源相对不足的国家,在现代化建设中必须实施可持续发展战略。2000年11月,党的十五届五中全会通过的《中共中央关于制定国民经济和社会发展第十个五年计划的建议》指出,实施可持续发展战略,是关系中华民族生存和发展的长远大计。党的十六大报告中,全面建设小康社会的目标之一就是"可持续发展能力不断增强,生态环境得到改善,资源利用效率显著提高,促进人与自然的和谐,推动整个社会走上生产发展、生活富裕、生态良好的文明发展道路"。党的十七大报告提出,必须坚持全面协调可持续发展,坚持生产发展、生活富裕、生态良好的文明发展道路,建设资源节约型、环境友好型社会。党的十八大报告提出要推进绿色发展、循环发展、低碳发展,建设生态文明和美丽中国。党的十九大将可持续发展战略与科教兴国战略、人才强国战略、创新驱动发展战略、乡村振兴战略、区域协调发展战略和军民融合发展战略并列为在全面建成小康社会决胜期的战略。这些行动表明,可持续发展理论在我国国家层面已全面应用。

  同时期,在国际上,为了推动人类可持续发展,联合国193个会员国在2015年9月举行的联合国可持续发展峰会上一致通过《2030年可持续发展议程》,确立了17项可持续发展目标。这些目标涉及发达国家和发展中国家人民的需求并强调不会落下任何一个人。该议程范围广泛且雄心勃勃，涉及可持续发展的三个层面：社会、经济和环境，以及与和平、正义和高效机构相关的重要方面[①]。

（二）可持续发展与长江大保护

可持续发展是长江大保护的重要战略指引和理论基础，对长江经济带的发展与大保护具有重要指导作用和价值。具体而言，包括以下六个方面。

（1）长江经济带绿色发展需要可持续发展战略推动。应充分发掘经济发展与生态保护的关系以及内在机理，不能把二者分开，更不能对立起来，要坚决摒弃以牺牲环境为代价换取一时经济增长的做法。共抓大保护和生态优先讲的是生态环境保护问题，是前提；不搞大开发和绿色发展讲的是经济发展问题，是结果；共抓大保护、不搞大开发侧重当前和策略方法；生态优先、绿色发展强调未来和方向路径，彼此是辩证统一的[②]。可持续发展的核心是发展，经济发展中出现的人口、资源、环境等问题必须在发展中解决，这是"在开发中保护，在保护中开发"的深刻内涵。

（2）可持续发展的目标是实现经济社会生态的良性循环，均衡协调发展是长江大保护的根本目的和主要目标。

（3）资源的永续利用和生态环境的改善是可持续发展的重要标志，因此，对长江流域的各类资源统筹保护是实现生态系统完整和平衡的关键。

（4）可持续发展能否实现的关键是处理好经济建设与人口、

[①] 王菡娟：《清洁低碳发展是全球共同的责任》，《人民政协报》2016年12月8日第6版。

[②] 习近平：《在深入推动长江经济带发展座谈会上的讲话》，《人民日报》2018年4月27日第1版。

资源、环境之间的关系[①]。以可持续发展理论作为长江大保护的理念先导，既能促进长江经济带在共抓大保护中实现经济的协调发展，也能实现长江生态环境在发展中得到保护，从而实现人口、资源与环境之间的有机协调。

（5）实施可持续发展战略要求转变思想观念和行动规范，用新思想、新观点、新知识、新技术变革传统的思维和发展模式，而这一具体要求是加强长江大保护思想转变的价值观指引和行为规范。

（6）可持续发展重视"能力建设"，包括能力建设的"支撑性"因素（国家生存安全能力建设、生态环境能力建设）、"带动性"因素（人力资源能力建设、发展水平能力建设）、以及"保证性"因素（社会有序能力建设、政府服务能力建设）等。而这些重要能力建设既是国家实现可持续发展的重要支撑，也是实现区域可持续发展的重要支柱。长江经济带要实现长江的大保护则需要区域的可持续发展来保证。

第三节　流域治理与保护

一　流域治理的概念内涵

《辞海》中认为流域是指地表水及地下水分水线所包围的集水区域的总称。我们习惯上把地面上的集水区域称为流域，根据地形图上的分水线，可以大致定出流域的边界，在边界范围内即为流域面积。《中国大百科全书》中，将流域定义为由分水线所包围的河流集水区，分为地面集水区和地下集水区。每条河流都有自己的流域，按照水系等级分为大流域和数个小流域。从经济地理

[①] 罗慧等：《可持续发展理论综述》，《西北农林科技大学学报》（社会科学版）2004年第1期。

的角度上看，流域可以指以水资源综合开发利用为中心的区域经济单元。可见，流域是一个由自然、经济和社会复合而成的巨系统[①]。

流域不仅具有区域的地域性、综合性、系统性、可度量性，还具有水资源的流动性、整体性、关联性、区段性、差异性、网络性、开放性、耗散性及多功能性等。与此同时，流域内各要素之间联系紧密且左右岸、上下游及干支流之间相互制约、相互影响。流域的上述特征也促使流域内的经济活动必须从整体利益出发，不能片面地追求独立区域的经济效益最大化，同时还必须兼顾不同区段的差异。在明确流域概念和特点的基础上理解流域治理，它来源于流域管理，但却有区别。流域治理不受特定行政权力的片面管理，单纯治理流域的某一段远远不足以达到对全流域的掌控。流域内各区域地方政府在经济发展过程中追求各自利益最大化，产生发展竞争，这也给流域统一治理造成了更大的难度。

流域治理更强调均衡性、协调性、过程性、持续性。联合国全球治理委员会（CGG）对"治理"的定义为个人和公私机构管理其共同事务的各种方式的总称。同时，CGG总结了治理的四个特征：一是治理不是一整套规则，同时也不是一种活动，而是一个过程；二是治理过程的基础是协调而不是控制；三是治理涉及公共部门也涉及私人部门；四是治理是一种持续地互动而不是单一的制度[②]。可见，治理的概念相对管理来讲更广泛，也更全面、灵活。它不单是强调政府部门单向的管理，而是更多的涉及社会的各个部门，包括公共部门、私人部门、公民社会以及法律环境。相对来讲，治理更为透明，参与协调的部门越多，过程也就越没有遮掩的余地。

---

① 李怀甫：《小流域治理理论与方法》，水利电力出版社1989年版。
② 蔺雪峰、汪波、冯剑丰：《中新天津生态城的城市治理研究》，《天津大学学报》（社会科学版）2011年第3期。

流域治理是一系列管理机制的综合,是一种由共同目标支持的活动,这一活动的基础不是控制,而是协调,同时这一活动有赖于各方持续、动态的互动①。另一种理解是,流域治理是指在解决流域问题中,为了实现共同利益,实现流域一体化,促使国家以及非国家主体协作的过程②。总的来说,流域治理不仅仅是生态环境一个方面,也包含流域经济发展和社会发展等方面。

二 流域治理模式

众多发达国家和地区对于流域治理的成功经验表明,依托江河水资源优势,发展流域经济对国家经济的发展起到基础且重要的作用。对于流域的成功治理也会将这种作用发挥到最大。这里主要介绍几种国内外比较典型的流域治理模式,如美国田纳西流域治理、科罗拉多河流域治理和英国泰晤士河流域治理,还有我国的黄河流域治理、滦河流域治理和南明河流域治理等。

田纳西河是美国第一大河,位于美国东南部,是密西西比河的二级支流。19世纪初,田纳西河地区自然资源丰富,动植物种类多样,流域水量平稳。随着流域开发活动加剧,田纳西河经济在19世纪后期开始蓬勃发展,对地区资源利用程度逐渐加强,导致了一系列不合理的开发利用。地区环境开始恶化,水土流失加剧,

---

① Groves D. G., Fischbach J. R. and Bloom E., *Adapting to a Changing Colorado River: Making Future Water Deliveries More Reliable Through Robust Management Strategies*, RAND Corporation, 2013; Baird J., Plummer R. and Morris S., "Enhancing Source Water Protection and Watershed Management: Lessons from the Case of the New Brunswick Water Classification Initiative", *Canadian Water Resources Journal*, Vol. 39, No. 1, 2014; Benney T. M., Vandeveer S. D., "Grassroots Global Governance: Local Watershed Management Experiments and the Evolution of Sustainable Development by Craig M. Kauffman (review)", *Global Environmental Politics*, No. 18, 2018.

② Cave K., Plummer R. and De Loe R., "Exploring Water Governance and Management in Oneida Nation of the Thames (Ontario, Canada): An Application of the Institutional Analysis and Development Framework", *Law & Critique*, Vol. 13, No. 2, 2013; Moradi S. and Limaei S. M., "Multi-objective Game Theory Model and Fuzzy Programing Approach for Sustainable Watershed Management", *Land Use Policy*, Vol. 71, 2018.

可持续发展受阻。在这种情况下，美国联邦政府开始对田纳西河进行治理，其主要方式是由联邦政府成立一级流域开发管理机构，即田纳西流域管理局。流域一切经济活动及保护治理均由该机构统一管理，有效地保证了资源的统一调配和合理利用。通过合理规划和制度管理，田纳西河流域得到了良好治理。其主要原则为发展流域经济的同时坚持实施生态环境保护建设工程，注重产业开发结合生态资源的有效利用，逐步发展旅游业、航运、工业、农业等，有效地促进了地区经济、生态和社会的综合发展。

美国的科罗拉多河流域治理主要侧重于合理分配流域水资源，以流域内生态补偿为主要手段控制和保护流域生态资源的合理利用。由科罗拉多州牵头制定分水协议，将流域内各用途的水资源划为经济性用途和生态公益性用途两大类。为保护生态公益性水资源，其经济性用途的水资源采取市场竞争的方式收费。并在下游地区建立水资源银行，通过市场调节的方式加强对水资源的综合管理，同时在上下游之间通过协商的方式予以一定的用水补偿。

英国著名的泰晤士河在经过一个多世纪的不懈治理后，成为世界上流经一国首都生态环境最好的河流之一。泰晤士河是英国的母亲河，历史上共发生过两次水质恶化，第一次是1800—1850年，第二次是1900—1950年。前者主要是因为工业发展、人口激增带来的城市生活污水排放加剧，从而导致河流水污染；后者主要是因为工业发展，合成洗涤剂等化学污染及电厂废水热污染。泰晤士河流域治理主要实行高度集中的流域管理模式，1955—1975年，英国政府对泰晤士河开展第二次大规模治理，大胆开展流域管理体制改革和科学化管理实验，把整个流域分为10个区域，合并200多个部门，成立泰晤士河水务管理局，对流域水务进行统一管理。这期间的改革举措被称为欧洲"水工业管理体制的革命"。期间，主要通过花巨资改造城市污水处理厂、城市下水排放系统，以及革新污水处理技术等。由于耗资巨大，除了水务局投资以外，流域管理机构积极探索新的投融资路径，通过供水收费和上市公司股票及市场集资、融资两种方式筹募资金。在泰晤士河水务管理局的综合统筹协调下，将水污染管理运营社会化、市场化、企业化，促使其逐步走向市场，并以此明确产权，把河流的每一节段包括自净容量的产权都交给一个明确的责任人，这个责任人又包括私人或国家部门。值得一提的是，这一时期随着英国产业的升级改造和伦敦经济发展模式的转换，原先污染巨大的煤气厂、造船厂、炼油厂等工业企业陆续关闭，这也有效减轻了对流域污染的压力。

黄河流经我国9个省区，流域内包含丰富的自然资源和国家重点生态功能区，是我国重要的生态屏障和经济地带。黄河"干旱缺水与水土流失并存"的基本特点，成为实现流域可持续发展所需要解决的根本问题。新中国成立以来，黄河治理从最初的下游防洪走向全流域治理、小流域综合治理、大规模退耕还林（草）工程，直至近年来的生态优先、山水林田湖草生态空间一体化保护与区域生态文明综合治理等，水沙治理取得成效。河北省滦河流域2014年成为首批国土江河综合整治两个试点流域之一，以投入整治专项资金的方式进行治理。在该流域治理中，最突出的成果之一是引进水库群联合调度的技术对该流域进行综合治理，利用三维虚拟仿真技术在立体空间展现调度结果，构建了一个完整的滦河流域水库调度决策支持系统，为该流域综合治理提供了非常关键的技术支持。南明河是贵州省贵阳市的母亲河，长约118公里，曾经被污水染黑"身躯"，被两岸低矮的棚户区遮住"容颜"。2000年开始，贵阳市政府加大治理的力度和决心，改变以往局部的单项治理，实施全流域治理。其中，代表性的做法是实行以政府主导，引入中国水环境集团社会资本，实行专业公司治理及后期管理的模式，先后通过TOT、PPP等融资模式突破技术和资金瓶颈，利用社会资本的融入完成基础设施的建设，通过一系列沿流域整治工程，总投资 22 亿元。自 2003 年以来，流域水质监测数据表明南明河各项指标均长期达到水环境目标值。

三 流域管理体制

流域是一个整体，流域治理要涉及众多的部门，以行政区划为主的流域管理方式容易导致权力与利益冲突等问题，不能满足流域综合治理的要求①。纵观流域管理主体的历史演变，西方国家普遍采用分散型和集中型两种。而分散型管理体制有着相当长的历史，例如单个行业分别由相应管理部门负责（农业、电力、供水等），这种最早的管理方式至今存在于各国行政体制中。农业灌溉管理部门往往是最早的水管理部门，地表水开发与洪水防治一般为公共工程和市政部门管理，而地下水开采一般都是地质采矿部门的职责，水资源污染控制主要为环境卫生部门负责，这种管理方式在早期的政治经济条件下，对水资源的开发利用起到了一定的积极作用，但也存在明显缺点，即人为地将完整系统的水系流域进行条块分割②，协调性与整体性缺失。

随着对流域管理认识的深入，集中型管理模式越来越受到重视。例如，美国、法国、澳大利亚等发达国家通过组建流域管理机构进行流域统一管理，在一定程度上建立权威高效的流域管理委员会，管理委员会具有相应的最高决策权力。在流域管理委员会之下，一般设有流域管理局（办事机构），并赋予其咨询协调职能以利于监督管理，从而构建起决策、执行、监督相互分离又相互制约的管理体制。从立法角度讲，国外很多流域管理机构被赋予了很大的独立自

---

① 房引宁：《流域综合治理 PPP 项目核心利益相关者利益诉求与协调研究》，博士学位论文，西北农林科技大学，2018 年。
② 邢利民：《国外流域水资源管理体制做法及经验借鉴——流域水资源管理问题系列研究之一》，《生产力研究》2014 年第 7 期。

主权①。如美国田纳西流域管理机构可以根据全流域开发和管理的宗旨修正或废除与流域管理法有冲突的地方法规，并制定相应的规章条例。此外，管理局还可以跨越一般的政治程序，直接向总统和国会汇报，从而排除了其他行政力量的干涉②。

20世纪90年代初，为协调区域管理与流域管理相配合，我国流域管理体制由"统一、分级、分部门"管理转变为"流域与行政区域相结合"管理③。经过多年的改革和发展，我国流域管理体制改革的基本趋势是由"九龙治水"向"集中统一管理"转变。在一系列国家顶层设计和机构改革的推动下，水利部长江水利委员会④和其他相关部门分别建立了长期的流域治理体系及管理办法。例如，长江水利委员会以规划为先导，以三峡、南水北调工程建设为标志，以推进流域管理与区域管理相结合的水管理体制为基础，很大程度上维护了流域水质状况的总体稳定；国家环保部开展了一系列涉及长江的规划编制工作、环境执法、水体监测、空间管控体系等一系列专项行动；国家水利部围绕水域管理、节水优先、水功能区、水生态保护修复、流域与区域结合管理等相关制度建设，全面加强了流域水资源管理与保护；国家发改委则大力实施水环境治理、水生态修复、水资源保护等工作，组织开展了长江经济带共抓大保护专项检查，非法码头和非法采砂专项整治行动等⑤。党的十九大以来，新组建的国家生态环境部统一承

---

① 俞树毅：《国外流域管理法律制度对我国的启示》，《南京大学法律评论》2010年第2期。

② 范红霞：《中国流域水资源管理体制研究》，硕士学位论文，武汉大学，2005年；俞树毅：《国外流域管理法律制度对我国的启示》，《南京大学法律评论》2010年第2期。

③ 房引宁：《流域综合治理PPP项目核心利益相关者利益诉求与协调研究》，博士学位论文，西北农林科技大学，2018年。

④ 水利部长江水利委员会是中华人民共和国水利部在长江流域和澜沧江以西区域内行使水行政主管职能的派出机构，总部位于湖北省武汉市，1950年2月成立，其前身是扬子江水利委员会。

⑤ 汤鹏飞：《以生态优先引领长江经济带绿色发展——"中国长江论坛·2016"》，《社会科学动态》2017年第3期。

担流域水环境保护职责,流域管理体制将再次面临新的改革。这次改革主要解决的是水环境治理领域长期存在的职责交叉、多头治理、权责脱节的"九龙治水"顽疾。因此,既要对原来分散在发改、国土、住建、水利、农业等多部委涉及流域管理和涉水的职能,也要对原环保部门涉及流域管理和涉水的污染防治、生态保护的职能全面拆解细分,按照流域管理的需求,大刀阔斧,伤筋动骨,精心设计内部机构。

四 流域治理机制

由于水的自然流动性使得流域内部活动具有强烈的关联性,流域是整体性极强的自然区域,流域内各自然要素的相互关联极为密切,地区间影响明显,特别是上下游、左右岸间的相互关系密不可分[①]。"共抓大保护,不搞大开发"是新常态下长江经济带的发展主题。在构建长江经济带发展与保护机制方面,有以下经验可借鉴:

(一)构建多元协同机制

当前,构建流域多元协同机制是中央、地方政府及相关学者研究的共识,即促进长江流域的健康协调发展,需要牢固"一盘棋"思想。长江沿线各省市发展程度不一,各行政单元都有自己的利益诉求,全流域观念欠缺,而站在整体流域管理的层面,其最本质也是最难解决的是行政区划带来的利益分割。这就需要在合作共赢的前提下,完善跨行政区的利益协调机制。从经济、社会、生态、文化、行政"五维"协同发展命题下寻找体制机制的制度性突破[②]。

在推动长江经济带发展座谈会上,习近平总书记指出:推动长

---

① 邓伟根、陈雪梅、卢祖国:《流域治理的区际合作问题研究》,《产经评论》2010年第6期。
② 路洪卫:《完善长江经济带健康发展的区域协调体制机制》,《决策与信息》2016年第3期。

江经济带发展必须建立统筹协调、规划引领、市场运作的领导体制和工作机制，要统筹各地改革发展、各项区际政策、各领域建设、各种资源要素，促进长江经济带上中下游协同发展、东中西互动合作[1]。因此区域协调发展就成为推动长江经济带发展的重要内容。从绿色协同发展的角度，国家和地方都出台了一系列综合性措施，例如，湖北率先编制实施了《湖北长江经济带生态保护和绿色发展总体规划》，配套编制实施生态环境保护、综合立体绿色交通走廊建设、产业绿色发展、绿色宜居城镇建设、文化建设五部专项规划，力争全面推动长江经济带发展[2]。在构建长江绿色协同发展的机制创新方面，应建立流域内统一的生态信息公开机制、生态环境执法监管与目标考核措施、绿色信用管理体系。此外还应加强区域生态环境保护协调合作机制建设，加强长江经济带统一的市场竞争机制建设、协同创新机制建设和人才流动激励机制建设等[3]。

为把握国家战略机遇，各省市通过不同渠道，不同层面均发出建立共商共建协作机制的诉求，相应实践行动也同时展开。国家发改委官方网站显示，中央长江经济带发展领导小组办公室会议暨省际协商合作机制会议分别于2016年12月和2017年12月两次召开，研究探索长江经济带省际合作。两次会议分别签署了《重庆、四川、云南、贵州长江上游地区省际协商合作机制协议》和《湖北、江西、湖南长江中游地区省际协商合作机制协议和长江中游湖泊保护与生态修复联合宣言》。又如，2018年6月5日世界环境日，3省2市共同发起《重庆倡议》，呼吁在长江经济带11省市共建"长江经济带

---

[1] 《习近平在推动长江经济带发展座谈会上强调 走生态优先绿色发展之路 让中华民族母亲河永葆生机活力》，http://www.gov.cn/xinwen/2016-01/07/content_5031289.htm。

[2] 常纪文：《长江经济带如何协调生态环境保护与经济发展的关系》，《长江流域资源与环境》2018年第6期。

[3] 常纪文：《深入推进长江经济带绿色协同发展》，《中国环境报》2018年5月8日第3版。

环保产业协调发展合作机制",即建立共商机制,通过协商会晤,共同商议决定协同机制下的合作规则、规划、重大活动等;建立共建机制,发起建立长江经济带环保产业发展研究院;建立共赢机制,实现公平开放透明的环保产业市场一体化,共同推进长江经济带环保产业的发展和繁荣。可见,长江流域的相关制度设计越来越注重流域整体性。长期以来,多方呼吁和推动构建流域多元协同发展机制正在建立,各方面力量并驾齐驱。

(二)构建生态补偿机制

从目前的理论与实践看,多主张通过调动市场主体的积极性,构建流域区际产权市场,实现流域资源优化配置。有学者主张,可具体从开征流域生态建设税、实施中央财政纵向转移支付、基于流域区际民主协商和横向财政转移支付等层面构建流域区际生态补偿的准市场[1]。在政府和相关研究人员的推动和呼吁下,2012年安徽、浙江两省开始正式实施全国首个跨省流域——新安江流域生态补偿机制试点,自2012年起至2014年结束,按中央资金每年3亿元、两省每年各1亿元设立补偿资金[2]。为进一步巩固试点,财政部、环保部发文确定2015—2017年在新安江流域继续实施第二轮试点,中央财政资金按照分年补助形式拨付共计9亿元,同时两省横向补助资金提高至2亿元。新安江试点工作取得了积极成效,两部委确认试点进一步扩大。2018年2月,财政部印发和实施了《关于建立健全长江经济带生态补偿与保护长效机制的指导意见》(财预〔2018〕19号),明确要积极发挥财政在国家治理中的基础和重要作用,推动长江流域生态保护和治理,建立健全长江经济带生态补偿与保护长效机制,实现生态补偿、生态保护和

---

[1] 陈瑞莲、胡熠:《我国流域区际生态补偿:依据、模式与机制》,《学术研究》2005年第9期。

[2] 方子恒:《新安江流域生态补偿机制运行及政策完善建议》,《中国政府采购》2018年第9期。

可持续发展之间的良性互动①。

（三）构建公平的市场机制

当前，我国流域治理以政府为主导，市场参与不足。相关学者研究主要从流域横向生态补偿的多元融资、污染权交易市场建立来探讨构建流域市场机制。例如，有学者通过模型的仿真模拟，以流域跨界界面水质变化为衡量标准，以量化建模方法分析了不同融资渠道或融资渠道组合的生态补偿效果发现，对比五种模拟结果，在有排污权交易市场存在的情况下，政府和社会资本共同提供资金的生态补偿效果和效率更好，而多元融资渠道能够发挥更好的效果②。肖加元和潘安③通过借鉴欧盟碳排放交易体系（EU ETS）三阶段改革内容，详细论述了市场机制在激励上游地区污染减排中的作用，提出水污染权交易市场是对现有流域生态补偿机制的补充。常亮和杨春薇④在对比国内外跨区域流域管理模式后指出，为使市场在资源配置中起到决定性作用和更好的发挥政府作用，适度将市场机制引入流域管理之中，对于推动跨区域流域管理模式创新和体制改革有重要作用，提出可以运用 IRBM 模式、准市场模式、PPP 模式和 NGO 模式等市场化手段，重构跨区域流域管理中"政府"与"市场"的角色。

在实践中，从排污权交易试点的浙江、江苏两省的情况来看，分别采取了两种不同的制度模式。江苏省通过出台《太湖流域综合治理管理条例》《太湖地区城镇污水处理厂及重点工业行业主要水污染物排放限值》等条例，督促地方组织开展水资源有偿使用以及排污权交

---

① 刘桂环、文一惠：《新时代中国生态环境补偿政策：改革与创新》，《环境保护》2018 年第 24 期。

② 张明凯、潘华、胡元林：《流域生态补偿多元融资渠道融资效果的 SD 分析》，《经济问题探索》2018 年第 3 期。

③ 肖加元、潘安：《基于水排污权交易的流域生态补偿研究》，《中国人口·资源与环境》2016 年第 7 期。

④ 常亮、杨春薇：《基于市场机制的跨区域流域管理模式研究——以辽宁省为例》，《生态经济》2016 年第 1 期。

易，形成一种"自上而下"的制度模式①。但真正的市场交易并没有形成，只有江阴市实现了排污权租赁，导致该结果的主要原因在于政府对于排污权的产权界定较为模糊，价格机制难以形成。而浙江省采用的是"自下而上"的制度模式，在政府监督下通过市场运行机制实施排污权交易，有利于经济市场的自行调节与发展。例如，嘉兴市开展排污权有偿使用和排污权储备机制，湖州市根据实际情况引入三方核查机制以及增加总磷、氨氮的交易指标，绍兴市则将排污权作为生产要素，进行排污权融资抵押等②。但这种模式下，跨市之间的交易存在一定的阻碍，还需要协作机制的不断创新与完善。

（四）构建依法治理机制

构建合理全面的法律机制是实现流域综合治理和生态保护的基本保障和主要手段。以全国人大立法为例，包括2010年的《水土保持法》③、2017年的《水污染防治法》④、1997年的《防洪法》⑤和2016年的《水法》⑥，构成了我国流域水管理法律体系的核心⑦。总体来讲，我国缺乏一部完整系统的流域水环境管理法，现有的流域法律体系不完善，不利于跨区域流域综合管理和综合整治的推进与实施⑧。就长江流域而言，专家呼吁，要以法律形式确立长江流域生态优先、绿色发展的战略定位，尽快制定长江法，在长

---

① 张翼飞等：《太湖流域水污染权交易制度比较分析——基于环湖六市的调研》，《中国环境管理》2017年第1期。

② 张翼飞等：《太湖流域水污染权交易制度比较分析——基于环湖六市的调研》，《中国环境管理》2017年第1期。

③ 《水土保持法》是指《中华人民共和国水土保持法》，于1991年通过，2010年修订。

④ 《水污染防治法》是指《中华人民共和国水污染防治法》，于1984年通过，1996年修正，2008年修订，2017年修正。

⑤ 《防洪法》是指《中华人民共和国防洪法》，于1997年通过，2007年修正，2016年修订。

⑥ 《水法》是指《中华人民共和国水法》，于1988年通过，2002年修订，2009年第一次修正，2016年第二次修正。

⑦ 邓可祝：《论我国流域管理法律制度的完善》，《科技与法律》2008年第5期。

⑧ 吕忠梅、陈虹：《关于长江立法的思考》，《环境保护》2016年第18期。

江流域落实最严格的生态文明法律制度体系建设，为长江经济带绿色发展提供顶层设计。

第四节 "两山"理论与长江大保护

习近平同志在党的十九大报告中指出，必须树立和践行"绿水青山就是金山银山"的理念，坚持节约资源和保护环境的基本国策，像对待生命一样对待生态环境。"绿水青山就是金山银山"的"两山"理论是习近平生态文明思想的重要内涵，它系统阐述了经济与生态之间的内在逻辑，即绿水青山与金山银山之间存在兼顾、取舍和转化三种关系。在推动长江经济带发展动力转换中，建设现代化流域经济体系和共抓长江大保护，是实现流域资源优势、区域生态优势与社会经济优势之间高效率转化的重要路径。

一 "两山"理论提出与发展

"绿水青山就是金山银山"是 2005 年 8 月习近平同志任浙江省委书记在安吉天荒坪镇余村考察时提出的。任总书记后，习近平在国内外多次强调和阐述这一理念。2015 年 4 月，《中共中央、国务院关于加快推进生态文明建设的意见》明确强调"坚持绿水青山就是金山银山"。党的十九大报告，把"绿水青山就是金山银山"理念写入新时代中国特色社会主义基本方略，习近平深刻阐述了"两山"理论的丰富内涵和深远意义，成为新时代中国生态文明建设的根本遵循。

"绿水青山就是金山银山"的重要思想的核心是要求在实现经济增长的同时也要保护生态。一是水和山象征养育人类生存繁衍的自然资源，保护自然资源就是保护人类繁衍的命脉；二是生态环境系统的整体性、相互关联性要求必须坚持山水林田湖草是一个生命共同体的系统思想；三是生态资源就是经济资源、生态资源即经济生产力。其内在逻辑是研究生态经济化和经济生态化的发展路径,将丰富的自然资源转化为经济增长,而经济增长又能更科学高效环保地利用资源,将现代工业化的发展与自然资源保护有机统一起来。

"绿水青山就是金山银山"理念源自生态文明建设实践,是生态文明建设重要的原则之一。从"既要金山银山又要绿水青山",到"既要金山银山更要绿水青山",再到"绿水青山本身就是金山银山";从"两点论"到"重点论",最后上升到"统一论"的发展过程。"两山"理论描述了实践中人类对于自然资源与经济发展关系的认识过程和思维逻辑。从理念的生成及发展脉络上看,该论断经历了酝酿提出、丰富成熟和升华完善三个阶段。"两山"理论形成过程时间脉络一览表如表2-2所示。

表2-2　　　　　　　习近平"两山"理论形成过程

时间	内容
2005年8月15日	时任浙江省委书记的习近平在浙江湖州安吉考察时,首次提出了"绿水青山就是金山银山"的科学论断
2005年8月24日	习近平在《浙江日报》的"之江新语栏目"中就生态文明建设问题发表文章,正式提出了著名的"两山论"
2006年3月8日	在中国人民大学的一次演讲中,擅长辩证法的习近平用简单的语句,剖析了"绿水青山"与"金山银山"的关系并对这一理论进行了深入分析,"在实践中对绿水青山和金山银山这'两座山'之间关系的认识经过了三个阶段:第一个阶段是用绿水青山去换金山银山,不考虑或者很少考虑环境的承载能力,一味索取资源;第二个阶段是既要金山银山,但是也要保住绿水青山,这时候经济发展和资源匮乏、环境恶化之间的矛盾开始凸显出来,人们意识到环境是我们生存发展的根本,要留得青山在,才能有柴烧;第三个阶段是认识到绿水青山可以源源不断地带来金山银山,绿水青山本身就是金山银山,我们种的常青树就是摇钱树,生态优势变成经济优势,形成了浑然一体、和谐统一的关系,这一阶段是一种更高的境界"
2013年9月7日	习近平在哈萨克斯坦纳扎尔巴耶夫大学发表重要演讲并回答学生提问时指出:"中国明确把生态环境保护摆在更加突出的位置,我们既要绿水青山,也要金山银山;宁要绿水青山,不要金山银山,而且绿水青山就是金山银山。"这一回答是对错误发展观的猛烈棒喝,也是对"两山"重要思想的进一步完善,在这一阶段,习近平站在全国乃至全球可持续发展的角度,对绿水青山与金山银山之间的辩证关系进行了系统阐述,形成了"两山"思想论述体系

续表

时间	内容
2015年3月24日	中央政治局审议通过的《关于加快推进生态文明建设的意见》，把"坚持绿水青山就是金山银山"这一重要理念正式写入了中央文件，为"十三五"提出绿色发展理念提供了理论支撑
2016年5月27日	联合国环境规划署专门发布《绿水青山就是金山银山：中国生态文明战略与行动》报告，充分认可中国生态文明建设的举措和成果
2017年1月18日	习近平在联合国日内瓦总部发表题为《共同构建人类命运共同体》时，又向联合国表述中国的决心："我们不能吃祖宗饭、断子孙路，用破坏性方式搞发展，绿水青山就是金山银山，我们应该遵循天人合一、道法自然的理念，寻求永续发展之路。"
2017年9月15日	国家环境保护部公布首批全国13个"绿水青山就是金山银山"实践创新基地，呈现出了我国探索"两山"实践的典型做法
2017年10月1日	党的十九大报告指出："必须树立和践行绿水青山就是金山银山的理念"
2017年10月24日	中国共产党第十九次全国人民代表大会审议通过《中国共产党章程（修正案）》，将"增强绿水青山就是金山银山的意识"写入党章
2018年5月20日	在全国生态环境保护大会上，习近平总书记提出"绿水青山就是金山银山"是新时代推进生态文明建设的六大原则之一
2018年4月26日	习近平在深入推动长江经济带发展座谈会上强调，推动长江经济带探索生态优先、绿色发展的新路子，关键是要处理好绿水青山和金山银山的关系，这不仅是实现可持续发展的内在要求，而且是推进现代化建设的重大原则
2018年6月16日	"坚持绿水青山就是金山银山"作为习近平生态文明思想的重要组成部分，写入中共中央、国务院印发的《关于全面加强生态环境保护坚决打好污染防治攻坚战的意见》

注：笔者根据文件整理。

从上述"两山"理论提出的时间脉络中可以理解习近平总书记关于"绿水青山"与"金山银山"关系的阐释，即为对生态环境保护与经济社会发展关系的论述，两者间既矛盾，又辩证统一："既要绿水青山，又要金山银山"，强调要兼顾经济社会发展与生态环境保护，二者构成一个有机整体，缺一不可；"宁要绿水青山，不要金山银山"，强调经济社会发展与生态环境保护的取舍，即在两者不可兼得的特定条件下一定要把生态环境保护放在优先位置，决不能以牺牲生态环境去换取一时的发展；"绿水青山就是金山银山"，强调的是两山间的转化，是在兼顾和取舍基础上的更深层次的境界，也是"两山"理论的核心所在；其中，"就是"二字充分肯定和还原了绿水青山本身的价值，阐明了"保护生态环境就是保护生产力、改善生态环境就是发展生产力"的理念[1]。

二 "两山"理论中自然资源的价值

"两山"理论中蕴含对于自然资源价值的判断，即"保护生态环境就是保护生产力、改善生态环境就是发展生产力"。

（1）马克思的"自然富源"这一概念中指出，"自然在价值形成和价值增值的过程中具有劳动无法代替的前提性、基础性和条件性的作用"。其深刻含义是指自然资源与生态本身就存在着自然经济价值。生态环境保护技术的不断提高是增值自然资源价值和自然资本的过程，会相应地得到合理的经济回报和适当的经济补偿。因此，推动自然资本大量增值本身也是一个地区生态经济发展的前提条件和发展路径。例如生态修复后的湿地或河流成为美丽的城市景观，从而带动旅游人数的增加，促进城市生态旅游经济的发展。又如将现代产业园打造成以生态为导向的综合生态园区，从而吸引会展经济的发展等。

（2）自然资源不仅是生产力三个组成要素最初和最基本的来源之一，还是生产力要素结合方式和生产力发展水平的关键变量。通过具体实践，可以发现随着科学技术的发展，生态化指标已经成为先进生产力的重要标志和显著特征，生态化的原则和理念已经贯彻渗透到生产力发展的各个环节、各个方面、各个过程之中，通过实现生产要素、生产环节、生产过程和生产目标的生态化，

---

[1] 杜艳春、王倩、程翠云、葛察忠：《"绿水青山就是金山银山"理论发展脉络与支撑体系浅析》，《环境保护科学》2018年第4期。

能最终实现整个经济运行和经济体系的生态化①。

（3）生态环境保护的成败关键取决于经济结构和发展方式的转变，坚持在发展中保护、在保护中发展，是实现新时期经济社会发展与人口资源环境相适应的基本手段。因此，提高资源利用水平、加快构建绿色生产体系，大力发展生态经济是促使"生态资本"转化为"经济资本"的有效动力。

三 "两山"理论与长江大保护

将"两山"理论运用于长江经济带发展与保护主要包括两个方面：

（1）从自然资源价值视角，探究长江经济带发展和保护的根本原因和动力源泉。长江流域长时期经济粗放式发展、绿色工业化水平较弱、工业企业沿江布局过密、水资源污染严重等问题，使得自然资源长期处于贬值状态，无法有效发挥生态价值促进经济增长的内在动力。"两山"理论的提出和应用是转变长江流域资源利用方式和经济社会发展思路的有效支撑。如何转化旧动能，变革和创新传统的发展模式及路径，培育和开发新动能，是摆在长江经济带高质量发展道路上的难题，也是长江大保护能否顺利开展和取得成效的关键所在。在长江大保护中，应有效避免两个极端，保护不是不发展，既要发展又要保护是新时代和现实情况给长江经济带提出的总考题。转变发展方式是艰难的且短期内要付出巨大的代价，故而习近平总书记在考察长江的座谈会上指出，"推动长江经济带高质量发展要有壮士断腕、刮骨疗伤的决心"。因此，新时期，各地政府探索适合地方经济发展的新思路、新产业时，要在深刻认识自然资源价值的基础上，践行"两山"理论。

---

① 张云飞：《"绿水青山就是金山银山"的丰富内涵和实践途径》，《前线》2018年第4期。

（2）从"生态优势"转变为"经济优势"的视角，探究长江经济带保护的具体措施。首先，要调整优化产业结构，实现产业生态化。一方面，根据自然资源禀赋特征和资源环境承载力，合理规划布局，确定科学的产业结构；另一方面，要将工业文明与生态文明相统一，按照产业生态学的理论及原则，在各个行业中都严格按照"节约资源、保护环境、维护生态"三维组织原则进行经济生产。其次，将资源优势转化为产业优势，实现生态产业化。根据我国现有的生态产业发展实践来看，实现生态效益和经济效益的有机统一是科学合理且可行的。在遵循"资源环境承载阈值"的限度内，将治理修复后的生态资源与产业结构转型、绿色发展结合起来，将流域具有的生态优势转化成地区发展的经济优势，同时用已积累的经济优势反哺已破坏的生态环境。最后，为了实现产业生态化和生态产业化的统一，还应大力发展生态产业，将生态农业、生态工业、生态服务业等作为优化产业结构的核心和基础。在发展生态农业方面，利用农业科学技术发展现代化生态化农业；在生态工业方面，可以借鉴德国的"工业4.0"经验，合理运用"互联网＋工业化"的发展模式，将工业化、信息化和生态化相结合，发展一条新型工业化道路；在生态服务业方面，大力发展生态旅游、节能环保、高新技术产业等。

第三章

长江经济带发展与保护战略的形成

新中国成立后长江流域的开发和治理历程奠定了长江经济带上升为国家区域发展战略的基础。长江经济带战略大致经历了从20世纪80年代的战略起点、20世纪90年代的酝酿发酵、21世纪的成熟到新时代的转型发展四个阶段，每个阶段都有不同的时代背景和社会经济发展条件。了解和掌握长江经济带战略演变过程有助于帮助我们更好地理解和把握长江经济带政策走向及发展趋势。

第一节 改革开放前长江流域开发治理

长江流域作为我国农耕文明的诞生地和承载区域，在历史上扮演了重要的角色，对于中华文明的发育和成长甚至起到了决定性的影响。新中国成立后，党和国家领导人高度重视长江流域的开发治理，主要是成功治理长江水患，兴建水利工程。

一 历史上长江流域开发治理

纵观人类文明发展史，大江大河始终是孕育人类文明的发源地。古代社会的四大文明都与大江大河流域息息相关，其中长江流域在中国文明起源和发展中的地位十分重要。近代以来，西方发达国家在现代化进程中都注重流域的开发和治理。我国历朝历代对流域的开发与治理也十分重视，主要体现在防洪、灌溉和航运等方面①。

根据相关历史文献回顾,在我国众多的河流中,黄河和长江两大流域对于中华文明的孕育和发展作出了重要的贡献,并且起到了决定性的影响。历史上,我国农耕文明主要依托于黄河和长江两大流域。考古学的研究成果表明,与黄河流域的农耕文明相对应,约公元前8000—公元前6000年长江流域中下游已经发展成为世界上第一个稻作文化区②。由于长江流域洪灾频繁和南方地区人口稀少,在相当长的时期,黄河流域处于我国经济发展的支配地位,沿黄河流域的人口聚集也相对比较集中。根据历史记载,公元前1060—公元前477年周朝时期,黄河流域人口比重占到全国的一半以上,而长江流域人口比重约占10%左右,且绝大多数定居长江以北附近。直到公元317—420年东晋时期,由于受北方游牧民族侵扰,人口和政权开始南迁,到唐朝中期开始(约公元712—766年),长江开始取代黄河成为国家经济发展的主要力量③。直到清中期(1736—1850年),长江流域人口和社会经济逐渐达到了古代历史上的峰值,彼时江浙一带作为国家赋税重地,可谓富甲天下。长江流域的人口和城镇也逐渐聚集和发展。此外,自然灾害也频繁发生。据历史资料记载,1894年发生在长江下游的几次洪灾造成上千万人死亡和流离失所。

20世纪初中国的基础设施建设和生产条件遭受了巨大的破坏和打击,其中也包括长江流域④。与此同时,20世纪前半段长江流域分区域发生大小洪水10多次,其中以1931年最为严重,由于梅雨期异常长,长江全流域发生特大洪涝灾害,损失巨大,造成约40万人死亡,汉口

---

① 随着经济社会的发展,以及对自然资源的认识不断提高,人类对流域的开发与改造也逐渐由低级向高级发展,大体上经历防洪、灌溉、航运、水力发电和生态保育等不同层次。

② 阎恒、王建国:《黄河长江经济开发比较研究》,黄河水利出版社1997年版。

③ 张雷、鲁春霞、李江苏:《中国大河流域开发与国家文明发育》,《长江流域资源与环境》2015年第10期。

④ 张雷、吴映梅:《长江干流地区区域发展与国家工业化》,《长江流域资源与环境》2005年第5期。

被淹超过100天①。天灾加之人祸，国家山河破碎，人民流离失所，长期的战争导致这一时期在长江流域基本没有什么实质的开发和治理。

值得一提的是，孙中山先生最早提出开发长江三峡的构想。据历史资料显示，孙中山先生在1894年至1924年期间先后进出长江12次，累计居留5年半的时间。1919年，他在《实业计划》一文中提出了在三峡修建水利工程的设想蓝图，叙述内容不多但重点在于利用长江水资源优势开发航运，充分借助长江水道发展国民经济，为实现国家富强和民族振兴提出了诸多建议。20世纪30年代初，南京国民政府国防设计委员会为了大力发展工业，组织水利、电气等专家对长江三峡进行勘测，并进行了初步开发的设计。抗战后期，美国经济学家潘绥和大坝专家萨凡奇先后提出了修建三峡大坝的开发设想。抗战胜利后，由国民政府资源委员会等会同相关部门组建了三峡水力发电计划技术研究委员会，选派技术人员赴美实习，为建设三峡做了大量的基础和准备工作。但这一计划最终随着内战的爆发而夭折②。

二　新中国成立后长江流域开发治理

1949年新中国成立后，毛泽东等党和国家领导人十分重视长江流域的开发和治理，这个时期的特点是以治理水患为主。中央成立长江水利委员会负责编制关于长江流域规划。据有关资料，该委员会在1959年制定了《长江流域综合利用规划要点研究》，开启了新中国成立以来长江流域的开发与治理历程。

以毛泽东为核心的第一代领导人对于长江开发治理主要侧重于治水。新中国成立初期国家对于长江流域的开发与治理重点在于治水患、修水利，侧重于对流域水资源的基础开发与保护。主要

---

①　张小玲：《梅雨锋西端高空低压槽前持续性暴雨分析——1981年7月四川大暴雨》，中国气象学会年会论文，北京，2005年。
②　薛毅：《20世纪上半期长江三峡开发略论》，《湖北社会科学》2004年第12期。

用于防洪作用而兴建的荆江分洪工程在1954年夏季发生的长江特大洪水中起到了重要的作用。随后兴建的丹江口水利枢纽工程更进一步，作为开发汉江的第一个控制性大型骨干工程，它兼具防洪、发电、灌溉、航运和水产养殖等方面的综合效益。被高度重视的葛洲坝水利工程作为修建三峡大坝的前期"试水"工程，经过不断地重新设计，前前后后持续了10多年，1989年6台机组终于全部建成投产用于发电，葛洲坝水利工程不仅为三峡工程的建设提供了实战经验且在科学技术上取得了一系列重大突破。据统计数据显示，20世纪70年代末乃至整个80年代，我国在长江流域干流和支流上共建成各类型水库48000多座，库容总计达1222亿立方米，建成大中型水电站装机总容量115万千瓦。进入90年代，长江三峡大坝经过反复论证终于在1997年实现大坝合龙，这个谋划了数十年，承载了几代人梦想的千年大计雄踞在长江流域上，奠定了我国治理长江水患和开发利用长江水资源的坚实基础。

总体来讲，将长江流域的开发与治理提上重要议程的时间节点位于改革开放前后。党的十一届三中全会后，国家重心逐渐转向经济建设，长江也迎来了发展的春天，各项发展进入了快车道。

第二节　改革开放后长江经济带战略演变

改革开放以来，党和国家高度重视长江经济带建设，将长江经济带发展上升为国家战略，对国家发展起到至关重要的作用。

一　长江经济带战略起点

长江经济带起源于20世纪80年代初的"一线一轴"构想，"一线"指沿海城市线，"一轴"便指的是长江航道。同一时期，中国科学院院士陆大道最早提出了"T"形发展战略，即海岸经济带和长江经济带两个一级重点经济带形成"T"形,并在长江三角洲交汇,长江经济带将成渝地区、武汉地区与海岸经济带联系起来,这种空间结构准确反映了我国国土资源、经济实力以及开发潜力的分布框架。实践中,1982年12月,国务院决定建立上海(长江三角洲)经济区,中央选择了包括上海在内的10个市,作为一个经济区,并规定上海作为整个经济区的中心。这是国家在战略层面推进长三角一体化发展的第一次尝试。20世纪80年代中期,中央作出"以上海浦东开发开放为龙头,进一步开放长江沿岸城市,进而带动整个长江流域经济"的战略决策。1985年2月,重庆、武汉、南京三市主要负责人就"如何发挥中心城市作用,联合开发利用长江黄金水道"等问题达成共识。1985年12月底,沪、宁、汉、渝4市领导聚会重庆,长江沿岸中心城市经济协调会[①]正式成立。

90年代开始,长江沿线各区域在经济建设和城镇开发开放方面,分批次有重点的实施了一系列国家重大战略,如设立上海浦东新区、发展攀西地区、建设二滩电站、设立重庆直辖市等。1992年,党的十四大提出设立上海浦东开发区,进一步开放长江沿岸城市,以此带动长江三角洲和长江流域的经济发展;1995年党的十四届五中全会进一步明确:"建设以上海为龙头的长江三角洲及沿江地区经济带"[②]。由此以上海浦东为龙头,湖北武汉为龙腰,西部重庆为龙尾的经济发展格局初步形成。这意味着长江经济带建设开始进入实质性启动和加速发展的新阶段。

在长江流域治理方面值得一提的是,1998年夏天,长江发生自1954年以来的又一次特大洪水,使全国上下清醒地认识到长江生态环境保护的紧迫性和重要性,启动长江流域生态保护工程刻

[①] 由重庆、武汉、南京、上海、合肥轮流担任主席方,每两年召开一次市长联席会议,主要对区域内产业布局、结构调整、经济合作、生产要素调配进行磋商,共同研究经济合作的重大课题。

[②] 吴传清:《建设长江经济带的国家意志和战略重点》,《区域经济评论》2014年第4期。

不容缓。为此,国家实施立即停止长江、黄河上中游天然林采伐,并大力实施人工造林工程和恢复草地植被工程。四川省率先全面禁止采伐天然林木,大力实施退耕还林,紧接着全国其他省市纷纷行动。到20世纪末,以植树造林和恢复植被为主的生态环境保护工程在长江黄河流域广泛开展,这有效缓解了长江、黄河流域自然生态环境恶化的趋势。

二 长江经济带战略酝酿

21世纪初是长江经济带战略酝酿阶段,沿长江流域发展经济的战略思想随着沿线各省市社会经济发展的需求不断酝酿、发酵和升华。各省市根据自身区位优势和自然禀赋特点纷纷谋划自身发展定位。以江苏为代表的长江沿线省市主动发展经济的意愿强烈。2003年2月,江苏靖江、江阴两市签订《关于建立江阴经济开发区靖江园区的协议》,迈出了省域内跨江联动的步伐。江苏也决定开发长江岸线的6个地级市和15个县级市。其他省市如湖北、安徽、江西、重庆、四川等也紧随其后,各自出台经济区战略规划,将长江作为重要资源优势大力进行经济建设。2008年12月,湖北提出加快长江经济带开放开发,次年7月出台了《关于加快湖北长江经济带新一轮开放开发的决定》,将武汉、黄石等8个市州48个县市区纳入了湖北长江经济带的范围。2009年9月,国务院相继出台《促进中部崛起战略规划》[①] 和《关于促进中部地区城市群发展的指导意见》,自此湖北、湖南、安徽和江西开始筹划长江中游城市群。2006年,国家西部大开发"十一五"规划出台,明确提出建设成渝经济区,将其定位为中国经济"第四极"。至此,长江流域多点开花,各流域段"点圈"形态的区域发展模式初见成效。

---

① 2006年4月,中共中央、国务院出台的《关于促进中部地区崛起的若干意见》明确指出:"以省会城市和资源环境承载力较强的中心城市为依托,加快发展沿干线铁路经济带和沿长江经济带。"

可以明显发现,此一阶段的长江经济带区域发展属于分散开发、各有亮点的特殊阶段。各省市、地区自选动作多于国家总体规划和宏观战略部署。各省市无序发展的状态是此阶段明显的特点。包括产业重复建设、同质化严重、各自为政、以地区利益为先的"地方保护主义"明显。以上种种问题与此时期我国经济发展的宏观形势和经济发展初期的一般规律有关。有学者也指出,此阶段各省之间协同发展的情况多见于各省内和相邻利益联系较大的地区之间,全流域的经济实际上是被"割裂了"。各省市争当主角,各顾各自地发展,流域协作框架和种种协议流于形式,实际效果普遍较差。

三 长江经济带战略成熟

2010年以来,长江经济带战略进一步发展并趋于成熟。国务院2011年6月颁布实施的《全国主体功能区规划》,将我国国土空间划分为优化开发、重点开发、限制开发和禁止开发四类,确定了全国范围内主体功能定位,控制开发强度,规范开发秩序,完善开发政策,逐步形成人口、经济、资源环境相协调的空间开发格局。其中,明确了我国国土空间开发的三大战略格局[①]。长江作为城市化战略格局"两横三纵"中的重要轴线,下游的长江三角洲城市群是国家重点推进的三个特大城市群之一,也是世界十大城市群之一;江淮城市群、长江中游城市群和成渝城市群是国家重点开发的大城市群和区域性城市群。在全国主体功能区的规划和总体布局下,2012年12月,国务院发布了《长江流域综合规划(2012—2030年)》,规划对长江流域的治理开发与保护进行了总体部署。规划到2020年,长江流域重点城市水能资源开发利用程度要稳步提高,航运体系不断完善。同时该规划也是长江流域

---

① 《全国主体功能区规划》三大战略格局:构建"两横三纵"为主体的城市化战略格局、"七区二十三带"为主体的农业战略格局和"两屏三带"为主体的生态安全战略格局。

开发、利用、节约、保护水资源和防治水害的重要依据。

2012年党的十八大后，李克强总理第一次基层调研选在了江西九江，并召开了沿江区域发展与改革座谈会。2013年7月，习近平总书记在武汉考察时指出："长江流域要加强合作，发挥内河航运作用，把全流域打造成黄金水道"。这是国家领导人首次提出"黄金水道"的概念，是在国际金融危机影响的国际背景下，在国内经济增长缺乏动力的情况下，党中央、国务院审时度势，下决心打造中国经济增长的支撑带，充分体现了党和国家对长江经济带建设的高度重视。随即国家发改委和交通部开展《依托长江建设中国经济新支撑带指导意见》的起草工作，广泛听取各方面的意见建议，初步提出从综合交通、产业转型、新型城镇化、对外开放、生态走廊和协调机制六个方面打造长江经济带。

2014年3月，长江经济带正式写入政府工作报告，这标志着其上升为国家战略，长江经济带战略地位进一步提高。同年4月，李克强在重庆召集沿江11个省（市）政府主要负责人座谈，研究依托黄金水道建设长江经济带问题。同年9月，国务院发布《关于依托黄金水道推动长江经济带发展的指导意见》和《长江经济带综合立体交通走廊规划（2014—2020年）》，长江经济带被赋予了七大任务[①]，其目标是将长江经济带建设成为具有全球影响力的内河经济带、东中西互动合作的协调发展带、沿海沿江沿边全面推进的对内对外开放带和生态文明建设的先行示范带。对长江经济带发展建设提出了总体要求，突出重点发展方向。至此，长江经济带战略布局基本明确，并日趋成熟。

同年11月，中央经济工作会议把长江经济带与"一带一路"、京津冀协同发展并列为重点推进的三大战略，强调长江经济带战

---

① 七大任务：一是提升长江黄金水道功能，二是建设综合立体交通走廊，三是创新驱动促进产业转型升级，四是全面推进新型城镇化，五是培育全方位对外开放新优势，六是建设绿色生态廊道，七是创新区域协调发展体制机制。

略作为区域发展战略的重要组成部分的重要性。2014年12月，中共中央成立推动长江经济带发展领导小组，由党中央、国务院领导同志担任组长，党中央、国务院有关领导同志担任副组长，中央和国家机关有关部门、沿江11省市政府和有关单位负责同志为成员，领导小组办公室设在国家发展改革委。在随后的2015年全国两会上，"推进长江经济带建设"再次进入政府工作报告。至此，长江经济带战略得到进一步深化和完善。

2016年3月，中共中央政治局审议通过《长江经济带发展规划纲要》，确立了长江经济带"一轴、两翼、三极、多点"的发展新格局①。这是推动长江经济带发展重大国家战略的纲领性文件，标志着长江经济带被正式确定为国家战略，长江经济带战略最终形成。

第三节　党的十八大以来长江经济带战略转型升级

党的十八大以来，"创新、协调、绿色、开放、共享"五大发展理念和习近平总书记"两山"理论的深入民心，这对长江经济带发展提出新的要求和发展原则。这一时期，在将长江全流域打造成黄金水道的同时，长江经济带建设更偏重的是全流域生态治理的考量、产业转型的考量以及新旧动能转换的考量。这意味着长江经济带已进入战略转型升级的新阶段。

2014年《关于依托黄金水道推动长江经济带发展的指导意见》出台以来，长江沿线各省市依托长江黄金水道的优势，因地制宜规划产业布局，基本形成各省市特色鲜明、优势突出、分工合理、衔接有序的长江经济带产业发展新格局。然而，在长江经济带飞

---

① "一轴"是以长江黄金水道为依托，发挥上海、武汉、重庆的核心作用，推动经济由沿海溯江而上梯度发展；"两翼"分别指沪瑞和沪蓉南北两大运输通道，这是长江经济带的发展基础；"三极"指的是长江三角洲城市群、长江中游城市群和成渝城市群，充分发挥中心城市的辐射作用，打造长江经济带的三大增长极；"多点"是指发挥三大城市群以外地级城市的支撑作用。

第三章 长江经济带发展与保护战略的形成

速发展的同时，不可避免地遇到了一些亟待解决的问题，其中最突出的就是生态环境问题，一些地区和企业一味地追求经济利益，忽略了在发展中改善生态环境的必要性，导致长江流域生态环境问题不断恶化，严重制约长江经济带的可持续发展。

2016年1月5日，习近平总书记考察重庆并召开推动长江经济带发展座谈会时强调，当前和今后相当长一个时期，要把修复长江生态环境摆在压倒性位置，共抓大保护，不搞大开发。随后，习近平总书记召开中央财经领导小组第十二次会议时强调，推动长江经济带发展要坚持生态优先发展，绿色发展，把生态环境保护摆在优先地位，涉及长江的一切经济活动都要以不破坏生态环境为前提，共抓大保护，不搞大开发。2016年3月，中共中央政治局审议通过《长江经济带发展规划纲要》，将大力保护长江生态环境放在首位，指出要保护和修复长江生态环境，同时提出生态治理两步走战略，即"到2020年，生态明显改善；到2030年，水环境和水生态质量全面改善"，目标清晰，方案明确，为下一步长江经济带发展定下主基调。

这次中央政治局会议标志着长江经济带的发展战略布局发生改变，由原先的强调交通走廊和产业发展转变为将改善生态环境放到了长江经济带发展战略的第一位，这也是第一次将生态环境保护放到了压倒性位置上，足以看出党中央对于治理长江生态环境的决心[1]。

2016年3月发布的国家"十三五"规划，再次强调坚持生态优先、绿色发展的战略定位，把修复长江生态环境放在首要位置，推动长江上中下游协同发展、东中西部互动合作，建设成为我国生态文明建设的先行示范带、创新驱动带、协调发展带。

---

[1] 《长江经济带发展规划纲要》将生态环境保护居于压倒性的战略地位，以期改变长期以来生态建设与经济社会发展"两张皮"的问题。

第四节　新时代长江经济带战略导向

习近平总书记在党的十九大报告中，明确指出中国特色社会主义进入了新时代。在生态文明建设的新时代背景下，长江经济带面临着转型发展的重任，推动以保护为前提的高质量发展已逐渐成为其核心要义。党的十九大报告中虽然涉及长江经济带战略的篇幅不多，但观点简明扼要，重点突出生态保护这个发展过程中的重中之重，长江经济带战略导向进一步明确为共抓大保护、不搞大开发。这意味着，在今后，生态保护和经济高质量发展将成为长江经济带建设的重点。

党的十九大召开后的不久，推动长江经济带发展领导小组办公室会议暨省际协商合作机制第二次会议再次强调，2018年是推动长江经济带发展的关键之年，要凝聚共识，牢牢把握"共抓大保护、不搞大开发"的战略导向，重点抓好"以持续改善长江水质为核心、以推进集装箱江海联运为重点、以供给侧结构性改革为主线、构建'共抓大保护'长效机制"四方面工作。

2018年4月26日，习近平总书记在武汉召开的推动长江经济带发展座谈会上指出，推动长江经济带发展是党中央作出的重大决策，是关系国家发展全局的重大战略。进一步强调，要坚持把修复长江生态环境摆在推动长江经济带发展工作的重要位置，共抓大保护，不搞大开发，不搞大开发不是不要开发，而是不搞破坏性开发，要走生态优先、绿色发展之路[①]。这为长江经济带发展立下规矩，通过共抓大保护实现发展，做到"绿水青山"和"金山银山"的有机统一。

---

① 习近平：《在深入推动长江经济带发展座谈会上的讲话》，《人民日报》2018年4月27日第1版。

2018年9月，《长江保护法》进入了一类立法计划，法律草案正在加紧起草完善。2019年1月，生态环境部、发改委联合发布的《长江保护修复攻坚战行动计划》强调，推动长江经济带发展必须把修复长江生态环境摆在压倒性位置，共抓大保护、不搞大开发。这将为长江经济带战略的实施提供法律保障。

第五节 长江经济带战略不同阶段对比

总体来看，长江经济带战略有3个重要的时间节点分别是1990年、2014年和2016年，中央分别在这三个时间节点对长江经济带战略的部署逐渐加强、层层深化。我们将不同阶段长江经济带战略演变进行对比，详见表3-1。

表3-1　　　　　　　不同时期长江开发情况对比

	长江流域开发 （1990年以前）	长江经济带 战略起点 （1990—2014年）	长江经济带 战略深化 （2014—2016年）	长江经济带 战略新时期 （2016年至今）
总体 发展	长江流域各地区自我发展建设。兴建水利工程以防洪、发电、灌溉、航运、水产养殖等	以浦东为"龙头"带动长江三角洲和长江流域地区经济的新飞跃；以沿岸主要中心城市为主进行重点开发	长江经济带正式写入政府报告，沿江开发建设主体开始由点及面扩展；长江经济带上升为国家战略，进入整体推动时期	强调坚持生态优先、绿色发展的战略定位，把修复长江生态环境放在首要位置，推动长江中下游协同发展、东中西互动合作，建设成为我国生态文明建设的先行示范带、创新驱动带、协调发展带
交通、 水利	实现干流航标改革，川江航道整治、长江口航道整治；水利工程包括荆江分洪工程、丹江口水利枢纽工程、葛洲坝水利枢纽工程等	建设长江黄金水道（干线航道和港口布局）；建设沿江铁路与高等级公路；机场（枢纽、干线、支线机场）；三峡水利枢纽工程	上海、武汉、重庆等城市作为航运中心建设；形成快速大能力铁路通道；高等级广覆盖公路网络；航空网络（形成上中下机场群）	加快综合立体交通走廊建设，加强水路、铁路、公路、民航和管道等各种运输方式有机衔接，完善综合交通运输体系，发展长江航运

· 79 ·

续表

	长江流域开发（1990年以前）	长江经济带战略起点（1990—2014年）	长江经济带战略深化（2014—2016年）	长江经济带战略新时期（2016年至今）
产业	逐渐发展轻工业（电子家电、纺织、食品等）；中上游发展能源化工等重工业（攀钢、武钢、宝钢、重型机械等）	基础工业得到发展（能源、钢铁、石化化工、建材等）	创新驱动产业升级；产业有序转移与分工协作（中上游腹地）	破除旧动能发展新动能，将流域人才优势转化为发展优势，关停落后产能，利用多种手段倒逼产业转型升级和高质量发展
城镇发展	全国经济水平处于落后阶段；各城镇发展较为均衡	建成以沪、宁、汉、渝为中心的沿江城市密集带，培育六大经济圈；流域各地区城镇发展差异化显现	推进新型城镇化，建设长三角、长江中游、成渝三大城市群；流域各地区城镇发展差异化明显	全面推进行新型城镇化建设；缩小城乡差距；流域各地区城镇化差异开始缩小
对外开放	国家把南通、上海、宁波等长江下游城市作为开放城市，流域整体开放程度不大	以上海浦东开放带动长江三角洲地区开放	上海自贸区；中巴（巴基斯坦）、中缅经济带走廊；长江大通关	统筹沿海、沿江、沿边和内陆开放，实现同"一带一路"建设有机融合，培育国际经济合作竞争新优势，形成全方位开放新格局
岸线开发	以局部开发为主	促进长江岸线合理利用	建立长江沿岸开发利用和保护协调机制和有偿使用制度	优化已有岸线使用效率、破解沿江工业和港口岸线无序发展
生态环境	以保护上游森林生态资源为主，防治水土流失	全面禁止上游地区砍伐天然林；进行水资源污染治理	严格控制和治理长江水污染；强化沿江生态保护与修复	坚持环境优先，把生态修复放在压倒性位置，共抓大保护，不搞大开发

注：笔者根据相关文件和规划整理。

第四章

长江经济带经济社会发展形势

长江经济带是我国今后一个时期经济增长潜力最大、可开发规模最大、影响范围最广的内河经济带，已形成了以长江三角洲城市群、长江中游城市群和成渝城市群为核心增长极的核心发展轴，成为承载我国经济社会发展的重要战略支撑带。近年来，区域内经济总量接近全国比重的50%，农业稳步发展，工业化、城镇化总体趋于全国平均水平，人力资本、教育资源、科技创新、社会保障等均处于全国领先地位，经济社会发展成效显著，综合实力稳步提升。在长期的经济社会发展和积累过程中，长江经济带形成了独特的长江流域文明和长江文化。

第一节 长江经济带整体发展概况

长江经济带在全国经济社会发展中占有极其重要的地位，已成为我国经济社会发展的支柱型区域。从整体来看，长江经济带综合实力逐渐提升，是我国战略区域中范围最大、经济实力最为雄厚、资源条件最为丰富的地区。具体而言，包括以下五个方面。

一 经济规模不断扩大，占全国比重大

长江经济带作为我国经济高质量发展的重要增长极，在我国国民经济中拥有强大的经济实力，是我国国民经济发展的核心主干

区和重要经济"走廊"。自20世纪80年代以来，长江经济带经济总量逐年上升。随着人口不断集聚，在长江流域逐渐形成长三角洲城市群、长江中游城市群和成渝城市群，上海、南京、武汉、重庆、成都等沿江省会城市发展迅速，空间规模不断扩大，集聚态势明显，成为支撑长江经济带高质量的重要增长极。随着工业化和城市化的快速推进，区域内涌现了多个中心城市，如西部的重庆、中部的武汉以及下游的苏州、上海、南京、杭州等。

根据《长江经济带发展统计监测报告2018》公布数据显示，2018年，长江经济带沿线省市共实现GDP 402985.24亿元，占全国的44.1%。相比1952年而言，长江经济带2018年的经济总量是1952年的1513.84倍，长江经济带各省市2018年的地区GDP是1952年的891.43—2290.96倍，全国2018年的GDP是1952年的1325.93倍。

从时间趋势看，如图4-1所示，2013—2017年，长江经济带地区GDP由26.18万亿元增加到37.38万亿元，年均增长8.6%。

2017年长江经济带地区经济总量占全国经济总量的45.2%，较2016年提高0.5个百分点，较2013年提高1.3个百分点。

长江经济带经济总量稳步增长的同时，人均GDP也快速增长。2017年，长江经济带人均GDP达到62542元，比全国人均GDP高3341元，其中有5个省市超全国平均水平，比2012年多2个。2018年长江经济带人均GDP达67306.67元，是全国人均GDP的1.04倍。

随着长江经济带经济总量的不断提升，其地区财政收入也持续增长，基础设施建设及公共品的配置能力逐步提高。2017年长江经济带地方一般公共预算收入达41014亿元，比2012年增加14722亿元。2017年长江经济带各省市地方财政收入超过3000亿元的有5个，分别是上海、江苏、浙江、湖北和四川，其中江苏以8171.5亿元的地方一般公共预算收入，位列全国第二。2017年，

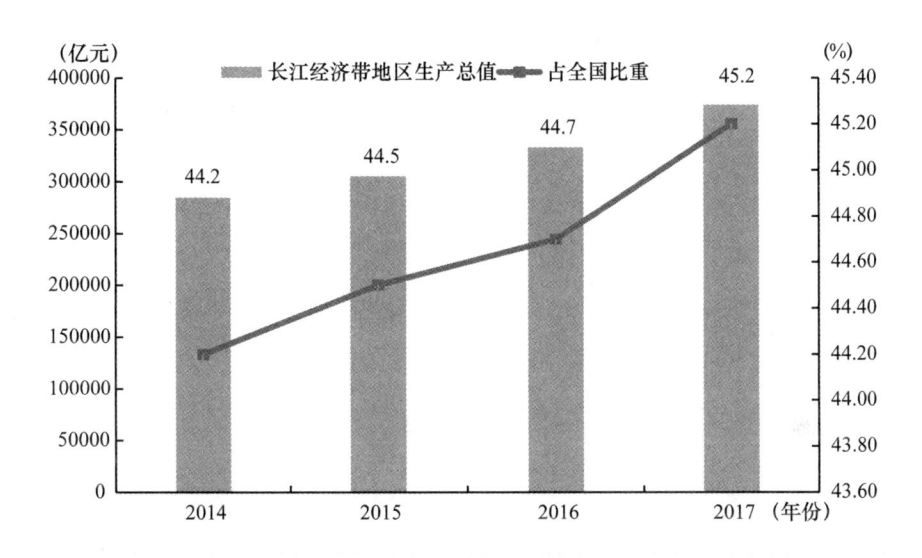

图 4-1　2013—2017 年长江经济带地区 GDP 及其占全国比重

资料来源:《中国统计年鉴》(2016)、《2017 年国民经济和社会发展统计公报》。

长江经济带地方一般公共预算支出达到 7.4 亿元, 比 2012 年增加 64.9%。

二　经济总体持续平稳增长

2017 年长江经济带总体发展势头良好, 全年 11 省市地区 GDP 平均增长速度达到 8.4%, 仍保持较高的增速。但与 2016 年相比, 增速降低了 0.1 个百分点。分省市来看, 受产能过剩的影响, 11 个省市中除上海、湖南经济增速与上年持平, 浙江、四川、云南经济增速略有上升外, 其他 6 省市经济增速均低于上年。纵观 2013 年—2017 年, 长江经济带 11 个省市平均经济增速下降了 2.9 个百分点, 各省市经济增速呈下降趋势, 11 个省市间的经济增速差距相对 2013 年呈明显缩小趋势 (表 4-1)。可预见, 经济增速放缓、绿色发展和高质量发展将成为未来长江经济带发展的主要趋势。

长江经济带：发展与保护

表4-1　　　　　　长江经济带及各省经济增速

	2016年		2017年		
	增速（%）	全国排名（名次）	预测增速（%）	增速（%）	全国排名（名次）
贵州	10.5	2	约10	10.2	2
重庆	10.7	1	约10	9.3	3
云南	8.7	7	约8.5	9.5	5
江西	9.0	4	约8.5	8.9	6
安徽	8.7	6	约8.5	8.5	7
四川	7.8	15	约7.5	8.1	8
浙江	7.6	21	7以上	7.8	11
湖北	8.1	10	约8	7.8	13
湖南	8.0	13	8	8	14
江苏	7.8	14	7-7.5	7.2	20
上海	6.9	27	6.5	6.9	23

资料来源：《中国统计年鉴》（2016）、《2017年国民经济和社会发展公报》。

横向比较而言，2017年长江经济带仍保持领先全国的态势，11个省市平均经济增速较全国经济增速高出1.5个百分点（见图4-2），除上海与全国水平持平外，其余均高于全国增速。在我

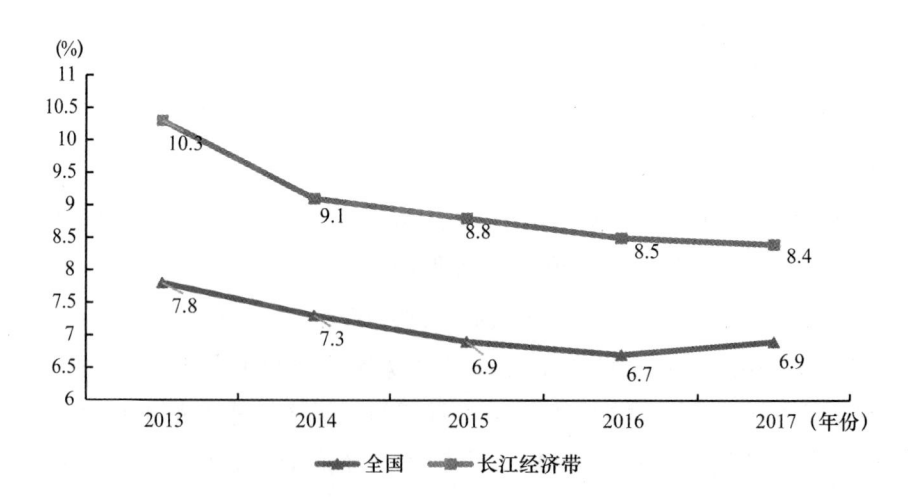

图4-2　2013—2017年长江经济带经济增速变化与全国比较

资料来源：《中国统计年鉴》（2016）、《2017年国民经济和社会发展统计公报》。

国 2017 年经济增速排名前十强中，长江经济带占了 7 个，其中贵州 10.2%、重庆 9.3%，分别位居第二和第三位。相对 2017 年年初各省市政府工作报告中提出的增长目标，11 个省市实际增速均达到或超出了预期目标，经济运行总体保持在合理区间。

三 对外开放格局不断扩大，国内外地位显著提升

2017 年，长江经济带 11 省市实现货物进出口总额 121331 亿元，占全国的 43.6%，比 2016 年提高 1.1 个百分点。对外投资额达 401.14 亿美元，占全国的 33.4%；入境旅游人数 5372.77 万人，占全国的 38.5%，国际旅游收入 286.2 亿美元，占全国的 25.0%。其中，下游地区上海（32242.9 亿元）、江苏（39997.5 亿元）和浙江（25605.1 亿元）进出口总额均达到 2 万亿元以上；中游地区四省市相差甚微，安徽（3657.2 亿元）和湖北（3136.3 亿元）进出口总额在全国名列前茅；重庆（4508.1 亿元）、四川（4604.9 亿元）进出口总额在上游地区相对较大，而贵州（551.3 亿元）和云南（1582.5 亿元）在全国排名较为靠后。总体而言，长江经济带各省市开发开放的格局在逐步扩大，国际竞争力逐步提升。

目前，长江流域各省市已基本形成以下游地区为龙头、上游地区为龙尾，首尾呼应的发展格局。近年来，长江经济带开放程度以及对外资引进和利用规模不断扩大。如上游地区，上海 2017 年有 84007 家外资投资企业注册登记，投资总额 7982 亿美元，在 11 省市中最高。排名第二的江苏有外资投资企业 58577 家，但投资总额 9658 亿美元，高于上海。而中、下游地区分别以湖北（10962 家、1151 亿美元）和四川（11462 家、1128 亿美元）最高。2018 年 1—12 月长江经济带区域新设立外商投资企业 15271 家，同比增长 21.8%，实际使用资金 651.8 亿美元。

四 创新驱动优势明显，发展潜力较大

创新驱动是引领长江经济带高质量发展的关键，同时也是应对

国内外发展环境变化、增强发展动力、把握发展主动权，更好促进新常态的根本之策。长江经济带在国内拥有人才、智力密集优势，是未来引领全国转型发展的创新驱动带[①]。一是科教资源集聚。根据《长江经济带蓝皮书：长江经济带发展报告（2016—2017）》，长江经济带集中了全国1/3的高等院校和科研机构，拥有全国一半左右的两院院士和科技人员，各类国家级创新平台超过500家，研发经费支出、有效发明专利数、新产品销售收入分别占全国的43.9%、44.3%、50%，涌现了高性能计算机、量子保密通信等一批具有国际影响力的重大创新成果。二是工业门类齐全。除了在电子信息、高端装备、汽车、家电、纺织服装拥有完善的工业体系以外，长江经济带沿线省市还在新一代信息技术、生物医药、节能环保、新材料、新能源、新能源汽车等方面，资源要素集聚，技术创新积累雄厚，发展势头迅猛。三是创新氛围浓厚。长江沿线各省市通过完善公共投资政策、严格市场准入、优化流程监管等方式，鼓励企事业单位积极创新，淘汰落后产能，倒闭产业转型升级。同时，各省市政府还积极构建专业化的服务体系，在政策、市场、发展和投融资等方面提供信息服务，深化商事制度改革，营造公平竞争市场体系，为长江经济带创新驱动发展提供多元化精准服务。

五 区域内发展差异明显

与区域地势海拔特点相反，长江经济带的经济社会发展特点表现为"逆阶梯化"，即总体上东高西低。据统计数据显示，2018年，长江经济带总人口约5.99亿人，占全国的42.9%。其中，下游地区约有2.25亿人，占长江经济带的37.6%；中游地区约有1.75亿人，占29.2%；上游地区约有1.99亿人，占33.2%。

[①] 吴传清、董旭：《新发展理念与长江经济带发展战略重点》，《长江技术经济》2018年第1期。

同年，长江经济带地区GDP约40.3万亿元，占全国的44.1%。其中，下游地区约21.15万亿元，占长江经济带的52%；中游地区约9.78万亿元，占24.3%；上游地区约9.37万亿元，占23.3%。其中，江苏、浙江、四川、湖北位居前四强，GDP分别为92595.4亿元、56197亿元、40678.1亿元、39366.55亿元，GDP增速分别为6.7%、7.1%、8%和7.8%，均高于6.6%的全国平均增速（除了上海、重庆）。

2018年长江经济带人均GDP为67306.67元。其中上游地区人均GDP为48960.90元，相当于全国人均GDP的75.88%；中游地区人均GDP为56000.91元，相当于全国人均GDP的86.80%；下游地区人均GDP为93849.84元，相当于全国人均GDP的1.46倍，区域差异显著。

2018年，全国各省地区GDP排序中，江苏、浙江、四川、湖北、湖南分别位于第2、第4、第5、第7、第9，前十的省份中长江经济带占据半壁江山。全国地均地区GDP[①]排序中，上海、江苏、浙江、重庆分居第1、第4、第6、第10，是长江经济带经济发展水平较高的省份（见表4-2）。

表4-2　　2018年长江经济带各省市地区GDP及地均GDP

地区	地区GDP			地区	地均GDP	
	绝对值（亿元）	全国排名（位次）	占全国比重（%）		绝对值（万元/平方公里）	全国排名（位次）
江苏	92595.4	3	10.4	上海	51873	1
浙江	56197.15	4	6.3	江苏	8638	4
四川	40678.13	6	4.5	浙江	5327	6

---

① 地均GDP，是每平方公里土地创造的GDP，反映土地的使用效率（一定土地面积的工业与商业密集程度），是一个反映经济发达水平的较好指标，它比人均GDP更能反映一个区域的发展程度和经济集中程度。

续表

地区	地区GDP 绝对值（亿元）	全国排名（位次）	占全国比重（%）	地区	地均GDP 绝对值（万元/平方公里）	全国排名（位次）
湖北	39366.55	7	4.4	重庆	2471	10
湖南	36425.78	9	4.2	安徽	2143	11
上海	32679.87	11	3.6	湖北	2118	12
安徽	30006.82	13	3.3	湖南	1720	14
江西	21984.78	16	2.5	江西	1317	17
重庆	20363.19	19	2.4	贵州	840	21
云南	17881.82	20	2	四川	804	22
贵州	14805.45	25	1.6	云南	459	25

资料来源：《中国统计年鉴》（2019）。

长江是我国国土空间开发最重要的东西轴线，也是重要的产业经济带。目前，长江经济带产业结构整体处于"三二一"产业次序发展的格局，经济带沿线各省市产业布局存在较大差异，经济发展不平衡：就产业结构合理化趋势而言，上、中、下游三大区域差异较大，下游地区产业结构合理化程度远超中游和上游地区，且区域间差距仍在逐年拉大；产业结构高度化的速率越来越快，且上游、中游地区变动速率都远高于下游地区，上游、中游地区的产业结构高度化水平加速向下游地区看齐。

第二节　长江经济带农业发展

长江经济带具有强大的农业支撑，是我国最大的农业优势区和农业生产核心区。2017年，长江经济带耕地保有量44909千公顷，占全国耕地总面积的1/3，农业产值占全国农业总产值的41.2%，比2012年提高2.3个百分点，粮食产量达24107万吨，比2012年增加1738万吨。成都平原、江汉平原、洞庭湖区、鄱阳湖区、巢湖地区、杭嘉湖和太湖地区都是中国重要的粮食产区。优越的农业条件，发达的农业基础，不仅强有力地支撑了长江经济带自身的经济发展，为其工业化、产业结构的升级换代和社会经济稳定可持续发展提供了坚实的基础，而且也对全国经济的稳定发展产生着巨大的影响。

一 农业基本情况

长江经济带横贯我国东中西三大自然和经济区域，农业资源条件丰富而多样，具有总量规模较大，占全国比重较高的特征，具体从农业投资（土地、人口、其他要素投入）、农业生产（粮食播种面积、主要农作物及水产产品产量）和农业经济指标等方面进行分析。

（一）土地利用情况

长江经济带农业条件丰富，从农业最基础的两大要素来看，长江经济带农业用地资源优厚。据相关统计数据显示，2017年，长江经济带农用地面积为17164.6万公顷，占全国农用地面积的26.62%，相比较2007年的占比17.89%增加了8.73个百分点，主要是由于全国农用地总面积下降了30582.9万公顷[①]（见表4-3）。总体上看，2007—2017年，长江经济带农业用地面积占全国农用地面积的比重处于上升趋势（如图4-3）。

表4-3　　　　长江经济带农业用地面积及全国占比情况

	2007年	2013年	2017年
全国（万公顷）	95069.3	64616.8	64486.4
长江经济带（万公顷）	17010.1	17231.1	17164.6
占比（%）	17.89	26.67	26.62

资料来源：《中国统计年鉴》（2008）、《中国统计年鉴》（2015）、《长江经济带发展统计年鉴》（2018）。

---

① 由于全国城镇化不断发展，导致建设用地面积逐年增加，农用地面积逐年减少。

◆ 长江经济带：发展与保护

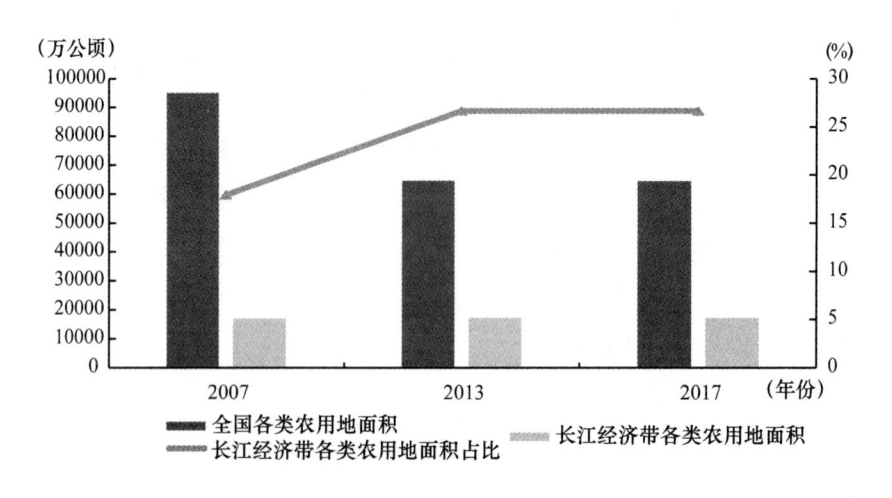

图4-3 长江经济带各类农地面积及全国比较

资料来源：《中国统计年鉴》(2018)。

从农用地利用结构来看，2017年，长江经济带耕地面积、园地面积和牧草地面积分别为4490.87万公顷、547.66万公顷和1123.85万公顷，占全国比重分别是33.30%、38.53%和5.12%。林地方面，根据第八次全国森林资源清查数据的结果，长江经济带林地面积为10559.49万公顷，占全国林地面积比重3.9%。近年来，耕地和园地面积变化不大，由于草场退化严重，草地面积下降幅度较大。

从耕地资源来看（见表4-4），全国和长江经济带耕地面积呈现逐年减少的趋势。从总量上来看，相较于2012年，2017年全国耕地面积减少27.72万公顷（合415.8万亩），长江经济带耕地面

表4-4 长江经济带地区耕地面积及占全国比重

	2012年	2013年	2014年	2015年	2016年	2017年
全国（万公顷）	13515.84	13516.34	13505.73	13499.87	13492.09	13488.12
长江经济带（万公顷）	4511.38	4510.83	4504.35	4501.19	4493.36	4490.87
比重（%）	33.38	33.37	33.35	33.34	33.30	33.30

资料来源：《长江经济带发展统计年鉴》(2018)。

积减少20.51万公顷（合307.65万亩）；从比重上来看，2012—2017年，长江经济带耕地面积占全国的比重维持在33%左右，变化不大。然而，由于长江经济带整体经济快速发展，耕地急剧减少，耕地减少面积占全国耕地减少面积的比重为73.99%。可见，长江经济带耕地保护形势严峻。

（二）农业就业人口

近年来我国长江经济带农业就业人口逐年减少，但总量规模仍然较大，并且占我国农业从业人口的比重呈现逐年上升的趋势。根据统计数据显示，2017年年末，第一产业从业人数为11109.54万人，占全国第一产业从业人数的53.04%，超过全国平均水平，且主要分布在长江中上游地区。但从三次产业就业结构看，长江经济带第一产业从业人口占比逐年下降，但高于全国平均水平，截至2017年年底，长江经济带第一产业从业人口占三次产业总人口的比重为30.88%，但仍高于同期全国平均水平3.9个百分点，相较2010年下降了7.1个百分点（图4-4）。综上可见，从事农业仍然是长江经济带，特别是中上游地区大多数人民参与国民生产的主要方式。

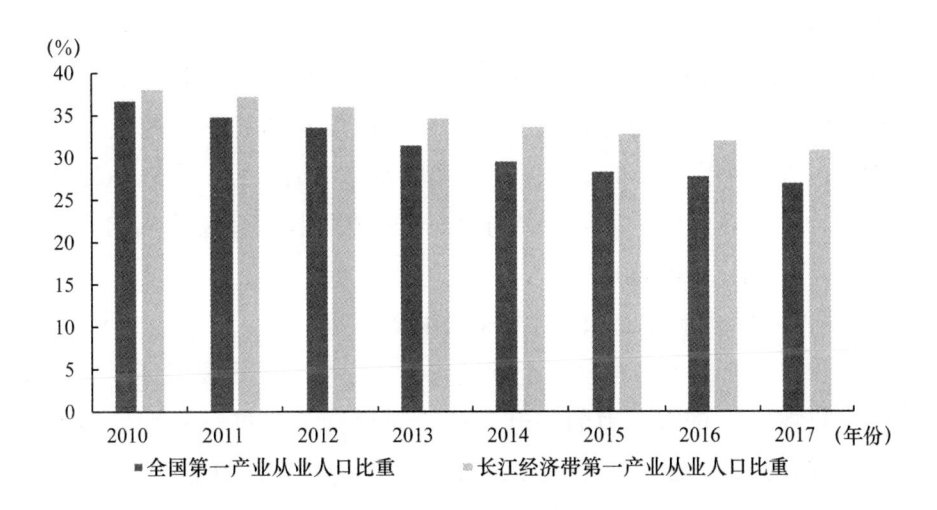

图4-4 全国及长江经济带第一产业从业人员占比

资料来源：历年《中国统计年鉴》《长江经济带发展统计年鉴》。

（三）农业其他要素投入

近年来，长江经济带在农用地规模不断下降的情况下，农业其他投入要素反而有较为明显地增长，如农业机械化程度、有效灌溉面积、化肥使用量、农业固定资产投资等不断提高。据统计数据显示，2016年年末，长江经济带农业机械总动力为37587.70万千瓦，占全国比重约38.65%；有效灌溉面积为2460.40万公顷，占该区域耕地总面积的54.79%；农用化肥施用折纯量为2134.10万吨，占全国比重为35.66%，农药使用量为71.15万吨，占全国比重为43.18%。

另外，长江经济带对于农业的资金投入也在逐年增加。据相关统计数据显示，2017年，长江经济带农林牧渔业固定资产投资为8727.7亿元，比2015年增加2271.7亿元，大约是2011年的3倍，占全国比重为35.42%，相较2011年增加了6.42个百分点。其中固定资产投资最多的是湖南、四川和云南三省，分别是1496.1亿元、1350.8亿元和1209亿元。这一参考指标在一定程度上可以反映出，长江经济带整体尤其是中上游地区近年来加大了对于农业基础设施建设的投入，且在全国所占比重中逐渐提高，尤其是在2014年长江经济带战略提出后的两年内，速度明显加快。从农业投资额占总投资额的比例来看，长江经济带农林牧渔业固定资产投资占地区总投资额的2.7%，并且呈逐年增加趋势，但总体比全国平均水平低0.9个百分点。与第一产业在国民经济总收入的比重（8.3%）相比，明显偏低。

（四）粮食播种面积及主要农作物产量

我国长期以来将粮食安全问题作为国家安全的重要保证，中央高度重视粮食自给能力的提升，持续对粮食生产进行补贴，加大粮田基础设施建设等。长江经济带分布着我国重要的粮食主产区，且数量较大，2015年总播种面积为4290.36万公顷，比2010年增加了107.3万公顷，在全国占比为37.9%。

第四章 长江经济带经济社会发展形势

根据统计数据显示（见表4-5），2017年长江经济带粮食产量为24106.4万吨，比2010年增加了2760.7万吨，占全国比重为36.44%，较2010年比重下降了约2.66个百分点。除粮食以外，长江经济带还是我国棉花、油菜等农作物的主要产区，还盛产其他如麻、茶叶、烟叶和柑橘等特色农产品。通过表4-5可以看出，虽然长江经济带棉花总产量全国占比较低（9.23%），但部分省份的棉花产量居全国前列，主要以湖北、湖南、江西和安徽为主，且四省棉花产量占长江经济带棉花总产量的92.91%。其他如茶叶以云南、湖北、四川、湖南、浙江和贵州为主，6省茶叶产量占地区总产量的87.29%，地区总产量占全国比重为71.02%。麻和烟叶等产量也均占全国比重的60%以上。另外，2017年长江经济带人均粮食产量以安徽、江西、湖北最高，三省均超过了全国平均水平。

表4-5　　　2017年长江经济带主要农作物产量对比　　　单位：万吨，%

	粮食	棉花	油菜籽	麻类	茶叶	烟叶	柑橘
全国	66160.7	565.3	1327.4	21.8	246.0	239.1	3816.8
长江经济带	24106.4	52.2	1103.9	5.5	174.7	173.3	2351.8
占比	36.44	9.23	83.16	25.23	71.02	72.48	61.62
上海	99.8	—	0.5	—	—	—	9.4
江苏	3610.8	2.6	49.8	0.1	1.4	—	3.2
浙江	580.1	0.6	20.2	—	17.8	0.1	186.8
安徽	4019.7	8.6	83.2	0.3	10.8	2.1	0.8
江西	2221.7	10.5	70.4	0.6	6.1	5.6	404.3
湖北	2846.1	18.4	213.2	0.3	30.3	6.8	465.9
湖南	3073.6	11.0	195.7	0.4	19.7	20.8	500.9
重庆	1079.9	—	47.4	0.7	3.9	6.9	250.6
四川	3488.9	0.4	288.0	3.0	27.8	18.0	415.7
贵州	1242.4	0.1	88.0	0.1	17.6	26.8	25.4
云南	1843.4	—	47.5	—	39.3	86.2	88.8

注："—"表示该省市不生产此类农作物。
资料来源：《长江经济带发展统计年鉴》（2018）。

（五）水产品产量情况

长江经济带水资源丰富，江河湖泊数量庞大，渔业发达，水产养殖业和捕捞业的基础条件优厚，是我国常规水产品及多种特色水产品的重要产区。根据统计数据显示，长江经济带2017年水产品总产量为2595.3万吨，占全国比重为40.27%，且以长江中下游为主，贵州、云南和重庆水产品偏少，以浙江、江苏、湖北水产品最多。从生产结构来看，长江经济带淡水产品较为丰富，以生产淡水产品为主，总产量为1959.7万吨，占全国比重为62.74%。其中，湖北和江苏是淡水产品的主产区。而海水产品生产区仅分布在长江下游上海、江苏和浙江三省，总产量为635.6万吨，占全国比重不大，接近20%。其中，浙江省是全国海产品主产区，产量占全国的14.22%。

（六）农业经济情况

长江经济带农业经济情况主要选取如下指标进行分析。一是长江经济带农林牧渔业总产值，据统计数据显示，2017年长江经济带农林牧渔业总产值为45702.1亿元，占全国比重为41.80%，规模相较2016年有所下降（总产值46342.10，占全国比重为41.34%），但全国占比有所小幅度提升。总体比较2010年以来，长江经济带农林牧渔业总产值呈现逐年提升的特点。二是长江经济带农业增加值，据相关统计报告，2016年长江经济带实现农业增加值约2.70万亿元，比2010年增加了1万多亿元，增幅显著，占全国的比重为42.4%，与2010年相比上升了0.9个百分点。三是长江经济带农村居民人均可支配收入，据统计数据显示，2017年长江经济带11省市农村居民人均可支配收入平均为13881元，呈逐年递增趋势，比2013年增加了4245.8元。同时期，全国2017年农村居民人均可支配收入为13432.4元，可见，长江经济带农村居民人均可支配收入整体高于全国平均水平。分省市看，长江下游上海、江苏、浙江三省农村居民人均可支配收入均高于全国和长江经济带的平均水平，除湖北高于全国平均水平外，其他各省市均低于全国和长江经济带的平均水平。贵州和云南两省距离全国和长江经济带平均水平差距较大（见表4-6）。

表4-6　　　长江经济带农村居民人均可支配收入对比　　　单位：元

	2013年	2014年	2015年	2016年	2017年
全国	9429.6	10488.9	11421.7	12363.4	13432.4
长江经济带	9635.2	10732.8	11732.2	12744.5	13881.0
上海	19208.3	21191.6	23205.2	25520.4	27825.0
江苏	13521.3	14958.4	16256.7	17605.6	19158.0
浙江	17493.9	19373.3	21125.0	22866.1	24955.8
安徽	8850.0	9916.4	10820.7	11720.5	12758.2
江西	9088.8	10116.6	11139.1	12137.7	13241.1
湖北	9691.8	10849.1	11843.9	12725.0	13812.1
湖南	9028.6	10060.1	10992.1	11930.2	12935.1
重庆	8492.5	9489.8	10504.7	11548.8	12637.9
四川	8380.7	9347.7	10247.4	11203.1	12226.9
贵州	5897.8	6671.2	7386.9	8090.3	8869.1
云南	6723.6	7456.1	8242.1	9019.8	9862.2

资料来源：《长江经济带发展统计年鉴》（2018）。

二　长江经济带农业特点

2018年9月，农业农村部出台了《关于支持长江经济带农业农村绿色发展的实施意见》，意见从强调推动农业农村绿色发展的自觉性和紧迫性入手，指出了抓好长江经济带农业农村绿色发展的重点任务，包括强化水生生物多样性保护、深入推进化肥农药减量增效、促进农业废弃物资源化利用等方面，重点进行优化农业农村发展布局、推进乡村产业振兴和开展农村人居环境整治等方面的实施。可见，绿色发展是新时代长江经济带农村农业发展的迫切需要和内在要求。通过综合分析长江经济带农业发展的基本情况，可以大致总结出特点如下。

一是长江经济带仍然是我国最重要的农业主要生产地区。虽然长江经济带近年来耕地面积不断下降，且人均耕地面积低于全国人均耕地面积约3.5亩，但主要农产品产量不断上升，且粮食生产效率稳步提升。可见，在保证国家18亿亩耕地红线的前提下，长江经济带各省市提升耕地质量成效明显。从农用地规模全国占比及主要农产品生产规模全国占比情况看，长江经济带仍是我国农业生产的重要地区，尤其该区域覆盖了我国粮、棉、油、猪等大宗农产品生产大省，同时也是多种特色农产品的主产区，在承载全国四成以上人口前提下，长江经济带在我国主要农产品生产供给方面发挥了重要的保障作用。

二是长江经济带承载了我国一半以上的农业就业人口，第一产业在大多数中上游省市仍是人民的主要生活保证。同时，长江经济带在我国脱贫攻坚工作中任务艰巨且重要。区域特色农业产业链和农业新业态、新模式发展初具规模，有效提升了农业产业结构调整，在保障人民生活和提升生活质量方面成效明显。通过基本情况分析可知，长江经济带承载了规模庞大的农业就业总人口，且呈逐年上升趋势，11省市农业从业人口达1.18亿人（2015年）。全国有11个集中连片特困地区，长江经济带占了8个地区，主要分布在中上游地区，共314个县，占到全流域的50%。这些地区自然条件普遍较差，且资源匮乏，依靠土地生存仍然是主要现状，因此，依靠农业脱贫，大力发展农业经济，拓宽农产品销售渠道是有效开展脱贫攻坚任务的具体途径和思路。与此同时，长江经济带各省市积极开展农业模式创新，挖掘本地区特色优势农产品和农业产业链，上中下游地区分别根据自身的资源优势和地区民族特点发展农业，涌现出诸如休闲旅游农家乐、体验式采摘园、托管式农业、"互联网+农产品"产销一体化、高原特色农业、山地精品农业等特色农业模式，将农业与现代生活方式和科技手段充分结合。

三是农业综合生产能力逐渐提高，农产品加工业发展迅速，但仍低于全国发展速度，农业仍有很大提升空间。从农业增加值来看，长江经济带各省市在单位农地资源上创造了更多的价值。根据调查资料显示，近年来，除上海以外，其他10省市第一产业增加值逐年提高，年平均增长最高的是贵州和重庆，规模最大的是江苏、四川、湖北和湖南。从农产品附加值来看，截至2014年，长江经济带农产品加工业产值为7.9万亿元，年均增长率为16.2%，发展速度快于农村传统农业。但占全国份额呈现持续下降趋势，与全国发展相比，长江经济带农产品加工业发展仍显滞后。

四是农业生态环境污染问题较突出，农业绿色发展要求迫切。随着长江经济带农用地规模下降，农业其他要素投入不断增长，在很大程度上保证了粮食生产规模不降反增。同时化肥和农药施用量整体呈增长态势，且强度高于全国平均水平，根据相关统计数据显示，2016年，长江经济带农用化肥施用折纯量为2134.10万吨，占全国比重35.66%，农药使用量为71.15万吨，占全国比重40.88%。农药和化肥使用量多、强度大是导致长江水体农业面源污染的主要原因，且导致江河湖泊出现富营养化，长江经济带农业生态环境恶化影响范围短时间内难以衡量，但水体的恶化导致的结果是比较明显的，如渔业资源全面衰退，水生生物多样性持续下降，农村生活环境恶化、威胁城乡居民饮用水安全等。应积极开展农业生态环境整治，推进化肥农药减量增效和农业废弃物资源化利用等，加快长江经济带农业绿色发展。

第三节 长江经济带工业化

长江经济带是我国重要的工业走廊，工业发展不断向中高端迈进。2017年长江经济带各省市积极推动支柱产业集群升级换代，发展壮大新兴产业，逾20种工业产品的产量占全国比重超过40%。其中，家用电冰箱占比达67.6%，比2012年提高2.7个百分点；汽车产量占比45.7%，比2012年提高2.1个百分点；移动通信手机占比29.6%，比2012年提高17.5%个百分点。近几年，长江经济带工业既面临中国经济供求关系改善、供给侧结构性改革持续推进的积极因素，也面临工业领域民间投资意愿不高、全球经济不稳定不确定因素增多的消极因素，但是长江经济带经济仍保持平稳运行的发展态势。因此，保证长江经济带工业平稳发展是推动长江经济带建设成为我国生态文明建设的先行示范带、创新驱动带、协调发展带的重要支撑。

一　工业化基本情况

根据《长江经济带蓝皮书（2018）》显示，长江经济带2017年实现地区GDP 373806亿元，较2016年增长了8个百分点，比全国平均水平高出1.1个百分点。长江经济带地区GDP占全国比重为45.2%，较2016年增加0.5个百分点。总体来看，长江经济带工业保持稳定发展，从发展速度来看，长江中上游地区比下游地区工业发展快。上游地区实现地区GDP 86553亿元，增速9.0%，中游地区实现地区GDP 91932亿元，增速8.1%，下游地区实现地区GDP 195321亿元，增速7.5%。从发展规模来看，下游高于中游高于上游。2017年长江经济带工业增加值规模为127819亿元，增速为7.9%。其中，上游地区工业增加值规模为26297亿元，增速9.0%，中游地区工业增加值规模为33869亿元，增速7.5%，下游地区工业增加值规模为67652亿元，增速7.7%（见表4-7）。上游增速明显高于中下游，规模上依旧呈现东高西低特点。

表4-7 长江经济带2015—2017年地区GDP及工业增加值对比

	地区GDP				工业增加值			
	规模（亿元）	增速（%）			规模（亿元）	增速（%）		
	2017年	2015年	2016年	2017年	2017年	2015年	2016年	2017年
全国	827122	6.9	6.7	6.9	279997	5.9	6.0	6.4
长江经济带	373806	8.5	8.1	8.0	127819	7.2	7.2	7.9
长江下游	195321	8.1	7.7	7.5	67652	6.3	6.6	7.7
长江中游	91932	8.8	8.2	8.1	33869	8.2	7.6	7.5
长江上游	86553	9.1	9.0	9.0	26297	8.4	8.3	9.0

资料来源：《长江经济带蓝皮书（2018）》。

从规模以上工业企业主要指标来看（见表4-8），2017年，长江经济带规模以上工业企业主营业务收入为496409.71亿元，占全国比例43.81%，规模以上工业企业利润总额为33323.97亿元，同比增长约17%，比全国平均水平低3个百分点。分区域来看，长江下游地区规模以上工业企业利润总额为20254.19亿元，同比增长约13.8%，中游地区规模以上工业企业利润总额为7057.57亿元，同比增长约16.6%，上游地区规模以上工业企业利润总额为6012.21亿元，同比增长37.2%。规模以下游地区为最高，中游次之，上游最后，增长速度上游快于中游快于下游。分省市看，长江经济带规模以上工业企业利润总额以江苏为最高，10052.54亿元，是第二名浙江总额的2倍多。贵州和云南总额均未超过千亿元，云南以782.65亿元排名最后。受国内外市场需求不足、产品价格下滑、产能过剩和云南烟草工业下滑的影响，2016年云南规模以上工业企业亏损总额大。

表4-8　长江经济带2017年规模以上工业企业利润总额及增速对比

地区	利润总额（亿元）2017年	增速（%）2015年	2016年	2017年
全国	74916.25	-2.3	8.5	21.0
长江经济带	33323.97	4.6	9.6	17.9
长江下游	20254.19	6.1	11.4	13.8
长江中游	7057.57	1.7	9.1	16.6
长江上游	6012.21	2.3	3.4	37.2
上海	3243.80	-1.0	9.0	10.6
江苏	10052.54	9.1	10.0	12.4
浙江	4605.41	5.0	16.1	16.6
安徽	2352.44	4.2	12.3	19.7
江西	2355.56	2.4	11.9	18.0
湖北	2608.03	2.1	9.6	10.0
湖南	2093.98	0.3	4.5	24.3
重庆	1501.87	17.3	12.2	18.8
四川	2824.26	-5.3	5.4	29.0
贵州	903.43	10.7	5.4	46.8
云南	782.65	-9.5	-34.2	145.9

资料来源：《长江经济带发展统计年鉴》（2018），其中，部分数据来源于国家统计局官方统计公报。

根据统计数据显示（见表4-9），长江经济带2015年三次产业产值比例分别为8.3%、44.3%和47.4%，制造业增加值占三次产业比例为64.7%，可见长江经济带工业经济在国民经济发展中贡献度较高。三次产业就业比例分别为32.9%、29.6%、37.5%，就业比例较为平均，其中工业就业比例较低，一是因为就业人口逐渐向第三产业转移，二是因为工业科技的提高，自动化技术减少了人工岗位的需求，导致工业就业人口的减少。

表4-9　长江经济带2015年工业产业产值比及产业就业比

	人均GDP（元）	产业产值比（%） 第一产业	产业产值比（%） 第二产业	产业产值比（%） 第三产业	制造业增加值占比（%）	产业就业比（%） 第一产业	产业就业比（%） 第二产业	产业就业比（%） 第三产业
全国	49992	8.9	40.9	50.2	57.6	28.3	29.3	42.4
长江经济带	51935	8.3	44.3	47.4	64.7	32.9	29.6	37.5

资料来源：《长江经济带发展统计年鉴》（2018）。

综合来看，我国于2015年进入到工业化后期后半阶段，工业化综合指数为84，且地区差异显著[1]。其中指出，长江经济带于2015年整体处于工业化后期后半阶段，其工业化综合指数为85。分区域来看，长江下游的4个省市（江苏、浙江、安徽和上海）均已进入工业化后期，其中上海和北京、天津一并进入后工业化阶段；长江中游3省（湖北、湖南和江西）均处于工业化后期前半阶段，且相差不大；长江上游的4省市除重庆处于工业化后期前半阶段以外，四川、贵州和云南均处于工业化中期，且云南和贵州两省工业化综合指数排名全国末尾，分别为41和39。可见，由于横跨我国东中西三大区域，长江经济带工业化水平地区差异十分明显。

二　长江经济带工业化特点

通过以上分析，在基本掌握长江经济带工业化大体情况后，参考国内学者研究的主要成果和结论，归纳并总结出长江经济带工业化主要有以下四个方面的特点。

第一，整体来看，长江经济带区域经济发展不平衡、差异化的问题明显。长江经济带各地区工业化差异较大，全流域的资源优

---

[1] 黄群慧等：《工业化蓝皮书：中国工业化进程报告（1995—2015）》，社会科学文献出版社2017年版。

势没有充分发挥出来。一般而言，区域经济工业化的核心任务就是缩小地区差距，形成总数大于个体的整体效应。例如，美国政府战后对阿巴拉契亚地区的成功开发说明区域经济的差异性可以消除或减缓，1965年美国国会通过了《阿巴拉契亚地区开发法》，由联邦政府投资，大力开发和治理这一片美国东部的纵向贫困山区，设立阿巴拉契亚地区委员会（ARC），主要通过大力开发公路建设，发挥陆路交通的联动优势，提高要素流动；开发人工运河，发挥水路交通优势；培育经济增长极，实施造血型开发；利用资源优势发展地区传统纺织业和木材加工业，利用生态资源开发旅游业等手段实现了该地区经济的总体发展和地区差异性的消除，人口迁入和移民回流增加，人均收入明显提高。这说明，区域经济发展中政府宏观政策的制定对于区域协调发展具有重要意义和作用。

第二，沿江产业偏重偏化问题严重，工业绿色化程度较低。长江经济带工业化的另一个主要问题是工业化偏重偏化，且高污染性产业密集沿江布局。根据相关研究，长江沿江地区化工产业集中在长三角沿江地区布局，尤其以环太湖地区为主，核密度估计结果显示，下游地区分布热点集中连片，中上游地区未出现集中连片热点布局；中上游沿江地区武汉、重庆等地在2001—2013年化工产业发展较快；且化工产业有向临江区县发展的趋势[①]。中上游地区主要是重工业，如攀西地区大型钢铁工业攀钢集团，有力地支持了我国西部地区的经济发展，但也在一定程度上形成了对采矿业的依赖，尤其以四川、贵州、云南等地为重，高能耗、高污染的产业对当地的生态环境造成巨大压力。如果没有具有针对性的法律约束，偏重偏化产业在创造经济GDP的同时带来的是生态环境破坏的更为巨大的

---

① 邹辉、段学军：《长江沿江地区化工产业空间格局演化及影响因素》，《地理研究》2019年第4期。

代价，类似的这种工业化的过程在长江经济带应及时调整和避免，尤其是中上游生态脆弱的欠发达区域，切忌饮鸩止渴。

第三，区域工业化协作程度不高，地区竞争意识大于协作意识。党的十一届三中全会以后，我国拉开改革的序幕，特别是1994年党的十四次代表大会正式肯定了建立"社会主义市场经济"的概念，全会通过了《关于建立社会主义市场经济体制若干问题的决定》，一场旋风式的改革全面展开。伴随着市场经济的改革进程，价格双轨制和分权化成为渐进改革的一个内容。地方政府被下放了更多的权力，中央给予了地方政府更多的税收和财政自主性。这在很大程度上刺激了地方政府发展经济的动力，但也造成了"诸侯经济"的发展[①]。地区间、省际间竞争意识大为增强，为保护本地产业不受影响，地方政府运用权力保护地方产业经济和企业的行为比比皆是。这一情况在长江经济带也存在，但问题是，流域经济作为区域经济，其基本要求应是协作而非地区隔离。总体上讲，各地竞争使产业重复、同质化竞争的可能性加剧，同时不利于生产要素流动、无法通过区域资源优势进行产业互补和利益共享。因此，在长江经济带中，这种地方政府间产业流动和协作的壁垒在很大程度上导致产业分工与协作难以为继，恶化竞争，无法形成产业的梯度层次，导致整体优势迟迟无法挖掘和发挥出来。一些具有地方特色的优势产业无法继续扩大规模，一些经济龙头城市也没能更多的带动和辐射更大范围和区域。各省市在生态保护协作上互动较多，但真正涉及经济利益的互动少之又少，这或许也是导致很多区域内省际间合作流于形式的最根本原因。

第四，区域内工业化任务繁重，产业转型和创新能力有待提高。2016年5月，党中央、国务院发布了《国家创新驱动发展战略纲要》，创新驱动发展的基本要义是以科技创新为核心的全面创

---

① 钱颖一：《现代经济学与中国经济改革》，中信出版社2018年版。

新推动经济持续健康发展。长江经济带长期以来形成的上中游地区的能源产业和下游地区的能耗型产业集中布点,且长江沿岸数量庞大的化工企业主要污染物排放总量超过环境承受能力,部分重化工企业距离居民区和江边过近,环保措施不达标,排污口、港区、码头与取水口布局不合理等问题突出①。虽然近年来长江经济带沿线地区对污染治理的投资力度增大,但就其绿色发展的实际需求看,仍显不足,因此如何更好处理绿色转型与保持稳定增长之间的关系,是长江经济带需要解决的重要问题。

就长江经济带区域发展而言,产业转型任务繁重,特别是产业绿色化、生态化转型和产业结构的转型。更为特殊的是,经济带内各区域发展情况不一致,制定有区别和不同的产业发展规划和政策扶植力度是平衡和调节区域产业转型的重要方式和手段。其次,加强产业创新能力的提高也是亟待解决的问题和难点,产业创新能力不光是解决科学技术和工业技术水平的创新,还在于结合地区特色创新选择产业、创新业态模式、创新人才培养以及创新发展思路。特别是中上游地区,能否把握长江经济带国家战略机遇,发展出地区工业化特色,避免传统工业化思维定式的影响,从发展初期就紧跟产业革命大趋势,着眼于全球经济发展态势和人民群众及社会的现实需求,踏出具有流域特色的产业经济发展之路。

第四节 长江经济带城镇化

城市化是以工业化为基础的,作为主要影响因素,长江经济带各区域城市化特征与其工业化特征近似。自20世纪80年代以来,长三角地区就逐渐成为我国城镇化发展进程最快的区域,城市人口

---

① 成长春:《以产业绿色转型推动长江经济带绿色发展》,《经济日报》2018年3月1日第15版。

高度集聚，城市规模不断扩大，与此同时，长江中游和上游地区的城市化也在迅速提升，但都不及长三角地区。足见长江经济带地区城市化差异性也较为明显。根据2010年发布的《全国主体功能区规划》提出的构建我国"两横三纵"为主体的城市化战略格局，明确在推进环渤海、长三角和珠三角特大城市群的同时，推进江淮、长江中游地区和成渝在内的区域城市群发展。可见，长江经济带所依托的三个增长极均为国家层面规划的城市化重点区域。

改革开放后，长江流域城市化过程是伴随着工业化进程以及全国社会经济发展不断提升的。诸如众多学者研究表明，狭义的城市化基本特征主要包括地域空间的时空变化以及人口向城市的流动和转化（农转非）。我们重点分析这两个方面。

一 长江经济带城市化基本情况

就长江流域城市化现状来讲，基本形成了三大城市增长极，即我们已经多次提到的长江下游三角洲城市群、中游城市群和上游川渝城市群。除此以外，还形成了各省市内部多个实力雄厚的地区级中心。长江经济带城市化过程呈现几个基本特点，一是就城市化水平来看，主要呈现逆阶梯化趋势，即下游高于中游高于上游；二是就城市化推动因素来看，主要表现为空间、社会、人口三方面的城市化，即城市边界的不断扩张、社会经济的不断提高和城市户籍人口的不断增加；三是就各省市城市化来看，除长江三角洲地区城市化呈现"多点集聚"，其他地区人口聚集和城市的空间扩张重心多在省会城市及各省市经济发展副中心。中西部地区中小城市发展空间广阔。

具体而言，根据统计资料数据整理得到2004—2013年全国和长江经济带11省市的城镇化率，由于各统计数据存在不一致性，我们采取一个部门的统计数据，重点看其统计数据的变化趋势。如表4-10和图4-5所示，其主要特征是：（1）10年间，除上海城镇化率基本保持在一个较高的水平外,全国和其余各省市城镇化率基本呈线性上升;(2)江苏和重庆在10年间城镇化率提升幅度最高,均超过15个百分点,其余各省市基本在11个百分点左右,上海变化最小,为0.63个百分点;(3)截至2013年,除上海、江苏、浙江、湖北和重庆以外,其余各省均未超过全国平均水平。据从其他统计口径获取的2016年数据来看,除上海、江苏、浙江、安徽、湖北和重庆高于全国平均水平外,其余各省依然在全国平均水平以下。

表4-10　　　2004—2013年长江经济带11省市城镇化率

	2004年	2005年	2006年	2007年	2008年	2009年	2010年	2011年	2012年	2013年
全国	41.76	42.99	44.34	45.89	46.99	48.34	49.95	51.27	52.57	53.73
上海	88.97	89.09	88.70	88.70	88.60	88.60	89.30	89.30	89.30	89.60
江苏	48.74	50.50	51.90	53.20	54.30	55.60	60.58	61.90	63.00	64.11
浙江	54.61	56.02	56.50	57.20	57.60	57.90	61.62	62.30	63.20	64.00
安徽	33.92	35.50	37.10	38.70	40.50	42.10	43.01	44.80	46.50	47.86
江西	35.04	37.00	38.68	39.80	41.36	43.18	44.06	45.70	47.51	48.87
湖北	42.65	43.20	43.80	44.30	45.20	46.00	49.70	51.83	53.50	54.51
湖南	35.53	37.00	38.71	40.45	42.15	43.20	43.30	45.10	46.65	47.96
重庆	42.75	45.20	46.70	48.30	49.99	51.59	53.02	55.02	56.98	58.34
四川	31.68	33.00	34.30	35.60	37.40	38.70	40.18	41.83	43.53	44.90
贵州	26.26	26.87	27.46	28.24	29.11	29.89	33.81	34.96	36.41	37.83
云南	28.23	29.50	30.50	31.60	33.00	34.00	34.70	36.80	39.31	40.48

资料来源:根据历年《中国统计年鉴》和各省统计局公布信息修订。

从人口城市化的角度来看,我们根据《长江经济带发展统计年鉴》(2017)整理得出2009—2017年长江经济带城镇人口比重数据(如表4-11和图4-5所示)。其主要反映的特征是:

(1)长江经济带除上海以外城镇人口比重总体上呈上升趋势,统计数据显示上海自2015年开始城镇人口出现负增长,主要原因可能与国家政策对于推动北京、上海等超大型城市"大城市病"治理的效果和产业转移背后的人口迁移有关。一方面,长三角地

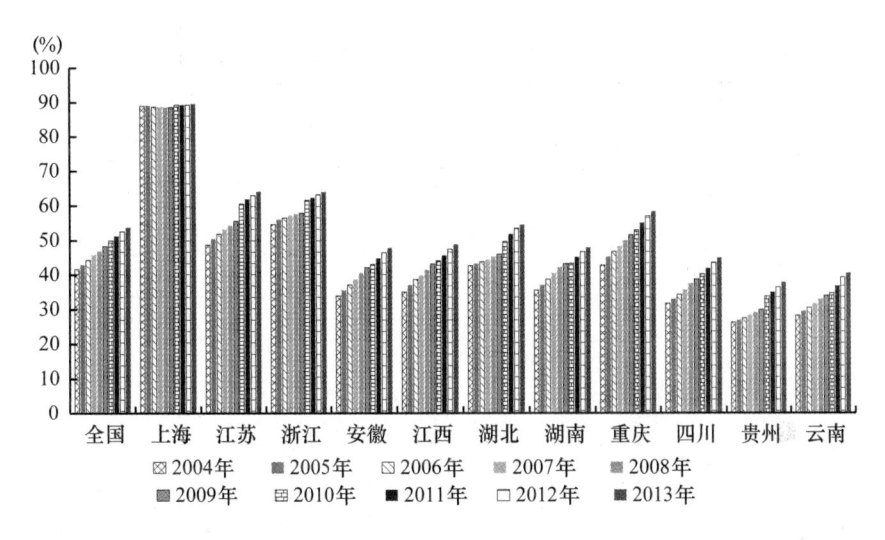

第四章 长江经济带经济社会发展形势

图 4-5 2004—2013 年长江经济带 11 省市城市化趋势

区其他城市承担和转接了上海一部分城镇人口；另一方面，长江经济带沿线其他主要城市吸引人才政策效果初显，如武汉 2017 年提出"百万大学生留汉"和成都"人才新政 12 条"等。

（2）2009—2017 年全国和长江经济带（除上海外）10 省市城镇人口比重增长幅度均在 10 个百分点以上，贵州增长速度最快，增长了 16.13 个百分点。

（3）截至 2017 年，上海、江苏、浙江、湖北、重庆城镇人口比重均超过了全国平均水平。而安徽、江西、湖北、湖南、四川、贵州和云南的城镇人口比重均低于长江经济带的平均水平，当然上海的人口比重在一定程度上拉高了长江经济带城镇人口平均比重，但也在一定程度上反映了区域内中西部地区人口城市化与东部长三角地区的明显差距。中西部地区在人才吸引和人口"农转非"方面与东部发达地区还存在相对较弱的吸引优势。中西部地区在人口城市化方面还需进一步加大政策吸引力度，同时，发展特色地区经济和产业，通过提供就业、城镇社会保障、购房优惠等多元化政策转化本地农村人口。

表 4-11　　2009—2017 年长江经济带 11 省市城镇人口比重

	2009 年	2010 年	2011 年	2012 年	2013 年	2014 年	2015 年	2016 年	2017 年
全国	48.34	49.95	51.27	52.57	53.73	54.77	56.10	57.35	58.52
长江经济带	48.25	50.31	51.78	53.26	54.41	55.60	56.70	58.14	59.46
上海	88.60	89.30	89.30	89.30	89.60	89.60	87.60	87.90	87.70
江苏	55.60	60.58	61.90	63.00	64.11	65.21	66.52	67.72	68.76
浙江	57.90	61.62	62.30	63.20	64.00	64.87	65.80	67.00	68.00
安徽	42.10	43.10	44.80	46.50	47.86	49.15	50.50	51.99	53.49
江西	43.18	44.06	45.70	47.51	48.87	50.22	51.62	53.10	54.60
湖北	46.00	49.70	51.83	53.50	54.51	55.67	56.85	58.10	59.30
湖南	43.20	43.30	45.10	46.65	47.96	49.28	50.89	52.75	54.62
重庆	51.59	53.02	55.02	56.98	58.34	59.60	60.94	62.60	64.08
四川	38.70	40.18	41.83	43.53	44.90	46.30	47.69	49.21	50.79
贵州	29.89	33.81	34.96	36.41	37.83	40.01	42.01	44.15	46.02
云南	34.00	34.70	36.80	39.31	40.48	41.73	43.33	45.03	46.69

资料来源：根据《长江经济带发展统计年鉴》（2017）数据整理。

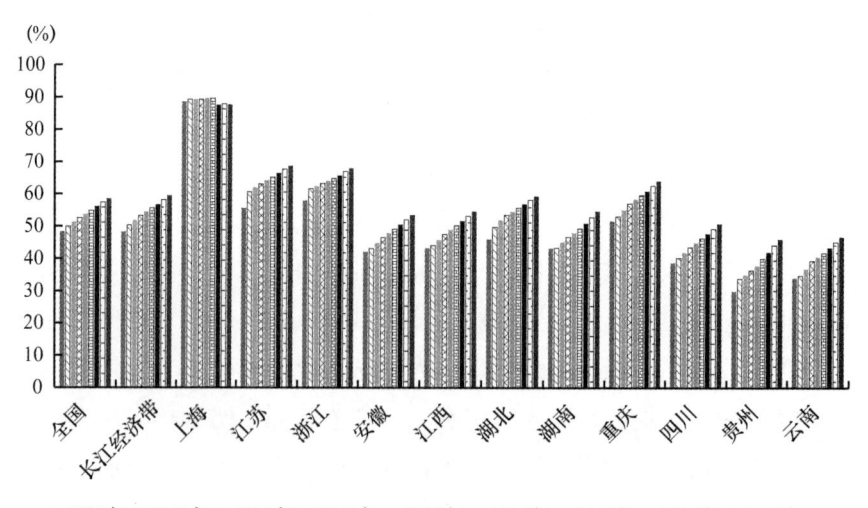

图 4-6　2009—2017 年长江经济带 11 省市城镇人口比重趋势

二 长江经济带城市化特点

从长江经济带城市化基本情况分析可以看出，长江经济带各地区城市化发展速度呈总体上升趋势。从人口城镇化角度来讲，根据统计数据显示，2015年，长江经济带人口城镇化率为55.5%，低于全国平均水平0.6个百分点，总体低于京津冀地区平均水平7个百分点，低于环渤海地区4.4个百分点。但长江经济带长三角地区人口城镇化率为69.5%，在我国九大区域中排名最高。同时，从当前态势上来讲，长江经济带中部区域和西部区域城市发展总体情况较为乐观。

相较全国其他区域城市发展，长江经济带城市发展具有资源和工业基础设施的优势，主要有以下几个显著特点。

一是形成了由三大城市群为增长极辐射和带动周围城市发展的基本格局，以长江黄金水道为轴线进行点圈轴发展趋势明显。长江沿线城市发展具有较强的区位优势，随着国家战略的推进和长江经济带未来发展，交通区位优势是吸引人口聚集的最主要动力因素，交通发达则生产要素流动广泛和便捷，配合相应吸引政策后效果会比较明显。

二是城市发展条件优厚，但各区域城市发展推进动力有所区别。长江经济带区域内具备长江流域丰富的水资源和其他物质资源条件，能源供应效率相比其他区域较高，为城市化提供物质基础和保障。另外，由于工业化是推动城市化发展的根本动力，长江经济带各区域工业化发展程度不一致，因此，长江下游地区推动城市化发展的主要动力来自于第三产业的推进，中上游地区还是主要依靠第二产业的发展推动城市化进程。

三是长江经济带各区域城市化模式不同，城市发展形式和发展策略多样化。长江经济带各区域解决现阶段城市化问题的方式不一致，长江下游地区如上海、江苏等部分地市解决城市化的重点是吸收和接受外省农业转移人口，通过户籍制度改革，优化农民转市民的路径和方法。而中上游地区主要是吸收和转化本省本地区农村人口，重点发展中小城市，提升中小城市经济实力和综合竞争力。另外，产业集聚是工业化发展的主要途径，长江经济带生产要素借助"黄金水道"更易于在长江流域内实现流动而不至于外溢到其他区域，随着中上游地区工业化的不断推进，长江中上游区域的城市化水平也会得到快速的提升。

四是长江经济带具有良好的人口城镇化条件和基础。随着农业现代化的不断发展，农村所需劳动力将大大减少，长江经济带本身具有雄厚的人口基础，转化本地农业人口将会更为顺畅。另外，长江经济带内部教育资源和科创环境相较其他区域更为丰富，吸引了全国各地的年轻大学生汇集于此，相比全国其他区域，长江经济带沿线11省市均为宜居地区，良好的生态环境将吸引更多的大学生留下创业或就业。

第五节　长江经济带社会发展

衡量一个地区社会发展水平的指标有很多，我们主要从人力资本与教育情况、科技创新情况、社会保障和长江文明等方面分析长江经济带社会发展现状，部分指标可以通过数据来定量分析，而类似社会保障和长江文明等方面主要通过定性描述进行分析。通过分析和了解长江经济带的社会发展现状，对研究制定长江经济带发展和保护政策都有积极的作用和意义。

一　人力资本与教育

党的十八大以来，习近平总书记在不同场合强调教育与人才问题，要爱才惜才，聚天下英才而用之。教育决定一个国家和民族的未来，是民族振兴和社会进步的基石，人才可以让国家富强，只有好的教育才能有人才。我国也在坚定地实施科教兴国战略和人才强国战略。现阶段,我国的教育和人才发展面临着不平衡的状态,尤其是优质教育资源以及人才聚集和流动在很大程度上取决于地区经济发展水平。区域社会经济发展和人力资本之间呈现相互促进、相互制约的关系。一般来讲,经济越发达的区域,对于人才的吸引力越强,能够聚集并留住人才,而优厚的人力资本又会促进地区的经济发展。

长江经济带各省市依托地域区位优势以及雄厚的教育科研环境吸引了大量的人才向长江沿线城市聚集。长江上游城市对于人才的吸引力逐年提升,中游城市对于人才的政策逐渐优厚,下游城市则继续保持大规模的高端人才聚集。而中游和上游由于经济发展水平较低,对高端人才的吸引力相对较小,尤其上游地区人才流失问题严重,如云南、贵州等相对贫困地区,生活条件和人才待遇等相对艰苦。

从长江经济带各省市本专科毕业生人数占总人数之比看,2014年湖北以6.81‰位居第一,江苏、重庆和上海依次排在湖北之后,四川、云南和贵州排在靠后,贵州为2.81‰。从每万人中在校大学生人数指标来看,依然是湖北以244人高于江苏(232人)、上海(209人)和浙江(189人)。在11省市中,湖北高等教育发展条件占据明显优势。

在基础教育方面,陈伟[1]通过收集长江经济带各省市10年教育资源配置的相关数据,选择生均教育事业经费、生均公用教育经费、生均校舍面积、生均运动场面积、生均图书量、生均计算机数量、师生比、专任教师合格率8个指标,从小学、初中、高中三个教育层次对长江经济带区域基础教育资源配置均等化水平进

---

[1] 陈伟:《长江经济带区域基础教育均等化水平比较分析——基于区域教育资源配置视角》,《重庆交通大学学报》(社会科学版)2015年第5期。

行了比较分析,得出长江经济带区域基础教育均等化水平较低,尤其体现在中西部地区。上海基础教育均等化(小学、初中、高中)水平在11省市中最高,湖南、浙江和江苏依次为第2、第3、第4名,安徽和贵州排名末尾。基础教育的不均等投入会在一定程度上影响当地学生接受高等教育的机会与能力。

在教育经费投入方面,计算国家财政性教育经费、民办学校投资、社会捐赠经费、事业收入(学杂费)和其他教育经费总和,长江经济带占全国的比重为39.21%,基本与长江经济带11省市和全国省级行政区的数量占比(32.35%)相一致。相对来讲,教育经费的投入对于区域发展教育具有决定性作用,国家近几年加大了对于中西部地区财政性教育经费投入,同时,政策鼓励民间资本投入教育事业,在一定程度上也加速了长江经济带教育事业的发展和地区间教育资源的平衡。

二 科技创新

长江经济带是全国科技创新的重要战略区域,在创新要素的集聚、创新效率和产出、创新人才培养等多个方面都处于十分突出的地位。习近平总书记2018年在武汉主持召开的推动长江经济带发展座谈会上强调,要着力实施创新驱动发展战略,把长江经济带得天独厚的科研优势、人才优势转化为发展优势。据统计数据显示,2013—2018年,长江经济带科技创新指标均表现出强劲态势。R&D人员全时当量、R&D经费内部支出、研究型大学数量、国内授权发明专利以及高新技术产业收入等指标总量在全国占比超过45%,科技人才集聚优势明显。长江流域自古以来就孕育了灿烂的文化和优秀的人才,巴蜀文化、荆楚文化和吴越文化历史悠久,人才辈出。据统计全国约有43%以上的高校、科研院所和在校大学生沿长江经济带各重点城市分布和汇集,如上海、南京、杭州、武汉、长沙、重庆、成都等。数量庞大的知识人才聚集在这一区域,为区域经济带来活力的同时,也增强了科技创新驱动力。

(一) 科研环境

科技创新首先需要良好的科研环境,主要包括研究基础条件的配备建设、人才培养和科研团队建设等。

首先是研究基础条件的配备建设。据2018年5月国家科技部网站公布的《2016年国家重点实验室年度报告》和《2016年省部共建国家重点实验室年度报告》,全国正在运行的国家重点实验室共计254个,其中高校占比约70%,重点分布在8个学科领域和全国25个省区市。其中,长江经济带11省市正在运行的国家重点实验室共计103个,占全国比重的40.55%;正在运行的国家工程中心共计149个,占全国比重的43.06%。在长江经济带中,江苏和上海正在运行的国家重点实验室和国家工程中心数量最多,同时名列全国前茅。在高校方面,浙江大学有10个国家重点实验室,与清华大学并列全国第一;南京大学和上海交通大学各有7个国家重点实验室,紧随其后(见表4-12)。

国家重点实验室和国家工程中心拥有先进的实验仪器设备、完善的配套设施,也是凝聚国内外优秀人才的创新基地,这为长江经济带科技创新提供了良好的创新土壤和外部条件。同时,通过相关学科的带动发展,充分实现科技带动产业发展,技术推动人才培养,有助于加快形成区域创新优势。

表4-12　　长江经济带国家重点实验室和国家工程中心分布　　单位:个

	国家重点实验室	国家工程中心
全国	254	346
长江经济带	103	149
上海	32	21
江苏	20	29
浙江	9	14

续表

	国家重点实验室	国家工程中心
安徽	1	9
江西	0	8
湖北	18	19
湖南	5	14
重庆	5	10
四川	9	16
贵州	2	5
云南	2	4

资料来源：科技部网站。

其次是人才培养。长江经济带的发展与建设离不开人才，而人才的培养是关键。丰富的高等教育资源使得长江经济带在人才培养方面具有比较优势。

如表4-13所示，2010—2018年，长江经济带每万人口高等教育在校生数呈现逐年增长趋势。相对来讲，上海、江苏、湖北和重庆在校大学生人数较多且多年来较为稳定。贵州、云南、安徽和江西在校大学生增长幅度较大，说明教育资源在一定程度上向中西部地区倾斜，这与这些地区提升教育投入、高校扩招和学生思维转变等因素有关，当然也与东南沿海地区入学竞争压力增大有关。而教育资源的这种平衡和转移，有助于经济欠发达区域的社会经济各方面的发展。

另据《长江经济带发展统计年鉴》（2018），长江经济带2017年在校本专科学生人数约为1173.51万人，平均每个省市约有百万名大学生。其中，江苏（176.79万人）、四川（149.97万人）和湖北（140.09万人）位居前三。作为长江流域上游西部地区，贵州（62.77万人）和云南（70.59万人）相对教育资源有限，在校本专科学生人数最少。

表4-13　　　　长江经济带各省市每万人高等教育在校生数　　　　单位：人

	2010	2011	2012	2013	2014	2015	2016	2017	2018
全国	218.9	225.3	233.5	241.8	248.8	252.4	253.0	257.6	265.8
长江经济带	164.0	173.3	178.9	187.5	192.4	197.9	204.2	209.2	216.3
上海	223.9	217.9	212.9	209	208.8	211.8	212.7	213.0	213
江苏	209.6	227.1	228.6	232.7	232.3	234.8	238.4	242.2	248.5
浙江	171.3	175.6	180.2	185.1	188.6	190.4	190.2	190.3	192.0
安徽	137.5	166.1	170.9	220.0	224.0	231.0	226.0	225.0	225.0
江西	183	184.6	189	190.6	201.8	215.6	226.3	235.8	277.1
湖北	226.6	232.8	239.9	245.1	244.1	240.75	258.96	237.01	242.68
湖南	147.8	161.9	163	164.5	168.7	174.1	179.6	238.8	258.4
重庆	181.2	194.5	211.8	222	231.2	237.6	240.3	241.1	242.0
四川	135.1	141.5	151.5	156.8	163.2	169.2	175.1	176.2	177.1
贵州	92.9	99.2	110.2	119.7	131.3	141.9	161.6	162.0	162.0
云南	95.4	105.3	109.9	117.1	122.4	129.6	137.6	140.0	141.2

资料来源：根据《中国统计年鉴》（2011—2019）及上海、江苏等11省市2011—2019年统计年鉴整理所得。

最后是科研团队建设。党的十九大报告明确要求："培养造就一大批具有国际水平的战略科技人才、科技领军人才、青年科技人才和高水平创新团队。"推动科技的创新驱动发展要靠集聚创新人才、发展创新产业，而科研创新团队则起着关键作用。尤其是随着科技的发展和复杂的科学问题研究，单个研究者往往势单力薄，而由科技领军人才组建而成的科研团队则具有更强大的生命力。以安徽省级自然科学奖为例，团队和群体合作已成为主要形式，在2016年17项获奖者中，15项完成单位为高校科研团队，占总数的88%。

优秀的科研团队往往能取得更多的成绩，且在建设科研团队的过程中，也推动了实验室平台的建设和人才培养两个方面。教育部于2004年开始实施"长江学者和创新团队发展计划",旨在凝聚并稳定支持一批优秀的创新群体,形成优秀人才的团队效应和当量效应,提升高校的创新能力和竞争实力,推动高水平大学和重点学科建设。创新团队项目以"985工程"科技创新平台、重点科研基地为依托,以两院院士、长江学者特聘教授等拔尖创新人才为核心。教育部每年遴选支持60个创新团队,资助期限为3年,每个创新团队资助经费合计300万元。以2011年教育部"创新团队入选名单"为例,全国共计资助97个团队,位于长江经济带范围内的高校共计25个团队入选,约占全国的30%。其中,南京大学、上海交通大学和浙江大学各有3个团队入选,名列全国前茅,仅次于有4个团队入选的北京大学。

(二)科技创新投入情况

在现代经济社会中,技术进步可以促进经济社会的发展,因此,各经济组织普遍重视对于技术进步的投入,R&D的经费支出可以作为衡量科技创新投入情况的主要指标。我国自改革开放以来不断加大R&D经费支出,2018年,全国R&D经费支出为19677.9亿元,比1995年增长了约46.38倍,R&D经费支出占GDP的比重也由0.57%上升到了2.19%。全国R&D人员全时当量也逐年上升,2018年达到438.1万人。长江经济带11省市在科技创新投入方面也逐年增加。以规模以上工业企业R&D活动情况为例(见表4-14),2018年,长江经济带规模以上企业R&D经费支出为6358.95亿元,占全国比重的49%;长江经济带规模以上企业R&D人员全时当量为每年150.33万人,占全国比重的50%;长江经济带规模以上企业R&D项目数达253385项,占全国比重的54%。由此可见,长江经济带比较重视对于科技创新的投入,其中以长江中下游地区对于科技创新投入力度较大,尤其以江苏和浙江为首,两省科技创新企业数量多、投入经费大,且从业人员队伍庞大。上游地区贵州和云南受限于经济发展水平,对于科技创新投入能力有限,而重庆和四川受限于区位因素,对于科技创新投入力度有待加强。

表 4-14　2018 年全国和长江经济带规模以上工业企业科技创新投入情况

	研究与试验发展（R&D）人员全时当量（万人/年）	研究与试验发展（R&D）经费（亿元）	研究与试验发展（R&D）项目数（项）
全国	298.12	12964.83	472299
长江经济带	150.33	6358.95	253385
上海	8.80	554.88	12442
江苏	45.55	2024.52	72426
浙江	39.41	1147.39	77940
安徽	10.67	497.30	16695
江西	6.74	267.77	13658
湖北	10.50	525.52	13574
湖南	10.28	516.72	15311
重庆	6.20	299.21	12484
四川	7.78	342.39	11779
贵州	2.00	76.23	2860
云南	2.40	107.02	4216

资料来源:《中国统计年鉴》(2019)。

(三) 科技创新产出情况

通过对科技创新的不断投入,长江经济带科技创新的产出也逐年提高。第一,从成果方面来看,科技论文发表数量和专利数得到显著提升。如表 4-15 所示,长江经济带科技论文发表数量在 5 年间增长了 20%,2018 年论文数量约占全国的 39.2%。其中,江苏、湖北、上海、四川等科技论文发表数量较为领先,江西、云南、贵州较为落后,这与各省市对于科技创新投入力度大小情况基本一致,可见,科技创新投入与产出存在一定正相关效应。

表 4-15　2014—2018 年全国和长江经济带各省市科技论文发表数量　　单位：万篇

	2014 年	2015 年	2016 年	2017 年	2018 年
全国	157.0	164.0	165.0	170.0	184.0
长江经济带	58.7	60.9	62.7	68.3	72.2
上海	8.4	8.8	8.9	8.9	9.0
江苏	12.0	12.4	12.5	13.6	15.2
浙江	4.4	4.8	5.5	6.1	6.6
安徽	4.2	4.2	4.1	5.1	5.2
江西	2.7	2.3	2.6	2.6	2.7
湖北	7.9	7.9	8.2	9.5	10.2
湖南	4.8	5.1	5.2	6.2	6.9
重庆	3.3	3.2	3.5	3.6	3.7
四川	6.6	7.4	7.4	7.5	7.5
贵州	1.7	1.8	1.9	2.1	2.2
云南	2.7	2.9	2.9	3.1	3.0

资料来源：根据《中国统计年鉴》（2015—2019）及上海、江苏等 11 省市 2015—2019 年统计年鉴整理所得。

第二，如表 4-16 所示，2010—2018 年长江经济带各省市有效发明专利数量有显著增长，2018 年达 48.72 万件，较 2010 年增长了 4.3 倍，约占全国的 20%。其中尤以长江下游地区的江苏、浙江和上海等省市数量较多，中游地区以湖北数量最多，上游地区四川数量最多，贵州和云南相对数量较少。

表 4-16　2010—2018 年全国和长江经济带各省市有效发明专利数　　单位：件

	2010 年	2011 年	2012 年	2013 年	2014 年	2015 年	2016 年	2017 年	2018 年
全国	740620	883861	1163226	1313213	1302687	1718192	1753763	1836434	2447460
长江经济带	92007	129396	181395	231815	287374	387270	498293	404186	487203
上海	23843	31117	40309	48370	56515	69982	85049	43416	47940
江苏	19682	29385	45238	62112	81114	113160	146859	140346	176120
浙江	17955	25728	35571	43275	52418	70981	91373	49158	62341

续表

	2010年	2011年	2012年	2013年	2014年	2015年	2016年	2017年	2018年
安徽	2972	4782	7682	11566	15939	26075	39104	49810	56296
江西	1322	1862	2651	3354	4091	5322	6896	10806	11878
湖北	6315	8868	12089	15235	18825	24998	31567	25568	32421
湖南	6289	8457	11271	14195	16958	22183	27863	26697	33659
重庆	3136	4750	6833	8609	10010	12810	16737	12472	17579
四川	6533	9262	13003	16677	21209	28723	36815	32598	35959
贵州	1616	2124	2641	3262	4193	5428	7019	6805	6544
云南	2344	3061	4107	5160	6102	7608	9011	6510	6466

资料来源：根据《中国统计年鉴》（2011—2019）及上海、江苏等11省市2011—2019年统计年鉴整理所得。

综上所述，长江经济带科技创新投入与产出总体趋势为下游地区明显高于中上游地区。分析来看，其中涉及影响因素较多，如地区人均GDP、第三产业产值比重、R&D投入占GDP比重、企业科研经费投入、人才培养和地理区位等。一般而言，经济越发达的地区，科技创新能力也越强，也更重视对于科研的投入。且一个地区科技创新能力的提升是需要多方面因素的共同作用和较为长期的投入。长江经济带科技创新水平现状基本与上中下游各地区经济发展程度相一致，因此，与下游地区相比，中上游地区各省市应加大对于科技创新的投入，重视人才培养，将科研创新能力提升作为经济高质量发展的重要手段，常抓不懈。

三 社会保障

我国社会保障构成主要由社会保险、社会救助、社会福利和慈善事业组成。而社会保障法治建设是社会保障制度得以良好运转的前提。当前，我国覆盖城乡居民的社会保障体系初步建立，人民生活水平逐渐提高。自党的十八大以来，党中央多次强调加强社会保障体系建设，要求把更多的公共资源用于社会保障体系建设中。目前，长江经济带社会保障体系建设和全国其他区域建设差距不大。据统计数据[①]显示，2017年长江经济带城镇职工基本养老保险人数约为1.67亿人，占全国比重约为41.44%；城乡居民基本养老保险参保人数约为2.26亿人，占全国比重约为44.05%；失业保险参保人数约为7547万人，占全国比重约为40.18%；基本医疗保险参保人数约为4.6亿人，占全国比重约为39.08%。

长江经济带社会保障体系建设存在的问题主要有以下四个方面。一是与全国情况一样，社会保障管理体制还存在管理分散、政出多门的问题，如养老保障问题，国企职工归劳动和社会保障部门负责，公务员归人事部门负责，贫困群体归民政部门负责，多头管理现象严重[②]，缺乏统一协调机制；二是各地区间没有实现社会保障区域一体化机制，各省市间割裂问题严重，如能在长江经济带率先实现社会保障部分功能区域一体化，将为我国社会保障体制改革作出积极贡献；三是社会保障覆盖面范围窄、保障能力较弱、保障层次和水平较低、市场监管不严等，应加强社会保障的法治建设；四是城乡社会保障发展不平均，农村落后于城市，且保障水平普遍低于城市水平。近年来，长江经济带区域城市化进程加快，但区域间差距和城乡差距还十分明显，这也为长江经济带社会保障体系建设提出了严峻的考验。

应当明确的是，提高区域社会保障程度和发展水平具有不言而喻的积极作用。社会保障制度作为减少社会动荡的稳定器，在维护稳定、促进地区公平、满足人民基本生活需求、推动当地经济稳步发展和保证并提高地区生产效率等方面都具有不可替代的重要意义。作为我国区域经济的主要力量，长江经济带各方面的体

---

① 资料来源：《长江经济带发展统计年鉴》（2018）。
② 杨忠厚：《离退休人员领取养老金资格认证的问题和对策》，《山西财经大学学报》2012年第1期。

制机制创新都将会推动区域经济社会快速、稳定、高质量的发展，因此在社会保障体制机制改革方面完全可以先行先试，为其他区域提供经验借鉴。

四 长江流域文明与长江文化

长江流域不断涌现的最新考古发现表明，长江文明和黄河文明一起对中华文明的起源和延续发挥了共同重要的作用。李学勤认为，长江地区从考古文化来看是很进步的，绝不是一个落后的地区，黄河流域的文化和长江流域的文化有联系也有区别，二者相互影响、沟通和融合[①]。长江流域文明的起源最早可追溯至旧石器时代，距今100多万年前，远古的人们已经在这片土地上生存和繁衍。通过对云南元谋县、重庆巫山县、安徽和县、贵州黔西县的考古挖掘，均发现了远古人类遗骸和生活遗物。在漫漫历史长河中，中华民族的祖先们在长江流域创造出了灿烂的长江文明，诸如楚文化、巴蜀文化和吴越文化，工艺水平也一度达到了巅峰，如四川广汉三星堆遗址，出土文化精美且神秘，如众多神坛、神殿、神树、玉器、黄金等饰物，以及大量的青铜器件和雕刻有神秘图案的金杖等，都表明当时的文明已发展到了相当高的水平。

长江文明是由水滋养起来的，水滋润土地，土地供应粮食，使得人类能够在此长期定居生存和繁衍。远古人类经历了茹毛饮血的时代，游牧到河流附近，依靠肥沃的土地定居下来，安全问题和饮食问题的解决才使得他们有空余时间和精力发展其他活动。在长江流域考古遗址的挖掘中，如大溪文化、屈家岭文化、河姆渡文化、马家浜文化和良渚文化遗址均出土了大量的碳化谷堆积层，这些实物证明，稻米已是长江流域先民主要种植的农作物[②]。

[①] 李学勤：《失落的文明》，上海文艺出版社1998年版。
[②] 丁光勋：《长江文明的起源与开发》，格致出版社2011年版。

而浙江河姆渡遗址、湖南高庙遗址以及四川三星堆遗址都出土了刻有太阳形象的文物，而湖南城头山遗址和四川龙马古城宝墩遗址中也发现了举行稻作祭祀的祭坛遗址。可见，以太阳崇拜为核心的祭祀活动在长江流域广泛存在，同时也说明了稻作文明对于人口的集聚和城镇发展起到了重要的推动作用[1]。

文明是文化的内在价值，文化是文明的外在形式[2]。具体说，文明包括物质和文化两个方面，在物质方面，如三星堆遗址、房屋建筑、水利工程、农耕工具、金银器皿等。在文化方面，诸如上游地区的滇文化、巴蜀文化，中游的楚文化和下游地区的吴越文化，其他如制作工艺、雕刻技巧、生活习性、织造技艺等。它们与中原地区的黄河文明不断互动、融合和交流，形成了灿烂悠久的中华文明。从实际的角度讲，长江经济带战略的发展和保护需要文化的支撑。习近平总书记在十九大报告中指出，深入挖掘中华优秀传统文化蕴涵的思想观念、人文精神、道德规范，结合时代要求继承创新，让中华文化展现出永久魅力和时代风采。优秀的长江文化可以促进经济社会的发展，先进的文化观念和精神可以引导科学技术的创新，良好的道德观念可以规范人们的行为，因此，深刻挖掘长江文化，传承和创新文化形式和表达方式，让发展中的长江文化指引长江经济带的发展与保护，具有十分重要的意义。

结合众多历史地理等相关学者的研究成果，可以简要归纳出长江流域文明和长江文化的主要特征。

一是长江文明起源于长江流域，水资源孕育了文化的诞生也塑造了长江文化的善于交流、勇于融合的特点。长江流域拥有充沛的水利资源，十分有利于灌溉和水运交通。丰富的生态资源环境

---

[1] 李国栋、刘雨潇：《麦作文明与稻作文明——释读"大河文明的诞生"》，《贵州师范学院学报》2014年第1期。

[2] 陈炎：《"文明"与"文化"》，《学术月刊》2002年第2期。

使长江文明的诞生具有极大的自然潜力。长江文化总体上具有河流文化的特点，由于地理环境的特殊性，长江流域不存在使各个区域长期彼此隔绝的天然屏障，因此，流域文化具有整体性和共通性的特点[①]。进而可以看到，长江文化具有开放融合、勇敢刚强的特点，如荆楚地区，湖北人民普遍个性开放，兼有南北风格；湖南人民普遍有一种倔强的任性，勇于进取。再如巴蜀文化有一种忍耐与强悍的特点，自古"巴人出将、蜀人出相"形容了巴人强悍率真、蜀人柔弱多智的特点。

二是长江流域横贯东西直入东海，造就长江文化开放性较强。长江文化的开放性主要包括两个方面，一个是与中原文化的交融共通，在中华文化重心南移的过程中长江文化积极接纳中原文化。二是长江最终汇入东海，沿海的长江三角洲地区处于对外开放的主要区域。在近代，长江文化又积极吸纳了西方先进文化，这在一定程度上加速了沿海区域的现代化因素。

三是长江文化综合性较强。长江各区域在历史长期发展中由于地理条件的不同，形成了差异较大的文化特点和地区特色，如重商重利的价值取向、空灵浪漫的文化熏陶、包容开放的心理性格和勇于开拓的性格特征等。这些都是由于流域历来发达的商品经济、四通八达的地理环境、江河贯通的城池要塞以及互通有无的文化融合。因此，长江文明综合性较强，包含着创新、进取、包容、好学的文化因素。呈现的建筑特点也融合了水的特点，如徽州建筑以白色为主强调素雅，苏州园林以曲径通幽、小而精致强调柔美特性等。因此可以说，长江文明与流域特性相辅相成，融会贯通。

[①] 涂文学、王耀：《繁荣长江文化复兴长江文明——基于长江文化带建设的考察》，《学习与实践》2018年第6期。

第五章

长江经济带自然资源与生态环境现状

长江经济带蕴含着丰富的水资源、土地资源、矿产及动植物资源等,是我国珍贵的自然资源宝库[①]。新时代背景下,长江经济带高质量发展对土地、矿产、能源等自然资源开发利用提出了新的要求。在传统的发展模式下,长江经济带发展过程中面临着水污染、土壤污染、大气污染、固体废弃物污染等突出环境问题,严重制约着长江经济带生态优先绿色发展战略的实施。

第一节 长江经济带自然资源与生态系统

长江经济带涵盖上海、江苏、浙江、安徽、江西、湖北、湖南、重庆、四川、云南、贵州9省2市,面积约205万平方公里,占中国国土总面积的20%,横跨中国地形三级阶梯和东中西三大区域,流域横向的海拔、气候、地貌、水文等自然地理条件呈梯度性变化。该区域位于亚热带季风气候区,气候湿润,平均年降

---

① 自然资源是指人类可以直接从自然界获得,并用于生产和生活的物质与能量。自然资源主要包括土地资源、水资源、气候资源、生物资源和矿产资源等。自然资源按其性质可以分为两类,一类是不可再生资源,也叫作不可更新资源。主要是指各种矿产资源,它们需要经过漫长的地质年代和具备一定的条件才能形成,对于短暂的人类历史来说,可以认为是不可再生的,或者说是不可更新的。另一类是可再生资源,也叫可更新资源,主要是指各种生物资源,还有其他一些资源,如土地资源、水资源和气候资源等。它与不可更新资源有明显的区别。因为只要利用合理、保护得当,可更新资源便能够循环再现和不断更新,从而得到永续不断的利用。

第五章　长江经济带自然资源与生态环境现状

水量超过1000毫米，地形地貌多样且差异较大，涵盖平原、盆地、丘陵、山地、高原等多种类型。

立足长江经济带发展的整体考量，加强对长江沿线自然资源和生态环境问题的梳理，对于全面掌握了解长江沿线自然、生态以及人类活动等要素的现状和空间分布情况，构建起长江经济带发展的自然生态环境基础数据，能够为长江经济带发展提供物质支撑和基础保障。鉴于此，本章主要从水资源、土地资源、矿产资源、森林及动植物资源等方面对长江经济带自然资源及生态系统现状进行梳理。

一　水资源

水是一切生命赖以生存的必不可少的重要物质，是工农业生产、经济社会发展和环境净化不可替代的重要自然资源。长江是以降水补给为主的河流，降水一般占全年径流量的70%—80%，地下水供给量占20%—30%[1]。具体而言，主要有以下三个特点。

（1）支流、湖泊众多，水域面积广阔。长江全长约6300公里，流域面积达180万平方公里，占中国陆地面积的18.8%。长江干流宜昌以上为上游，长4504公里，流域面积100万平方公里；宜昌至湖口为中游，长955公里，流域面积68万平方公里；湖口至长江入海口为下游，长938公里，流域面积12万平方公里[2]。长江支流众多，50平方公里以上的支流有10741条，100平方公里以上的支流有5276条，1000平方公里以上的支流有437条，1万平方公里以上的支流有49条，主要有嘉陵江、汉水、岷江、雅砻江、湘江、沅江、乌江、赣江、资水、沱江等。8万平方公里以上的一级支流8条，包括：雅砻江、岷江、嘉陵江、乌江、湘江、沅江、

---

[1] 邓先瑞、黄建武：《长江流域资源环境与可持续发展研究》，《经济地理》2003年第4期。

[2] 王俊：《长江流域水资源现状及其研究》，《水资源研究》2018年第1期。

汉江和赣江。10万平方公里以上的一级支流4条，包括雅砻江、岷江、嘉陵江和汉江。

长江湖泊星罗棋布，呈带状分布于鄂、湘、赣、皖、苏等9省2市，总面积达22000平方公里。其中，水域面积在1平方公里以上的湖泊有805个（不包括高原湖泊），10平方公里以上的湖泊有142个，在100平方公里以上的湖泊有21个，包括洞庭湖、鄱阳湖、太湖、梁子湖、巢湖和洪湖等。1000平方公里以上的湖泊有3个，洞庭湖、鄱阳湖、太湖。跨省界湖泊7个，主要有：泸沽湖、黄盖湖、龙感湖、下巢湖、太白湖、石臼湖、淀山湖。与长江自然连通的有3个，为洞庭湖、鄱阳湖、石臼湖。这些湖泊与长江干流相互依存，水量互补，起着调节水量、削减洪峰以及冲淤泥沙等作用。

（2）水能蕴藏量丰富。长江干支流水能理论蕴藏量为2.68亿千瓦，可开发量为1.97亿千瓦，年发电量10270亿千瓦时，占全国可开发量的53.4%。长江流域水能资源自西向东呈明显的"阶梯式"分布，其中宜昌以西的上游地区水能蕴藏量占全流域的80%，而可开发的水能资源则占全流域的87%，其中宜宾以上的金沙江水系又占全流域的45%[1]。如按行政区划分，西部地区可能开发的水能资源为143828兆瓦，占全流域的72.9%，其中重庆、四川为91.660兆瓦，占该区的64%；中部地区可能开发的水能资源为52.665兆瓦，约占全流域的26.7%；东部地区可能开发的水能资源为5609兆瓦，仅占全流域的0.3%[2]。

目前，在长江之上已修建众多大型水利水电发电设施，已建成7个大型水电基地，占全国大型水电基地的58.3%，分别为金沙江（石鼓—宜宾）水电基地、长江上游干流水电基地、雅砻江水电基

---

[1] 奠逸群：《长江流域水力发电规划概述》，《长江水利教育》1991年第1期。
[2] 李如成：《我国水力资源分布及开发利用情况》，《贵州水力发电》2006年第2期。

地、大渡河水电基地、乌江干流水电基地、湘西水电基地、闽浙赣水电基地，是我国实施西电东送的重要能源基地。围绕上述水电基础，修建了许多水电站，例如，长江上游的观音岩水电站、二滩水电站、溪洛渡水电站、乌东德水电站、白鹤滩水电站、向家坝水电站等，长江中游的三峡水电站和葛洲坝水电站等。据不完全统计，长江在建及建成水电站总计29座，建成10座，在建4座，规划中15座。

（3）水资源径流量大。据统计，2004—2013年，长江水资源总量最大值为2010年的14130亿立方米，最小值为2011年的9643亿立方米[1]，是我国水资源最丰富的河流之一，水资源量约占全国河流径流总量的36%。从长江经济带各省的水资源分布来看，2013年四川和云南水资源总量相比其他地区要丰富，上海、江苏和重庆的水资源量相对较少。而在人均水资源占有量方面，由于东部地区人口密度普遍大于中西部地区，其中，四川、云南和江西人均水资源量较高，上海、江苏的人均水资源量明显小于其他地区，最高的是云南省，其人均水资源量为3652.24立方米/人。上海市人均水资源量最少，只有116.90立方米/人。另外，江苏省人均水资源量也远远小于其他省份，只有357.56立方米/人。从空间分布上来看，长江经济带沿线不同省市人均水资源量呈现东部低、西部高的特征。

二 土地资源

土地是财富之母，是现代经济发展最重要生产要素之一。长江经济带沿线山地多、平地少，土地利用结构多样，流域成土条件复杂，土地类型多样，既有黄棕壤、红壤、黄壤等水平地带性土

---

[1] 李焕、黄贤金、金雨泽：《长江经济带水资源人口承载力研究》，《经济地理》2017年第1期。

壤，又有山地黄壤、山地红壤、山地棕壤、山地暗棕壤等垂直地带性土壤，还有水稻土、紫色土、石灰土、潮土、沼泽土等非地带性土壤①。按照国家级可利用土地资源分级标准，长江经济带沿线具有丰富的土地资源，土地资源丰富、较丰富地区占长江经济带国土总面积的74.38%，而缺乏和较缺乏区域仅占2.68%（指上海和重庆），这说明长江经济带可利用土地资源具有较大的可供开发潜力。

从人均土地面积来看，安徽省、湖北省、云南省人均可利用土地资源较为丰富（人均可利用土地资源=可利用土地资源/户籍人口数量），远远高于11省市的平均水平；上海市、浙江省、重庆市人均可利用土地资源较缺乏，远远低于平均水平；南昌市、武汉市、长沙市等长江经济带中部省会城市人均可利用土地资源高于平均水平，具有较大的空间开发潜力；杭州市、南京市等发达城市，土地利用开发强度较大，而人均可利用土地资源较低②。

总体上，长江经济带中部省会城市土地利用开发潜力要明显高于东部省会城市和西部省会城市。从城市群角度来看，长江三角洲城市群、长江中游城市群、成渝城市群三大城市群占地面积占整个长江经济带国土总面积的40%，特别是长江中游城市群人均可利用土地资源指数高于长江三角洲城市群和成渝城市群，具有较高的土地资源开发潜力。

三 矿产资源

长江经济带矿产资源储量丰富、种类多样，主要有以下四个方

---

① 邓先瑞、黄建武：《长江流域资源环境与可持续发展研究》，《经济地理》2003年第4期。

② 辜寄蓉等：《长江经济带资源禀赋现状分析——基于地理国情普查》，《中国国土资源经济》2017年第7期。

面的特点。

（1）战略性关键矿产资源种类多，资源优势突出。据统计，长江经济带稀土、钛等矿产储量占全国的80%以上，锂、钨、锡、钒等资源储量占全国的50%以上；四川甲基卡发现亚洲最大的能源金属锂矿床，探明资源储量188万吨；安徽金寨特大钼矿床，资源储量246万吨，位列亚洲第一、世界第二；钒钛探明储量6.6亿吨，主要分布在四川、湖南等地；钨锡探明储量650万吨，主要分布在江西、湖南、云南[①]；岩盐资源十分丰富，盐层埋藏深度在地下700—2500米，盐层累计厚度240—1050米，拥有23个地下大中型岩盐矿。其中，江苏淮安盐矿探明储量2500多亿吨[②]，居世界前列。

（2）非金属矿产资源开发潜力大。非金属矿产是指自然界除了金属矿产、化石燃料矿产和水气矿产之外的，在当前技术经济条件下可向人类社会提供有利用价值的非金属元素、化合物或可直接利用的天然矿物与岩石，也称为"工业矿物与岩石"[③]。他们通过对中国非金属矿产权和勘查进行实证调查研究表明，截至2016年，中国具有非金属矿产探矿权2620个，占全国非油气矿产探矿权总数的10.2%。非金属矿产勘查投入15.22亿元，占全国矿产勘查总投入的1.96%。在这其中，西部地区探矿权最多，其次是中部地区，东部地区最少。而长江经济带非金属探矿权为1049个，面积为7708.76平方公里，约占全国非金属探矿权总数的40%（见表5-1）。

[①] 姜月华等：《长江经济带资源环境条件与重大地质问题》，《中国地质》2017年第6期。

[②] 徐元田：《淮阴盐矿开发利用规划和现状》，《中国井矿盐》1993年第1期。

[③] 陈从喜、李政、吴琪：《2016年中国非金属矿产勘查形势分析》，《矿产保护与利用》2017年第6期。

表5-1　　2016年各类非金属矿产探矿权区域分布情况

2016年	冶金原料非金属矿产 个数（个）	冶金原料非金属矿产 面积（平方公里）	化工原料非金属矿产 个数（个）	化工原料非金属矿产 面积（平方公里）	建材及其他非金属矿产 个数（个）	建材及其他非金属矿产 面积（平方公里）	非金属矿总数 个数（个）	非金属矿总数 面积（平方公里）
东部	208	1071.57	49	481.95	340	1926.42	597	3479.94
中部	174	817.92	100	777.9	531	3176.82	805	4772.64
西部	84	740.78	464	18127.94	651	7751.83	1199	26620.55
京津冀地区	13	74.64	3	49.31	18	91.19	34	215.14
长江经济带地区	318	1738.81	293	3757.45	438	2212.50	1049	7708.76
全国总计	466	2630.27	613	19387.79	1522	12855.07	2601	34873.13

资料来源：《中国统计年鉴》（2017）、《长江经济带发展统计年鉴》（2017）。

(3) 长江经济带页岩气、地热等清洁能源矿产蕴藏丰富。页岩气可供开采总量达15.5万亿立方米，占全国的62%。集中分布在长江经济带的重庆涪陵、四川长宁—威远、云南昭通等地。其中重庆涪陵探明页岩气地质储量3806亿立方米，是我国第一个页岩气开发基地，年产能35亿立方米。另外，长江经济带浅层地温能和热水型地热资源利用价值高。热水型地热资源主要分布在四川盆地、江汉盆地、苏北盆地、淮北平原和川西、滇西山地[1]。每年可利用热量折合标准煤2.4亿吨，相当于2014年燃煤量的19%。若采用地源热泵系统充分开发利用浅层地温能，每年可实现夏季制冷面积24.6亿平方米，冬季供暖面积44.2亿平方米，可减排二氧化碳1.66亿吨。目前，11个省会城市均有浅层地温能利用工程，共计720处，供热制冷面积超过900万平方米[2]。不

---

[1] 陈墨香、汪集旸：《中国地热研究的回顾和展望》，《地球物理学报》1994年第1期；胡圣标、何丽娟、汪集旸：《中国大陆地区大地热流数据汇编》（第三版），《地球物理学报》2001年第5期；徐明等：《四川盆地钻孔温度测量及今地热特征》，《地球物理学报》2011年第4期。

[2] 姜月华等：《长江经济带资源环境条件与重大地质问题》，《中国地质》2017年第6期。

可否认，长江经济带地热产业仍处在起步阶段，资源开发利用程度低，但长江经济带热能市场需求潜力大，发展前景广阔，未来能够在长江经济带高质量发展过程中起着重要作用。

（4）长江经济带磷矿资源优势突出。在全国范围内已探明分布有磷矿的省区达27个，主要集中在长江上游地区的云、贵、川三省和中游地区的湖北、湖南两省。集中区域的磷矿资源储量（矿石量）约占全国总储量的76.6%，为135亿吨左右，其中，五氧化二磷储量可达28.66亿吨，占全国的90%以上[1]。贵州开阳县发现一特大磷矿，探明的磷矿资源量达8.01亿吨，是我国最大磷矿。目前，我国磷矿石的主产区集中在云南、贵州、湖北、四川和湖南五省，主产区年产磷矿石量约占全国年产量的90%以上，为我国磷肥和磷化工的生产加工提供了原料支撑[2]。由于磷是农业生产当中磷肥的主要成分，这对保障我国农业与粮食安全具有重要作用。

四 森林、动植物及生态系统

长江经济带覆盖区域是我国重要的生态宝库，它地跨热带、亚热带和暖温带，地貌类型复杂，生态系统类型多样，包括川西河谷森林生态系统、南方亚热带常绿阔叶林森林生态系统、长江中下游湿地生态系统等，是具有全球重大意义的生物多样性优先保护区域。具体而言，森林、动植物及生态系统特征如下。

（1）森林资源丰富。森林资源是林地及其生长的森林有机体的总称，包括森林、林木、林地以及依托森林、林地、林地生存的野生动物、植物和微生物。全球超过50%的森林资源集中分布在5个国家，中国是其中之一，位列俄罗斯、巴西、加拿大和美国之

---

[1] 马一嘉、武俊杰、倪天阳：《我国磷矿资源的开发利用现状及进展》，《矿冶》2018年第2期。

[2] 马一嘉、武俊杰、倪天阳：《我国磷矿资源的开发利用现状及进展》，《矿冶》2018年第2期。

后。长江经济带覆盖11省市,面积约205万平方公里,森林覆盖率41.33%,森林面积13亿亩,占全国森林面积的43%。

(2)动植物资源丰富。长江流域陆地生物中,拥有白唇鹿、牦牛、雪豹、大熊猫、金丝猴、藏羚羊等珍稀动物;水生物中,共分布鱼类378种,约占全国淡水鱼类总数的33%。包括6属147种特有鱼类,占长江鱼类种类数42%,盛产青、草、鲢、鳙等多种经济鱼类,其中许多种类的品质是中国所有水系中最优的[1]。长江流域是中国重要的淡水养殖区域基地,淡水渔业种质资源丰富,在中国主要的35种淡水养殖对象中,长江自然分布的有26种[2]。此外,长江流域珍稀濒危植物占全国总数的39.7%,拥有包括水杉、银杏、珙桐、银杉、紫杉、水松、香果树等珍稀树种在内的丰富植物资源,是我国巨大的植物基因库。

(3)湿地[3]资源丰富。长江流域拥有中国乃至全球最重要的湿地生态系统,分布有鄱阳湖、洞庭湖等国际重要湿地,是我国生态保护与修复的主战场,是维护长江水安全和沿江城市群生态宜居的重要基础。据《第二次全国湿地资源调查(2014)》统计数据,长江流域(包括干流及支流涉及的我国19个省份)湿地划分为5类25型,涵盖了我国所有5大类湿地,湿地型占我国总湿地型的73.53%;长江流域湿地总面积为945.68万公顷,占全国湿地总面积的17.64%[4];其中,自然湿地面积为751.39万公顷,占我国自然湿地总面积的

---

[1] 杨桂山、徐昔保、李平星:《长江经济带绿色生态廊道建设研究》,《地理科学进展》2015年第11期。

[2] 刘建康、曹文宣:《长江流域的鱼类资源及其保护对策》,《长江流域资源与环境》1992年第1期;段辛斌等:《长江三峡库区鱼类资源现状的研究》,《水生生物学报》2002年第6期。

[3] 按《国际湿地公约》定义,湿地是指不论其为天然或人工、常久或暂时之沼泽地、湿原、泥炭地或水域地带,带有静止或流动,或为淡水、半咸水或咸水水体者,包括低潮时水深不超过6米的水域。

[4] 张阳武:《长江流域湿地资源现状及其保护对策探讨》,《林业资源管理》2015年第3期。

16.10%（详见表5-2）。长江流域湿地率（湿地面积占国土面积的比率）为5.25%。

表5-2　　　　　　　长江流域湿地面积统计表　　　　　单位：万公顷

流域名称	流域湿地面积	自然湿地					人工湿地
^	^	合计	近海与海岸湿地	河流湿地	湖泊湿地	沼泽湿地	^
总计	945.69	751.40	70.61	274.91	182.35	223.53	194.29
长江上游	367.86	338.67	—	107.90	22.42	208.35	29.19
长江中游	266.34	172.41	—	99.88	66.45	6.08	93.93
长江下游	311.49	240.32	70.61	67.13	93.48	9.10	71.17

注："—"表示无此类型湿地。

资料来源：2014年第二次全国湿地资源调查结果。

（4）自然保护区数量多。自然保护区是最重要的"绿色生态工程"，对合理利用自然资源、保存自然历史产物、保护珍稀野生动植物、改善生态环境等均具有重要意义。长江经济带11省市面积约205万平方公里，共设立自然保护区、风景名胜区等自然保护地3065处、面积38.7万平方公里，有国家级自然保护区120个[①]。

第二节　长江经济带自然资源利用

新时代背景下，长江经济带高质量发展对土地、矿产、能源等自然资源开发利用提出了新的要求。这里主要考察长江经济带水资源、土地、矿产等自然资源的开发利用情况及问题，以及流域生态系统面临的问题及挑战。

---

① 截至2011年，长江经济带共建有自然保护区1066个，总面积1855.47万公顷，其中国家级115个、省级260个、市级147个、县级544个。

一 水资源开发利用

(一) 水资源开发利用现状

作为重要战略资源之一的水资源，其禀赋条件及开发利用对于长江流域乃至整个中华民族永续发展和生态文明建设具有十分重要的作用[①]。在长江经济带发展与保护的要求下，长江水资源在水量、蓄水发电能力、航运吞吐量方面，都有着瞩目的成绩。

1. 水资源现状

水是生命之源、生产之要、生态之基。长江流域以其相对丰富的水资源量被列为中国七大流域之首，全流域汇水面积大于100平方公里的支流有5276条，水面面积大于10平方公里的湖泊有142个；多年平均地表水资源量 9.855×10^{11} 立方米，水资源总量 9.955×10^{11} 立方米[②]。

2017年，长江区域降水量1121.8亿立方米，地表水10488.7亿立方米，地下水资源2606.4亿立方米，水资源总量10614.7亿立方米，占全国水资源量36.91%。长江区域供水总量2060.1亿立方米，占全国供水量的34.09%，其中地表水1977.8亿立方米，地下水67.4亿立方米，其他供水量12亿立方米；生活用水318.3亿立方米，工业用水723.9亿立方米，农业用水994.0亿立方米，人工生态环境补水23.9亿立方米。可见长江经济带水资源量在全国水资源量中占有重要地位。

2. 蓄水动态、发电现状

长江全流域修建水库约4.4万余座，水资源开发利用率达18.7%，并肩负南水北调工程调水水源的重任。目前，长江控制性水库群联合调度能力显著增强。截至2018年，纳入联合调度的水库数

---

① 王俊：《长江流域水资源现状及其研究》，《水资源研究》2018年第1期。
② 刘庭想、沈蓓蓓、汪小妹：《长江流域水资源现状之所思》，《湖北水利水电职业技术学院学报》2019年第1期。

量达到40座，总调节库容854亿立方米，防洪库容约580亿立方米。通过汛期防洪、汛末蓄水、枯水期补水、汛前消落等调度和应急调度实践，长江上中游水库群的社会、生态和经济效益得到显著发挥。据统计，仅2012—2017年，通过实施水库群联合优化调度，长江流域控制性水库群增加发电量约600亿度，相当于节约标煤约2100万吨、减少温室气体排放4680万吨，整体新增发电效益约162亿元[①]。

3. 航运现状

作为横贯我国东西的中国第一大河，长江航运量快速增长，"黄金水道"潜能不断释放，已发展成为世界上运量最大、通航最繁忙的河流。改革开放40年，长江航运发展经历了破冰起航（1979—1988年）、涉水闯滩（1989—1998年）、逐浪弄潮（1999—2008年）、扬帆奋进（2009—2018年）四个阶段。长江干线高等级航道全面建成，南京以下12.5米水深航道实现贯通，荆江"瓶颈"初步打通，葛洲坝三线船闸、三峡双线五级船闸和世界上规模最大、技术难度最高的升船机建成并投入运行，重庆、宜昌、武汉、南京、上海等沿江城市航运枢纽地位日益凸显，通航能力大幅提升，为长江经济带沿线地区经济高质量发展和生态环境保护提供重要支撑。据统计，长江航运量从1979年的0.4亿吨增长至2017年26.9亿吨，增长66倍多，并连续多年位居世界内河第一；三峡船闸年货物通过量从0.34亿吨增长到1.42亿吨，增长3倍多；规模以上港口吞吐量从0.8亿吨增长到24.7亿吨，增长近31倍；集装箱由3.7万吨EU（Twenty-feet Equivalent Unit，长度为20英尺集装箱）增加到1750万吨EU，增长472倍；沿江经济社会发展所需85%的铁矿石、83%的电煤和85%的外贸货物运输量（中上游地区达90%）主要依靠长江航运来实现；全行业

---

① 杨莹、周长征、杨亚非等：《锦绣长江·绿色腾飞——改革开放40周年长江保护与发展亮点回眸》，《中国水利报》2018年12月18日第2版。

从业人员超过 200 万人，间接带动就业超过 1000 万人；每年对沿江经济发展的直接贡献达 2000 亿元以上，间接贡献达 4.3 万亿元以上[①]。这些成绩的取得，使长江成为名副其实的"黄金水道"。

（二）水资源开发利用存在的问题

众所周知，长江经济带水资源丰富，但随着工业化和城市化的不断推进，长江沿线各地区对于水资源的需求不断增大。然而，长江经济带在水资源供给、水生态环境污染和跨区域水资源管理体制机制等方面存在的问题，具体如下。

1. 水资源供需矛盾加剧。改革开放以来，长江干流及其支流修建了众多水库、大坝，这些水利设施的修建，为长江防洪、发电、灌溉发挥着重要调节作用。但不可否认，长江部分地区，尤其是下游地区水资源矛盾日益突出。例如，长江上游水库群和洞庭湖水系、鄱阳湖水系控制性水库的修建建设，引起两湖水系的水文情势变化，江湖水资源关系出现深度调整，两湖局部地区局部时段工程性缺水或水质性缺水甚至并发的局面难以避免。历史上，鄱阳湖有 3000 多平方公里的湖区面积，如今旱季的鄱阳湖只剩下 300 多平方公里。又如，长江口每年都出现的咸潮现象，枯水期加长，其中 2014 年长江口咸潮期为历史上最长，直接或间接影响 200 万人饮用水安全。

2. 水生态污染严重。长江经济带作为中国重要的经济发展带，是"中国经济的脊梁"。但在发展的背后，存在着非常严重的水生态环境危机。例如，长江沿线的"重化工围江"问题，大量未经处理的工业废水直接流入长江，每年排放工农业生产生活废水超过 300 亿吨，化学需氧量、氨氮、二氧化硫、氮氧化物、挥发性有机物排放强度是全国平均水平的 1.5—2 倍，长江劣 V 类降低了

---

① 唐冠军：《高举改革开放旗帜 建设强大的现代化长江航运》，《中国水运报》2018 年 12 月 12 日第 2 版。

1.4个百分点,由9.7%降到8.3%,沿江形成约600公里的污染带。废水的大量排放,导致长江水生态功能退化,白鳍豚、白鲟等珍稀物种灭绝,中华鲟、江豚等物种濒临灭绝。

3. 水资源管理体制职能弱化。由于流域经济的复杂性,涉及农业、环保、交通、建设等众多环节,在国家层面虽然设有长江委,但该机构在统筹长江水资源开发与治理中还存在很多管理盲点,职能覆盖面不足,管理权限受限。亟须在国家层面设立长江经济带一体化管理机构。

二 长江经济带土地资源开发利用

长江经济带的发展需要以土地做载体。受长江经济带特殊地理和区位影响,沿线9省2市在土地资源利用方面存在差异。例如,学者通过研究指出,长江经济带城市土地利用效率重心呈现由南向北、由西向东迁移的变化轨迹,在区域差异上,表现东西方向的非均衡性大于南北方向[1]。具体而言,从整体来看,社会经济因素与土地利用效率空间分布一致性最高,主导因素包括城镇化率、产业结构、人均GDP和外商直接投资等,自然基底条件的变化对城市土地利用效率空间分异具有明显作用。其中,长江下游地区土地利用强度高,主要是投资、人口集聚和区位优势等因素驱动;中游地区土地利用强度中等,主要受经济发展、交通基础设施建设和产业结构等社会经济因素制约;与中下游地区不同的是,上游地区土地利用强度较弱,主要表现为政策驱动型。对比长江上中下游各区域,土地利用强度呈现出由区域自身条件和内在动力向外部要素转变的特征。

与此同时,长江经济带土地利用强度和效率主要受到区域资源

---

[1] 李璐、董捷、张俊峰:《长江经济带城市土地利用效率地区差异及形成机理》,《长江流域资源与环境》2018年第8期。

环境承载能力和生态恶化的约束。例如，长江经济带水土流失问题严重，严重影响和制约长江经济带经济社会的发展。水土流失毁坏耕地，降低土壤肥力和生产力，导致江河湖库淤积，加剧长江中下游地区遭受洪涝灾害的风险，对我国防洪安全构成了巨大的威胁。此外，水土流失还是影响长江经济带生态文明建设的主要因素之一。水土流失类型主要包括水蚀、风蚀、冻融侵蚀、泥石流、崩岗等。根据水利部2018年全国水土流失动态监测成果，长江流域水土流失面积34.67万平方公里，占流域土地总面积的19.36%。其中，水力侵蚀33.16万平方公里，占水土流失总面积的95.6%，风力侵蚀1.51万平方公里，占水土流失总面积的4.4%。水土流失主要分布在金沙江下游、嘉陵江和岷江沱江中下游、乌江赤水河上中游以及三峡库区等区域。近年来，随着流域生态治理力度加大，长江流域水土流失治理取得积极效果。根据水利部长江水利委员会2019年最新统计结果，新近编制完成的《长江流域水土保持公告（2018年）》显示，与第一次全国水利普查[①]相比，长江流域水土流失面积7年减少了3.79万平方公里，减幅近10%。另外，长江流域土壤侵蚀量也在增加。据统计，20世纪60年代长江流域的土壤侵蚀量为24亿吨，2000年土壤侵蚀量增加到30.8亿吨，比60年代增加了28.3%，到2017年长江流域土壤侵蚀量减少到了25亿吨，比2000年下降了19.9%[②]。土壤侵蚀面积的增加，给长江沿线经济社会发展带来严重制约。

导致长江经济带水土流失的主要因素有：第一，森林覆盖率降低是长江经济带水土流失的主要原因。森林是陆地生态系统的主

---

① 据长江流域全国第一次水利普查成果统计，普查的标准时点为2011年12月31日，截至2011年年底，长江流域水土流失面积（不包括冻融侵蚀）为38.47万平方公里，占流域总面积的21.4%，其中水力侵蚀面积36.12万平方公里，风力侵蚀面积2.35万平方公里。

② 张志强、李肖：《论水土保持在长江经济带发展战略中的地位与作用》，《人民长江》2019年第1期。

体，具有较高的生物量和生产力以及丰富的生物多样性。长期以来，长江经济带森林资源一直遭到过度的开发，森林覆盖率从20世纪50年代初期的30%—40%，到1957年的22%，再到1986年的10%，如今恢复到41%。与此同时，水土流失面积由1957年的36.38万平方公里到1985年增加至56.20万平方公里，如今减少到34.67万平方公里。森林覆盖率的减少，不仅降低了森林植被涵养水源、保育土壤的功能，更降低了生态系统的生物多样性，导致植被逆向演替，降低了生态系统生产力，严重影响了长江流域的生态系统结构的完整性。第二，区域气候变化是造成长江经济带水土流失的又一重要原因。在全球气候变化影响下，长江流域气候也发生了变化，长江流域近60年来气温呈明显上升趋势，尤其是自1985年以来增温加速，而降水变化趋势不明显，只表现出微弱的增加，且季节性变化比较明显，降水时空分布不均。而气候变化使区域极端气候事件频率和强度发生显著变化，极端天气、气候事件特别是极端降雨频繁发生，是引发水土流失的重要原因之一[1]。第三，人类生产生活是造成长江经济带水土流失的根本原因。随着城市化、工业化的不断推进，人口持续增长，农村人口向城市不断地迁移，城镇化建设发展迅猛，对地表地貌造成侵扰，土壤的透水性减弱，导致地表径流汇集时间短，加剧了对地表地貌的冲刷，从而造成水土流失。第四，降水变化导致局部水土流失。受气候变化的影响，长江流域降水量时空分布不均匀，水土资源空间分布不匹配，水资源供需矛盾加剧，导致旱灾、涝灾频频发生。同时，受长江干、支流建设的大型水利工程影响，使得长江径流分布发生改变，水流变缓、泥沙淤积等问题都会对部分区域水土保持产生影响，从而加剧水土流失，形成恶性循环。

---

[1] 张志强、李肖：《论水土保持在长江经济带发展战略中的地位与作用》，《人民长江》2019年第1期。

三 能源等矿产资源开发利用

能源等矿产资源与资本、劳动一样，是工业化和经济增长的重要生产要素。改革开放以来，我国快速工业化和城镇化带来了矿产和能源资源的大规模开发利用。经过长期的工业化和城市化发展，长江经济带集中了众多的高耗能、重污染产业，对能源的过度依赖态势已越来越成为制约长江经济带可持续发展的重要因素。通过相关学者对经济增长的相关阻尼研究显示，我国经济增长中资源环境消耗所导致的增长阻尼大约为每年1.75个百分点，其中，水资源对中国经济增长影响的阻尼为0.001397，土地对中国经济增长影响的阻尼为0.013201，能源对经济增长阻尼为0.00577[1]。作为我国经济发展程度较高的区域，长江经济带经济社会发展所面临的自然资源约束将会越来越显著。

从产业发展角度看，长江经济带集中了我国大部分的钢铁、石化等传统产业以及汽车、电子等现代产业，其经济总量占全国的近50%。但是，从能源资源角度看，长江经济带上、中、下游均为严重缺能地区，一次能源自给率仅为52%[2]。根据相关研究结果显示，长江经济带中游地区2010—2020年能源需求增长率为4.7%，长江下游地区为4.0%[3]。此外，每年巨量煤炭的调入也给区域交通运输带来较大压力。提高长江经济带能源利用效率是解决能源过度消耗与经济增长要求矛盾的重要出路。可见未来，随着发展水平的进一步提高，能源需求量将成倍数增长。

---

[1] 薛俊波等：《中国经济增长的"尾效"分析》，《财经研究》2004年第9期；谢书玲、王铮、薛俊波：《中国经济发展中水土资源的"增长尾效"分析》，《管理世界》2005年第7期；沈坤荣、李影：《中国经济增长的能源尾效分析》，《产业经济研究》2010年第2期；严翔等：《长江经济带生态与能源约束对科技创新的增长阻尼效应研究》，《经济问题探索》2018年第11期。

[2] 孙智君、于洪丽：《长江经济带能源效率、能源消费与经济增长的区域差异——基于沿江11省市的数据分析》，《湖北经济学院学报》2014年第3期。

[3] 王小广：《长江经济带持续发展的总体战略》，《生态经济》1995年第5期。

第五章　长江经济带自然资源与生态环境现状

自2000年以来，长江经济带沿江11省市能源消费总量呈现逐年上升趋势，大致可以划分为三个阶段。

（1）能源消费稳步增长阶段（2000—2004年）。随着我国"十五"期间经济得到恢复发展，长江经济带沿江11省市经济基本实现了倍增，钢铁、建材和化工等主要用能行业得到稳步发展，能源消费逐渐上升，年均增长率维持在10%左右。

（2）能源消费迅速增长阶段（2005—2012年）。随着经济新一轮的快速增长，能源消费出现拐点，呈现迅速上升趋势。2000年长江经济带11省市能源消费以5000万吨标准煤为分界点，可以分为两组：消耗超过5000万吨标准煤的依次为江苏、浙江、四川、湖北、上海；5000万吨标准煤以下的依次为安徽、贵州、湖南、云南、重庆。2012年长江经济带沿江11省市能源消费总量可以分为三组：25000万吨标准煤以上只有江苏；15000万—25000万吨标准煤之间依次为四川、浙江、湖北、湖南；15000万吨标准煤以下依次为上海、安徽、云南、贵州、重庆、江西[①]。

（3）能源消费转型升级阶段（2013年至今）。随着经济进入新常态和生态文明建设的持续推进，能源消费必须适应高质量发展要求，走转型升级之路。当前，长江经济带能源转型必须正视三个问题：一是能源转型并非单纯提高可再生能源份额；二是能源转型不单纯是提高清洁能源的成本竞争力；三是能源转型必然呈现长期性、复杂性和有序性等特点[②]。

在矿产开发利用方面，长江经济带页岩气、锰、钒、钛、钨、锡、锑、稀土、锂、磷等矿产在中国占有重要地位。但受长期以来高强度开发和环保科学技术的限制，导致长江经济带矿产资源开发布局结构不合理，对生态环境的破坏较为严重，矿产资源综合

[①] 孙智君、于洪丽：《长江经济带能源效率、能源消费与经济增长的区域差异——基于沿江11省市的数据分析》，《湖北经济学院学报》2014年第3期。

[②] 刘平阔、彭欢、骆赛：《中国能源转型驱动力的结构性特征研究》，《中国人口·资源与环境》2019年第12期。

利用效率总体不高等问题严重。据统计资料显示，截至2017年，长江经济带共有矿山数量3.5万个，占全国比重45.2%；其中云南矿山数量最多，超过了6000个，占长江经济带矿山总数的近20%；四川、贵州和湖南矿山数量超过了5000个，江西超过了4000个；从矿山空间分布来看，长江经济带共有金属矿山群34个，其中长江中上游29个，多集中在云南、贵州和四川；从产量来看，2016年非油气矿产矿石产量约28.1亿吨，占全国的比重为36.9%；重要矿产中，磷矿产量占全国比重最高，接近97%，其次为锑矿和钨矿，产量占比均超过了80%；锡矿产量占比超过了70%，铜矿、锰矿分别为64.4%和42.7%[1]。

当前，能源等矿产资源产业发展面临诸多调整，以牺牲环境为代价换取经济效益的传统产业发展方式终将被淘汰，而新能源、战略性新兴产业的发展，将成为经济社会全局和长远发展中的重要支撑[2]。总之，能源、矿产等资源开发利用，必须把生态环境负面影响降到最低。一是必须解决好开发、建设、运维、使用、退役等生命周期的无害化、绿色化问题；二是必须做到效益与生态兼顾，产业发展与自然保护协同[3]。根据全球能源转型，建立以可再生能源为主体能源的现代能源体系符合转型趋势，也符合我国推动能源革命的形势要求。另外，我国可再生能源产业尽管取得长足进步，但是未来仍需要进一步提高可再生能源消费比重。

四 生态系统面临的主要问题

（一）湿地资源保护面临的问题

湿地的迅速消失与人类不合理的经济活动有密切联系，如土壤

---

[1] 张玉韩、吴尚昆、董延涛：《长江经济带矿产资源开发空间格局优化研究》，《长江流域资源与环境》2019年第4期。

[2] 吴巧生、成金华：《重塑长江经济带矿产资源开发利用格局》，《中国矿业报》2019年5月22日第2版。

[3] 苏南：《"十四五"可再生能源将迎"质变"》，《中国能源报》2019年12月9日第2版。

破坏、水环境破坏（水体营养化、石油泄漏污染等）、围湖围海造田、河流改道等都是湿地消亡的主要原因。近半个世纪以来，长江流域湿地退化严重，究其原因，主要有五个方面。

1. 人类活动造成湿地减少。有研究认为，相较于20世纪50年代，长江中游70%的湿地已经消失。湿地保护虽然在局部地区成效显著，但是纵观全局、全流域，整体形势依然严峻[1]。据有关国际机构在东亚—澳大利亚迁徙路线的1031个保护区及候鸟栖息地的评估显示，我国的鄱阳湖湿地排名第1，贡献总分达1056分，排名前10位中有4个来自长江流域，这充分说明长江流域在全球生态保护中的重要地位[2]。然而，长江流域长期以来的不合理开发和环境污染导致所减少的湿地不是短时间能够恢复的，而由此带来的相关物种消亡风险是长期存在的[3]，产生的一系列生物连锁反应将使我们付出更大的治理代价和无法弥补的损失。

2. 湿地管理体制不健全，管理机构设置分散，权属不明、责任不清，监控监督机制与执法力度较弱。目前还没有一个部门被专门赋予统一管理长江流域湿地的职能，或者是分区域统一管理的部门，目前的湿地保护管理组织形式是在统一协调下的多部门单要素管理的行政管理格局。例如，水务部门负责管理滩涂资源开发和合理利用，林业部门负责管辖陆生野生动物及其栖息地环境保护，国土规划部门负责管辖滩涂清淤和土地围垦利用；而长江口4个湿地自然保护区和2处国际重要湿地分别属于海洋、林业、环境保护和农业部门管理。这样复杂的管理体制看似分工明确，实际操作起来往往会导致部门矛盾和纠纷繁多，管理效率大打折扣，多资源组成的湿地系统加上错综复杂的交叉、重叠的管理，已经成为制约整个长江

---

[1] 段雯娟：《守护"长江经济带的生命命脉"》，《地球》2015年第11期。
[2] 黄芳芳：《湿地保护区：筑长江生态屏障》，《经济》2015年第24期。
[3] 生态学理论验证表明，如果只有10%的栖息地得到保护，将有50%的物种提前面临灭绝的风险。

乃至全国湿地保护和环境治理的枷锁①。

3. 长江流域湿地自然保护区规划不合理。从长江流域湿地自然保护区的数量及密度分布来看，有国家级、省级、市级和县级4个层次的保护区156个。不同子流域的湿地保护区分布差异较大。湿地自然保护区数量最少的是太湖流域，各级湿地自然保护区仅有3个，而分布在鄱阳湖的保护区则多达26个②。太湖流域设置的湿地自然保护区是整个流域最少的，这与该区域经济发展迅速、在一定程度上忽视生态保护有关系。而鄱阳湖的保护区又过于集中，80%以上的保护区之间距离小于40公里。邻近的自然保护区由于生境条件相似，导致许多保护区代表性不强、层次低，以及重复建设问题广泛存在。此外，自然保护区级别动态调整差，缺乏统一规划。级别不同意味着受保护程度、保护资金、人员配置等的不同，有些流域仍无国家级湿地自然保护区，而鄱阳湖流域自然保护区数量虽然多，但62%为级别最低的县级自然保护区，急需统一规划，优化整合升级③。

4. 流域湿地生态系统整体性保护能力弱。根据2014年1月13日国家林业局发布的《第二次全国湿地资源调查结果》，当前我国湿地自然保护区主要是保护内陆湿地、保护野生动物、保护野生植物以及保护海洋海岸等几种类型。但是各湿地自然保护区以单一物种的保护为其主要任务，从整体上忽视了物种之间存在着密切的联系，从而忽视了生态系统的整体性。有些湿地自然保护区空间上处于相邻位置，保护目的也是维护生物种群延续和发展，却各自独立肩负保护任务。例如，鄱阳湖中的鄱阳湖长江江豚自

---

① 高宇、章龙珍、张婷婷、刘鉴毅、宋超、庄平：《长江口湿地保护与管理现状、存在的问题及解决的途径》，《湿地科学》2017年第2期。

② 燕然然等：《长江流域湿地自然保护区分布现状及存在的问题》，《湿地科学》2013年第1期。

③ 燕然然等：《长江流域湿地自然保护区分布现状及存在的问题》，《湿地科学》2013年第1期。

然保护区、鄱阳湖银鱼自然保护区和鄱阳湖鲤、鲫鱼产卵自然保护区,长江天鹅洲故道中的天鹅洲白鳍豚自然保护区与石首麋鹿自然保护区等[1]。统一协调各个湿地自然保护区,注重生态系统的整体性和完整性;重视物种之间生物链的自然联系以及实现多物种生境条件的综合性保护等应是湿地保护需要重点关注的问题。

5. 流域内各省市发展不平衡导致保护力度大小不一。有学者研究发现,大部分省级行政区在湿地保护方面存在困难,尤其是经济较落后、较偏远的地区。长江流域中上游地区,特别是上游云南、贵州、四川等地,还有很多省市对湿地的保护力度不够,保护区相对较少。这与各省市经济发展程度有很大关系。长江下游东部沿海地区经济较发达,而中上游经济发展压力仍然较大,同时保护压力也大。如何协调和平衡各省市、全流域生态保护水平均衡发展,如何加强对困难较大的省市和地区的资金和管理上的支持,都是亟须解决的问题。更重要的是,如何共同促进长江流域湿地的整体性保护和可持续发展。

(二) 生物多样性受威胁

生物多样性保护越来越受到全球各国的关注,生态环境遭到破坏是生物多样性下降的直接因素之一,而人为因素(水利设施、过度捕捞、资源过度开发、外来物种引入等)是生物多样性下降的重要原因。长江流域拥有大量的自然资源,是我国重要的生物资源宝库,但同时也是生物多样性受威胁最严重的地区之一。

1. 兴建大坝。江湖阻断是导致水生生物种群和数量减少重要原因之一。众多学者[2]通过研究指出,水库工程建设在给人们带来

---

[1] 燕然然等:《长江流域湿地自然保护区分布现状及存在的问题》,《湿地科学》2013年第1期。

[2] 王海英等:《长江中游水生生物多样性保护面临的威胁和压力》,《长江流域资源与环境》2004年第5期;陈龙等:《水利工程对鱼类生存环境的影响——以近50年白洋淀鱼类变化为例》,《资源科学》2011年第8期;郭文献等:《长江中游四大家鱼产卵场物理生境模拟研究》,《水力发电学报》2011年第5期。

效益（抗旱防洪、发电、航运等）的同时也对河流水文产生了重大影响。由于水生态环境的改变，水生生物种群栖息地环境发生了根本性改变，也明显导致水库下游鱼类产卵繁殖等条件的变化，从而导致水生物种群危机，其多样性和完整性受到威胁。

据相关学者调查，2004—2010年，由于三峡水库蓄水，水库特有鱼类种数较蓄水前减少51.1%，库区渔获物中特有鱼类优势度下降35.3%—99.9%。另外，其他年份数据也表明，三峡水库蓄水使得中华鲟和四大家鱼产卵时间平均推迟10天左右，产卵的数量规模也大规模下降。产卵规模的下降直接导致了种群数量的减少，2003—2012年，长江中下游平均渔获量较1996—2000年下降了41%，"四大家鱼"种鱼苗发生量与20世纪50年代相比下降了97%。此外，许多湖泊高等水生植物分布范围缩小，浮游藻类大量繁殖。

2. 过度捕捞使渔业资源日益紧迫。四川省宜宾市渔业社统计，20世纪50—80年代长江宜宾江段鱼类年捕获量呈显著下降趋势，1981年渔获量为最低（3.3吨），仅为最高年份的10%。但进入90年代，随着捕鱼工具和手段不断变化，长江流域渔业捕捞强度较之前有明显提升。但长期的过度捕捞使得"四大家鱼"鱼卵鱼苗等早期资源量比80年代减少了90%以上，长江干流的渔获量已不足10万吨（同期全国渔业产量为6900万吨）[1]。渔获量与捕捞强度直接有关，渔获量减少是鱼类资源在数量方面总体下降的一个直接表现。长江流域特有鱼种和"四大家鱼"等水生生物资源的严重衰退使得水生生物保护迫在眉睫。

自2003年开始，长江流域已全面实施每年为期3个月的禁渔期制度，通过设立渔政管理机构专门协调渔业活动和保护鱼类资源。长江上游的贵州省赤水河作为国家级珍稀特有鱼类自然保护区，多

---

[1] 央视财经微博：《告急！"四大家鱼"减损90%以上，长江怎么了？》，https://weibo.com/ttarticle/p/show?id=2309404285015587455586，2018年9月16日。

年来受过度捕捞、水体污染、非法采砂等影响，鱼类资源大幅度下降，自2017年1月1日起，赤水河率先实施10年全面禁捕。2017年2月27日，为落实中央一号文件"率先在长江流域水生生物保护区实现全面禁捕"的决策部署，原农业部出台《关于推动落实长江流域水生生物保护区全面禁捕工作的意见》，延长了禁渔期，扩大了禁渔范围，积极开展了多项保护渔业资源和水域生态的行动和措施。自2018年1月1日起，农业农村部对长江流域322个水生生物保护区逐步实施全面禁捕，争取在2020年实现长江流域重点水域全年禁捕。可见，保护生态资源和治理生态环境的任务是长期的、艰巨的。

3. 自然资源开发利用不合理及环境污染导致水生物受到严重威胁。例如长江河道的非法采砂活动影响鱼类生存。由于长期无序、超量地采挖河道改变了河势水情，破坏了河床结构，使鱼类产卵繁育场等关键生境遭受破坏，成为威胁生物多样性的一大因素。自70年代末以来，城市经济的快速发展，基础设施工程的大量建设导致对砂石资源的需求不断增加，利益催生了非法采砂。长江河道的非法采砂活动屡查不绝，据中国砂石协会和中国砂石骨料网资料显示，2018年度，长江委共计巡江4.9万余次，全流域共查处非法采砂船1622艘，依法判决非法采砂案件4起，21人获刑。据统计，2002年以来，长江8.4亿吨采砂量中，长江干流采砂区获许可采砂量仅有8046万吨。

此外，环境污染也是导致水生生物多样性下降的重要因素。水体污染，富营养化①对浮游生物、底栖生物等多种鱼类诱饵生物造成严重危害，导致生物体变异，甚至使生活于其中的水生生物濒临完全灭绝的境地。

4. 有意或无意的人为引入外来物种也是导致本地生物种群衰

---

① 富营养化污染的原因主要有城镇工业污废水与生活污水排放造成的点源污染；土壤中农用化肥、杀虫剂、除草剂造成的面源污染；工业品制造和过量使用危险农药，焚烧垃圾产生的重金属、激素、POPs（持久性有机污染物）等。

退的重要因素之一。长江流域温暖的气候条件和充足的水源栖息地是生物繁衍生息的肥沃区域。对本地水生物环境危害较大的主要有水葫芦、水花生、克氏螯虾及一些鱼类。有意的人为引入包括饲草饲料引进品种；观赏或宠物养殖业引进品种；水产养殖业引进品种等。而无意的人为引入包括随交通工具、商品贸易携带等①。2016 年 7 月，湖北武汉市渔政部门发布公告称，近年来长江流域频频发现鲟鱼、鳄龟等凶猛外来物种，其中大部分是市民放生，对长江流域生态环境造成了破坏，呼吁市民切勿盲目放生。实际上，长江流域频现的外来物种越来越多，仅武汉市渔政执法大队记录在案的就多达十几种，如俄罗斯鲟、鳄龟、巴西龟、福寿螺、淡水白鲳、清道夫、革胡子鲶、罗非鱼等。

根据世界自然保护联盟的定义，外来物种入侵主要有几方面的危害，一是造成本地农林产品的产值和品质下降；二是侵占本地物种的生存空间，造成本地物种死亡，甚至灭绝；三是对人畜健康和正常贸易造成影响。特别是当外来物种入侵时，会迅速繁殖，由于缺乏制约其繁殖的自然天敌或其他制约因素，外来物种会逐渐成为当地的"优势种"，排挤和威胁本地生物，直接导致本地物种的退化或灭绝。例如美国泛滥成灾的亚洲鲤鱼、英国泰晤士河中国河蟹与北美淡水蟹争夺水域控制权等，这些鱼类、河蟹在中国是美食，但是到了美国、欧洲几乎没人吃，于是就泛滥成灾，严重破坏了当地生态平衡，政府不得不花巨资治理。同样的道理，越来越多的外来物种进入长江，也有生态安全隐患。我国长期饱受外来物种侵袭的危害，早在 2003 年国家环保总局和中国科学院经过研究，制定了《中国第一批外来入侵物种名单》，名单显示互花米草、水葫芦、紫茎泽兰、薇甘菊、湿地松粉蚧等重大外来入

---

① 王海英等：《长江中游水生生物多样性保护面临的威胁和压力》，《长江流域资源与环境》2004 年第 5 期。

侵物种已对中国生物多样性和生态环境造成了严重危害,并造成巨大的经济损失。

(三) 森林及草地生态系统面临的压力

1. 长江上游森林及草地生态环境脆弱。长江上游地区包括青藏高原三江源区、川西藏东横断山区、云贵高原喀斯特山区、四川盆地丘陵及周边山地区等范围,生态环境较为脆弱。该区域是维系长江上游地区径流、保持水土、农牧业和林业生产的基础和保障,也是长江中下游的生态屏障。然而,长期以来,该区域一直存在森林毁坏、草地退化、生物多样性丧失等诸多生态问题,主要包括自然植被覆盖率降低、水土流失严重、自然灾害频发导致的天然草场普遍退化、横断山区森林资源遭到破坏,云贵高原喀斯特山区石漠化严重和四川盆地丘陵及周边山地区土壤侵蚀严重等。

2. 长江中下游森林资源的破坏严重。长江中下游江南地区以低山地貌为主,江北地区以平原地貌为主。且中下游水系较上游发达,多数区域为平原,是我国三大平原地区之一。该区域农业发达,但由于经济社会发展程度较高,毁林占地现象在经济高速发展时期比较严重,森林资源大幅度减少,水源涵养程度降低。相对来看,长江中下游地区森林资源保护压力主要集中在中游湖南、湖北、安徽、江西等省,而中游欠发达省份资源环境保护压力与经济发展压力并重,相应的发展困境和治理压力要大于其他区域。

第三节 长江经济带突出的环境问题

党的十九大报告明确指出,长江经济带建设将成为我国发展的三大新引擎之一,要继续"以共抓大保护、不搞大开发为导向推动长江经济带发展"。现阶段,长江经济带生态环境形势严峻,制约着长江经济带绿色发展和高质量发展,这是长江经济带发展过程中面临最为突出的问题和挑战。具体而言,当前长江经济带面临的突出环境问题包括以下几个方面:

一 水污染

(一)沿江化工产业污水、废水排放问题严重

1. 沿江排污口数量庞大。根据《2017年度长江流域及西南诸河水资源公报》,2017年长江流域废污水排放总量为352.3亿吨(不含火电厂直流式冷却水和矿坑排水382.5亿吨),与2016年度同比减少0.9亿吨,降幅0.3%。按水资源二级区统计,排污主要集中在太湖水系、洞庭湖水系、湖口以下干流、鄱阳湖水系、宜昌至湖口、岷沱江和汉江,占流域废污水排放量的81.1%。近年来,太湖流域工业化、城市化进程加快,但是对入河排污口的监管能力存在明显的"缺位"现象,污染物排放总量大,难以控制。在这其中,入河排污口数量最多的是江苏,其次为湖北、重庆、四川,四省排污口个数占排污口总数的68.7%,如果连同湖南、江西、上海和安徽等省,占流域废污水排放量的近90%。

(2)排污口监管能力差。从全流域来看,相关职能部门对长江经济带沿线的排污口监督管理能力较差,管理制度不健全,配套的法律体系不完善。主要包括对入河、入江排污口缺乏有效监督。根据相关媒体报道和政府环保部门公报,综合来看,大量排污口未在有关部门备案、监督人员投入力度不足、排污口统计报告制度不健全、污染信息共享机制缺位、长效联合执法机制不完善、监督管理经费不足等问题是导致当前长江流域排污口治理的主要问题。

(二)长江流域水质普遍转好,但仍存在风险

《2017年长江流域水资源公报》统计数据显示,长江流域河流水质总体仍然污染严重,局部河段、湖泊污染尤其突出,且存在治理力度不大等问题。按《地表水环境质量标准》(GB3838—

2002）评价，2017 年，长江水质为Ⅰ类、Ⅱ类水的河段长度为 44598.0 公里，占全流域总长度的 62.9%；Ⅲ类水的河长 14895.6 公里，占 21%；Ⅳ类水的河长 6226.3 公里，占 8.8%；Ⅴ类水的河长 2192.0 公里，占 3.1%；劣Ⅴ类水的河长 2996.9 公里，占 4.2%（见图 5-1）。

总体上，全年期水质劣于Ⅲ类水的河长占总评价河长的 16.1%，主要原因是氨氮、总磷、化学需氧量和高锰酸盐等指标严重超标。

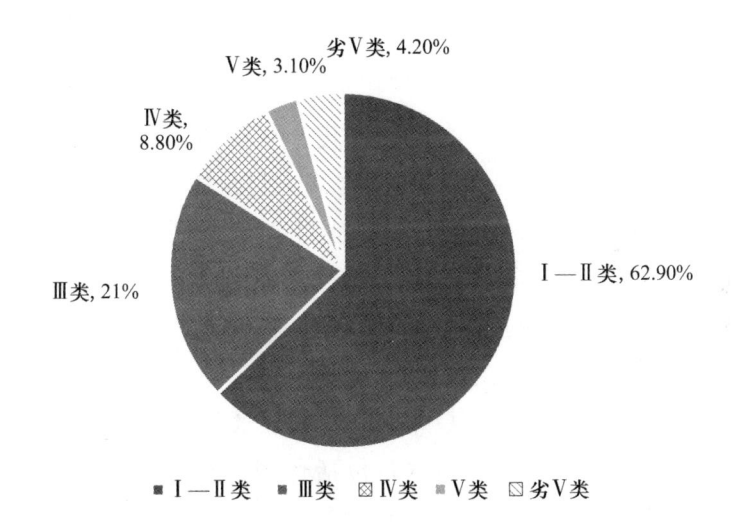

图 5-1 2017 年长江流域河流水质类别占比

资料来源：《长江流域水资源公报》（2017）。

从湖泊来看，长江流域的 61 个主要湖泊，水域总面积为 10822.3 平方公里。在这其中，全年期水质均符合Ⅰ—Ⅲ类标准的湖泊仅有 9 个，占评价湖泊个数的 14.8%。水质符合Ⅰ—Ⅲ类标准的水面面积为 1577.6 平方公里，占评价面积的 14.6%；Ⅳ类 7916.9 平方公里，占评价面积的 73.1%；Ⅴ类 1034.4 平方公里，占评价面积的 9.6%；劣Ⅴ类 293.4 平方公里，占评价面积的 2.7%。

◆ 长江经济带：发展与保护

从营养化状态来看，长江流域有中营养湖泊9个，占评价湖泊个数的14.8%；轻度富营养湖泊26个，占评价湖泊个数的42.6%；中度富营养湖泊26个，占评价湖泊个数的42.6%。处于中度富营养化状态的湖泊主要为贵州的草海，湖北的沉湖、汈汉湖、后官湖、墨水湖、大岩湖、汤逊湖、南湖、沙湖、严东湖、南太子湖、网湖、后湖、涨渡湖和大冶湖，江西的梅湖、艾溪湖、南湖、瑶湖、甘棠湖、白水湖和南门湖，安徽的巢湖，江苏的太湖、滆湖和洮湖。大部分水质超标项目为总磷、五日生化需氧量和pH酸碱度等。

二 土壤污染

当土壤中的有害物质不断累积至超出土壤的自净能力时，土壤的组成结构和功能就会发生质的变化，有害物质通过土壤转移到植物或水体，进而间接被人体吸收，达到危害人体健康的程度，就是土壤污染。土壤污染尤其是农业生产和农村生活引起的农业面源污染，已成为当前长江经济带土壤污染的主要污染类型，严重威胁长江流域人民的生活与发展。

农业面源污染是指在农业生产活动中，氮素和磷素等营养物质、农药以及其他有机或无机污染物质，通过农田的地表径流和农田渗漏，形成环境污染，主要包括化肥污染、农药污染、集约化养殖场污染。主要污染物是重金属、硝酸盐、铵离子、有机磷、有机氯、化学需氧量、病原微生物、寄生虫和塑料增塑剂等。根据《第一次全国污染源普查公报》，农业面源污染是总氮、总磷排放的主要来源，其排放量分别为270.46万吨和28.47万吨，分别占排放总量的57.2%和67.4%[1]。掌握农业面源污染形成过程机理和变化规律是进行污染防控和管理的关键，许多学者对其进行

---

[1] 唐肖阳等：《汉江流域农业面源污染的源解析》，《农业环境科学学报》2018年第10期。

第五章　长江经济带自然资源与生态环境现状

了深入研究。洪华生等[1]从农业面源污染的产生机制分析认为，农业面源污染主要包括降雨径流、土壤侵蚀和污染物迁移转化三个过程，其发生是连续的。在如何减少农业面源污染问题上，根据长期国内外实践经验和研究表明，在宏观上可以进行合理的土地利用规划并严格按照规划实施。在微观上可以通过减少农药使用、合理耕作、合理施肥、实行农作物间作套种等方式[2]。

长江经济带面源污染问题严重，尤其是耕地集中连片地区以及水库、湖泊区域。如汉江经济带、三峡库区、洞庭湖区域、太湖流域等均存在不同程度的农业面源污染。根据相关学者研究，汉江经济带农业面源污染主要有农用化肥污染、农药污染、畜禽粪便污染、固体废弃物污染（农膜污染、秸秆等废弃物）和农村生活源污染等方面[3]。而三峡库区的污染主要来自于库区内的污染和上游输入污染，产生面源污染的主要来源为农村居民点生活污染[4]，如生活污水、生活垃圾、人类粪便污染；畜禽养殖污染；农田污染（化肥过量使用，其中氮磷流失成为水体污染源之一）；旱坡地水土流失（水土流失包括土壤氮、磷养分流失、泥沙流失等方面）。洞庭湖区域和太湖流域面源污染的主要来源也与上述相差不大，只是占比问题。

综上所述，长江经济带在农业面源污染防治方面的难点与问题主要是以下四个方面：（1）化肥施用总量（折纯量）大与施用强度高并存，使用效率低，污染严重；（2）农药使用量的增加以及包装物带来的面源污染呈现加重态势；（3）农用薄膜造成的"白色污

---

[1] 赵超、洪华生、张珞平：《流域用水系统协调发展分析》，《人民黄河》2008年第10期。

[2] 陈利顶、傅伯杰：《长江流域可持续发展基本政策研究》，《长江流域资源与环境》2000年第2期。

[3] 王莉娜、李志红、朱荣胜：《湖北省汉江经济带农业面源污染解析》，《中国现代农业发展论坛论文集》2014年。

[4] 丁恩俊：《三峡库区农业面源污染控制的土地利用优化途径研究》，博士学位论文，西南大学，2010年。

染"短期内难以从根本上解决；(4) 畜禽废弃物产生量大，污染严重①。此外，在农业面源污染防治中，还存在着防治对象多元性、防治主体多元性以及防治技术有效性不足、机制缺失等问题。

三 大气污染

就长江经济带范围内的长三角区域、中三角区域来看，其大气污染物排放水平是全国平均水平的3—5倍。简单来说，经济越发达的地区，污染物排放强度越大。无论是二氧化硫、氮氧化物，还是烟（粉）尘等，长江中下游地区都是大气污染物高强度排放区域。

长江经济带主要大气污染物有二氧化硫、氮氧化物和烟（粉）尘污染等。据统计，2017年长江经济带二氧化硫排放总量为321.97万吨，占全国排放总量的36.78%。其中，贵州、江苏、四川和云南排放总量最高，分别为68.75万吨、41.07万吨、38.91万吨和38.44万吨；氮氧化物排放总量为443万吨，占全国排放总量的35.19%。江苏省排放总量最高，为90.72万吨，长江中下游排放总量占全区域的70.43%；烟（粉）尘排放总量为227.49万吨，占排放总量的28.57%，其中江苏、安徽和江西排放总量最高，分别为39.08万吨、28.08万吨和27.95万吨。从上述数据可以看出，在大气主要污染物中，长江经济带的氮氧化物排放问题较为突出。氮氧化物的排放主要来源于工厂废气排放和汽车尾气，氮氧化物是产生酸雨的主要污染源。

长江作为黄金水道，其水上交通运输繁忙，船舶运输数量庞大，船舶业的快速发展对区域大气环境造成了巨大压力，长江经济带沿江的船舶港口氮氧化物、二氧化碳排放已经成为其大气污染的主要来源。据上海市环境监测中心、深圳市环境科学研究院

---

① 杨滨键、尚杰、于法稳：《农业面源污染防治的难点、问题及对策》，《中国生态农业学报》2019年第2期。

和香港环保署的研究结果显示,船舶排放的污染物如氮氧化物和二氧化硫是其附近区域大气污染的主要来源。而且船舶排放存在监管难度大、流动性强、监测方法取证困难等特点。可见,大气污染是发展长江运输产业所带来的生态环境负效应。

此外,长江经济带沿线城市群较多、工业密集,资源能源消耗较大。长三角、武汉城市圈、成渝城市圈等都位于长江经济带。这些城市经济发展水平较高,人口密集、工业化程度较高,污染物排放强度较高。以长江经济带沿线的11个省会城市和直辖市(上海、南京、杭州、合肥、南昌、武汉、长沙、重庆、成都、贵阳和昆明)为例,2017年,这11个城市的工业二氧化硫、工业氮氧化物、工业烟(粉)尘、生活二氧化硫、生活氮氧化物、生活烟尘等指标中工业氮氧化物排放比例最高,占29.76%,其次是工业二氧化硫,排放量为339875吨。工业排放产生的大气污染物排放总体要高于生活排放的大气污染物,占总排放的81.46%。一般

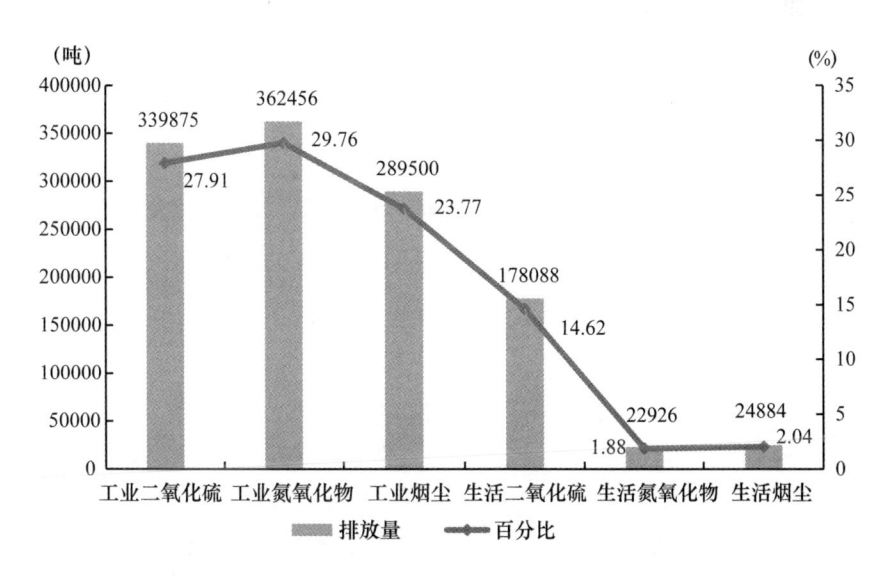

图 5-2 2017 年长江经济带主要城市大气污染物排放情况对比

资料来源:《长江经济带发展统计年鉴》(2018)。

来讲，长江经济带大气污染物排放除了船舶排放，工业排放主要来自于发电厂、石油化工、金属冶炼和机械制造等行业，而生活污染物排放主要来自于服务业和居民生活排放的煤、气（人工煤气和液化石油气）、少数燃烧秸秆、树脂木材等。可见，控制工业大气污染物排放是长江经济带控制大气污染的关键所在。

四 固体废弃物

固体废弃物污染也是引起长江经济带出现生态环境问题的原因之一。近年来，垃圾围城、工业固废堆存不当以及非法倾倒等污染生态环境的事件频现，引发社会各界广泛关注。

从固体废弃物产生角度，据统计，2017年长江经济带一般工业固体废弃物产生量为93703万吨，占全国产生量的28.26%，比2016年增加了约0.23亿吨。其中四川、云南、江西、江苏、安徽工业固体废弃物占比较大，5省总共占长江经济带废弃物总量的68.12%；危险废物产生量为2234.16万吨，占全国产生量的32.21%，其中以江苏、浙江和四川的产生量最高，分别占长江经济带总量的19.49%、15.32%和15.27%；另外，2017年长江经济带一般工业固体废物处置量为16382万吨，处置率仅为17.48%；危险废物处置量为976.07万吨，处置率为43.69%。可见，随着长江经济带经济社会发展，固废的增长也在不断增长，且越来越难以处置和储存，这无疑会增加长江经济带固体废弃物的风险防控难度。

从固体废弃物管理角度，存在处置难度大，污染防治设施不到位、环境风险防控能力弱等特点。工业固废和生活固废跨省倾倒、江边随意堆放固废，致使污染水体、混合固废随意掩埋导致土壤化学污染等破坏环境的行为问题突出。固体废弃物污染的违法犯罪案件近年来呈上升趋势，环境保护部门面临监管面积广、追责难度大的困境。

第六章

长江经济带发展与保护政策及其实施

长江经济带的发展与保护需要体制机制提供保障，而完善的体制机制是由各个层次、各个方面的政策构成的。长江经济带发展与保护战略包括中央层面政策和地方层面政策两部分，而中央和地方层面的政策又涉及生态环境保护和社会经济发展的各个方面。从整体看，国家层面政策制定主要关注长江全流域的发展和生态环境保护，通过顶层设计，统筹兼顾长江经济带发展和保护的有机统一，引导沿线各省市既关注局部又放眼整体。就省级层面而言，对比各省市出台的与长江经济带相关的政策，有共性的地方，也有各省市根据自身地区发展特点和资源环境情况制定的符合本省实际的政策。纵观近年来长江经济带战略的实施情况，结合长江经济带经济、社会和生态环境的积极变化，整体而言，长江经济带发展与保护政策取得了巨大的成效。

第一节　长江经济带中央层面政策及其实施

一　中央及各部委长江经济带政策

从整体看，国家层面政策制定主要关注长江整体流域的发展和生态环境保护，通过顶层设计，统筹兼顾长江流域的整体性和完整性，引导各沿线省市既关注局部又放眼整体。从政策重点看，国家层面政策主要围绕三个方面。

（一）长江经济带发展与保护战略规划

2014年9月25日，国务院印发《关于依托黄金水道推动长江经济带发展的指导意见》[①]（以下简称《意见》），《意见》指出长江是货运量位居全球内河第一的黄金水道，在区域发展总体格局中具有重要战略地位。长江经济带发展具有七项重点任务，包括提升长江黄金水道功能、建设综合立体交通走廊、创新驱动促进产业转型升级、全面推进新型城镇化、培育全方位对外开放新优势、建设绿色生态廊道和创新区域协调发展体制机制。同时，国务院随《意见》一并印发了《长江经济带综合立体交通走廊规划（2014—2020年）》，计划到2020年，在长江经济带建成横贯东西、沟通南北、通江达海、便捷高效的综合立体交通走廊。

2016年3月25日，中共中央政治局印发《长江经济带发展规划纲要》[②]（以下简称《规划纲要》），标志着长江经济带战略布局转型升级的正式启动。《规划纲要》将大力保护生态环境放在首位，指出要保护和修复长江生态环境，同时提出生态质量全面改善治理两步走战略，即"到2020年，生态明显改善；到2030年，水环境和生态质量全面改善"，目标清晰，方案明确，为下一步长江经济带发展定下主基调。该《规划纲要》是推动长江经济带发展重大国家战略的纲领性文件。

（二）环境污染防治和修复相关政策

中央及国务院高度重视长江经济带沿线环境污染防治和修复的相关工作，自2016年开始，相继出台并部署了一系列政策和工作，旨在从顶层设计的角度部署和引导各省市开展环境污染防治和修复工作。2016年4月，国务院批准在全国范围内选取重点地区开

[①] 中国政府网：《关于依托黄金水道推动长江经济带发展的指导意见》，http://www.gov.cn/xinwen/2014-09/25/content_2756090.htm，2014年9月25日。

[②] 中国政府网：《长江经济带发展规划纲要》，http://www.gov.cn/xinwen/2016-09/12/content_5107501.htm，2016年9月12日。

展生态环境损害赔偿制度改革试点。在综合考虑地域、经济发展阶段和生态环境质量现状等因素差异性的基础上，选择吉林、江苏、山东、湖南、重庆、贵州、云南等7省市作为首批试点省开展相应的制度改革。这些试点绝大部分处在长江经济带范围内，通过开展试点工作，将为国家生态环境损害赔偿制度的建立提供经验借鉴和成功模式，改革成效显著的地区经验将在全国范围内进行推广。

流域生态环境保护亟须建立完善生态环境保护补偿机制。为此，2016年5月13日，国务院发布的《关于健全生态保护补偿机制的意见》明确将在全国范围内推进七个方面的体制机制创新，包括建立稳定投入机制、完善重点生态区域补偿机制、推进横向生态保护补偿、健全配套制度体系、创新政策协同机制、结合生态保护补偿推进精准扶贫工作、推进相关法制建设等。这可以作为建立流域生态补偿机制的依据，从中央层面推进各省市进行制度创新和实践，并督促和落实生态补偿工作在各省市顺利开展。

为进一步引导长江经济带各省市开展生态环境保护工作，2017年7月13日，国家环境保护部、国家发展和改革委员会、国家水利部等联合印发《长江经济带生态环境保护规划》（环规财〔2017〕88号），旨在切实保护和改善长江生态环境。其以"生态优先，绿色发展"的基本原则为遵循；以严守"资源利用上线、生态保护红线、环境质量底线"三线为纲；推进了长江经济带生态环境保护从末端治理到全过程治理，从传统环境管理到精准环境监管，从条块保护到系统保护等五项转变，是对"共抓大保护，不搞大开发"重要精神的落实。

水污染治理是长江经济带生态环境保护的重点，2017年10月19日，国家环境保护部、国家发展和改革委员会、国家水利部等又联合发布《重点流域水污染防治规划（2016—2020年）》，提出到2020年，长江、黄河、珠江、松花江、淮河、海河、辽河七大重点流域水质优良（达到或优于Ⅲ类）比例总体达到70%以上，劣Ⅴ类比例控制在5%以下。明确了各流域污染防治重点方向和京津冀区域、长江经济带水环境保护重点，并提出了工业污染防治、城镇生活污染防治、农业农村污染防治、流域水生态保护、饮用水水源环境安全保障五项重点任务。

（三）工业发展方式和产业转型升级相关政策

长江经济带生态保护离不开经济发展方式的转变，主要是工业发展方式的转变和相关产业转型升级。为此，2016年3月9日，国家发展改革委、科技部、工业和信息化部联合发布《长江经济带创新驱动产业转型升级方案》，主要包括五项重点任务：增强长江经济带的创新能力、打造工业新优势、壮大现代服务业、促进农业现代化和优化产业布局。计划到2020年，长江经济带在创新能力、产业结构、经济发展等方面取得突破性进展。从整体上对长江经济带产业转型升级进行了谋划，为长江经济带沿线各省市产业转型指明了方向，可有效引导各省市进一步转变工业发展方式，优化产业布局。

合理规划和调整长江经济带产业园区是优化沿江产业布局的主要手段之一。2016年5月25日，国家发改委发布《关于建设长江经济带国家级转型升级示范开发区的通知》（发改外资〔2016〕1111号），通过确定苏州工业园区等33个开发区为转型升级示范开发区，以生态优先、转变发展方式、创新体制机制为导向，在示范区建设过程中探索绿色发展、创新驱动发展、产业升级、开放合作、深化改革等方面的经验和方式，为长江经济带其他地区提供样板和成功模式。

转变工业发展方式和进行产业转型升级的最终目标是实现绿色发展，彻底摆脱工业污染环境的"旧模式"。2017年7月27日，国家工信部联合国家发改委、科技部、财政部和环保部等发布《关于加强长江经济带工业绿色发展的指导意见》（工信部联节

〔2017〕178号）。主要包括优化长江经济带的工业布局、调整产业结构、推进传统制造业绿色化改造、加强工业节水和污染防治等方面。一起印发的还有《长江经济带11省市危险化学品搬迁改造重点项目》和《长江经济带产业转移指南》。

二 长江经济带中央政策执行及其效果

实践活动往往能决定着政策目标能否实现、实现的程度和范围。政策的完善在一定程度上需要实践来推动，同时实践也是新政策的重要依据。针对中央及各部委出台的上述战略性政策，我们还需要通过政策实施及实践活动来科学判断其适用性和有效性。具体而言，可从以下几个方面考察政策执行情况：

（一）长江大保护理念的传播

及时的新闻报道、公开透明的信息传递、正确的舆论导向是生态环境保护理念传播的有力抓手，多途径多角度的开展生态保护舆论宣传能促进和发动社会群体参与保护的积极性，同时也是人民监督的有效途径。现如今，绝大多数民众对于生态环境保护的参与是被动的，只有当危害到自身健康利益的时候，大家才会关注。这也反映出环境污染的特殊性，以环境问题发生类型来看，一类是持续潜在的环境污染，一类是突发性的环境污染事件。由于突发性的环境事件一般会在短时间内造成局部地区大规模污染，会引起人民群众高度关注，问题也能在相对较短的时间内得到解决。危害更大的是前一种持续潜在的环境污染，许多污染不易发现，但后果却十分严重，它们会长期危害人们的健康且不易消除。这类污染往往会产生"温水煮青蛙"效应，普通群众如果没有一定的生态知识和环保维权意识，发现并解决这类污染的可能性就大打折扣。当然，政府部门通过制度制定和长期的监测监控起到了杜绝绝大多数污染发生的可能性，但总会有监控漏洞和盲区，污染违法案件层出不穷就是证明。从国内外案例经验及效果来看，对于普通民众和社会群体的环保宣传和舆论监督便可以在很大程度上弥补这一漏洞。

近年来,在中央政策指导下,国家各部委和长江沿线各省市纷纷开展了一系列长江生态环保宣传和政策实践活动。大致来看,可以归为四类:

一是以国内权威媒体和地方媒体为主要力量,开展和发掘长江自然环境之美的系列报道。对于美的宣传能够激发大众爱护自然的积极性,通过镜头挖掘长江流域文化之美、生态之美、发展之美和建设之美,展现在观众面前的是自然环境美的一面,进而呼吁和提倡民众爱护和保护环境。例如,中宣部组织开展了"大江奔流——来自长江经济带的报道"系列活动,人民日报社推出系列评论"让中华民族母亲河永葆生机",中央网信办、生态环境部主办的"美丽中国长江行——共舞长江经济带(生态篇)"网络主题活动,民盟中央美术院开展"生态长江,大美三峡"采风活动以及光明日报社开设"长江经济带:新生态,新景观"栏目。

以上系列宣传报道全面展示了长江生态文明建设新的美丽画卷,更重要的是通过新媒体、网络自媒体、话题互动参与、线下活动等,在长江沿线各省市甚至是全国都吸引了众多民众参与,受众群体中不乏少年儿童,通过观看节目甚至参与活动,在长江边种下一棵树,也在他们心中埋下了一粒爱护自然的种子。据"美丽中国长江行(生态篇)"网站统计,此次活动由长江经济带沿线11省市网信办承办,有人民网、新华网、央视网和上游新闻、中国江苏网等60余家中央新闻网站及11省市重点新闻网站共同参与,由于长江主题活动鲜明,报道力量充实,以各类文字、图片、视频、短视频、直播、VR、H5等报道高达1075篇。这些活动聚焦和展现长江经济带生态文明建设亮点,有利于提高社会公众的环境保护意识。

二是以各省市为主力,开展形式多样的长江保护主题活动。长江经济带各省市结合地区特色和资源特点纷纷开展了形式多样的主题活动,例如,长江沿线城市在每年10月24日国际淡水豚日开展以"保护江豚"为主题的公益活动;在上海,由长江会、荔枝等企业联合科学家共同发起"问长江"跨界公益实践活动,开展生态科学知识普及,汇聚科学家和企业家的共同力量呼吁长江大保护;武汉、南京等多地市开展长江大保护主题"快闪"公益活动,以年轻人乐于接受的和感兴趣的方式传达对长江的敬畏之情;湖北、重庆等多地市由法律工作者组成的公益诉讼志愿者,开展了环保法律援助活动,在长江大保护中发挥强有力的社会监督作用。湖北一年立案的公益诉讼达1472件,督促恢复治理被污染水域面积达6.3万余亩。

三是利用论坛和会议的形式扩大长江大保护参与的层次和范围。中央部委及各省市充分利用论坛的形式开展生态环境保护交流。例如,水利部主办的"2018长江保护与发展论坛",与会的各级政府部门负责人与相关学者、专家从各个角度为推进长江经济带战略发展和长江生态环境大保护建言献策。该论坛也促成了民进中央和全国政协人口资源环境委员会、水利部长江水利委员会、世界自然基金会(WWF)、中国水利学会等各界协同合作。中国农业农村部和湖北省政府联合生态环境部、交通运输部、水利部、国家林草局以及沿长江流域的各省市政府、企业和国际组织共同发起在武汉举办的"长江生物资源保护论坛",旨在就水生态环境和水生物资源热点和难点问题充分讨论,并发布了《保护生命长江武汉宣言》,对于推动生物多样性及动植物资源保护具有重要意义。贵州举办了十届"生态文明贵阳国际会议和生态文明贵阳国际论坛",重点建立以生态文明为主题的国际交流合作,提高和扩大了国际参与长江保护的范围等。可见,通过论坛交流的形式既宣传扩大了参与长江保护的交流层次,又扩大了参与保护的人员和范围。

四是以文化作品创作传播长江大保护理念。通过文化作品的创作传播生态自然之美,发掘长江历史文化,以更加"润物细无声"的方式带给广大民众潜移默化的爱护自然、维护自然之美的环保理念,也更能激发起当地人热爱家乡的情怀,进而保护家乡之美,珍惜家乡自然资源。例如,湖北省文化部门引导全省各地市文化部门围绕"江河生态发展"主题进行剧目文化创作,目前已推出10余部。包括京剧《梁子湖传说》、豫剧小戏《丹霞情》等。中国邮政集团公司发行纪念邮票《长江经济带》(2018),通过美术作品和纪念邮票方式相结合,以共抓大保护、综合立体交通走廊、产业转型升级、新型城镇化、开放新格局、区域协调发展6个主题为一套的特种邮票促进了长江沿岸美景和长江经济带国家战略的普及宣传和推广。江苏省张家港市举办长江文化艺术节(2013),以寻找长江文化的十个符号为主题举办微电影大赛,以电影传媒的视角展现长江文化中吴越文化的历史之美,以创新的形式鼓励网民、青年导演和文化工作者参与活动。中国画学会召集全国50多位优秀的美术家,历时1年经过了草稿、小稿、采风、中稿到大稿的流程,创作完成200米长卷《长江万里图》,描绘了千古不变的锦绣江川与时俱进的时代特征,通过美术作品的形式既传承了我国传统美术文化技法创作,又使人们感受到时代的进步,长江自然景色与沿岸现代化城市的细节在画中一览无余。

以上实践案例都展现了长江生态保护可以形式多样,通过其他工具、手段、方式和方法传播环保理念,长江大保护也可以以更生动、更贴近人们生活的方式展开,而不只是冰冷的制度和格式化的文件,它可以更温暖,也可以更自由。可见,类似宣传实践活动在促进长江生态保护政策的创新和完善的同时,还有利于还弥补制度的"死角"。

(二)"共抓大保护、不搞大开发"的行动实践

结合长江经济带战略,国家各部委、各省市地方政府出台了一系列要求长江生态环境保护"形成更加有效的上下游联动保护机

制"的政策文件和规章制度,在很大程度上激发了全流域形成"共抓大保护、不搞大开发"的实际局面。与此同时,长江流域的生态环境保护格局以及流域沿线各省市积极融入和参与共保共治的实践活动也如火如荼地开展起来。从合作的主体来看,主要是中央和地方相关部门之间、省市各地方之间、政府和社会之间的合作与互动。具体如下:

1. 中央和地方共保共治实践

中央和长江流域各省市之间在近年来展开了一系列对于长江流域生态环境的共保共治实践,具体如下:

一是开展由中央财政和地方财政共同负担的一系列涉及生态环境保护的重点工程。各省市根据国务院发布的长江经济带发展规划和指导意见,联合各部门协同实施了长江上游水土保持重点防治工程、三峡水库周边绿化带建设、长江防护林体系建设、退耕还林等重点工程。财政部、环境保护部、国家发改委和水利部启动长江经济带生态修复奖励政策,2020年,中央财政安排共计180亿元促进全流域形成共抓大保护的格局。湖南省在中央财政支持下开展了对湘江流域重金属污染治理,5年内共投资了64亿元。苏浙沪三地开展了对太浦河水质监测、资源保护和应急管理等方面的省级联防联控,开展了多次联合执法行动。生态环境部联合11省市开展饮用水水源地环境保护执法专项行动,于2018年年底全面完成了县级以上城市水源地环境保护的专项整治等。

二是具有相同或相关职能的各级部门通过协同合作开展了一系列卓有成效的保护与治理行动。生态环境保护主管部门根据十九大精神出台了生态环境保护相关文件和要求。依据这些新的政策文件,相关职能部门开展了有力行动,有效约束了环境污染责任主体,初步形成了震慑环境违法行为的氛围。例如,水利部长江委与环境保护部华东环保督查中心、西南督查中心等对长江上中下游展开联合督查行动。又如重庆市环保部门联合法院、检察、公安等系统在环保案件的移送和联合处置、信息共享、紧急案件联合处置、重大案件会商督办联动机制下，开展了多项专项行动。再如湖北省环保厅联合宣传部、省直主要媒体记者组成暗访组，行程1万多公里，对湖北省长江流域沿线8个市（州）30个区县142个乡镇环保情况进行现场踏勘和查处等。

2. 省市地方之间共保共治

考虑到流域的整体性和流动性，长江的生态保护需要各地方之间开展协同治理。近几年，长江经济带11省市根据自己所处的区域，与上下游邻近省市共同开展了对长江的共保共治。例如重庆各级环保部门分别与四川、贵州、湖北、湖南等地域相邻、流域相同的省市、区县签订了《共同预防和处置突发环境事件框架协议》《长江三峡库区及其上游流域跨省界水质预警及应急联动川渝合作协议》《共同加强嘉陵江渠江流域水污染防治及应对突发环境事件框架协议》等。又如四川省与云南、西藏、重庆、甘肃、陕西、贵州6省市共同确定跨省界水体水质监测断面具体位置并进行联合监测等。再如湖北、江西和湖南中游三省签署协议，关于建立长江中游地区省际协商合作机制，形成了"1+3"合作机制，通过合作机制，有了主题采访"大江奔流——来自长江经济带的报道"系列活动，在长江客轮上组织"夜话长江"访谈活动，还有了《长江中游湖泊保护与生态修复联合宣言》等。

3. 政府和社会的共保共治

除了上述政府层面的协同合作以外，政府和社会之间也开展了长江共保共治的实践活动。政府加强与社会方面的合作有助于政策推进，也可以更好地利用民间资本，正确引导社会公益组织、环保志愿者，有利于促成全社会参与的环保氛围。例如浙江省环保厅联合阿里巴巴基金会和500余个民间环保机构代表组织会议，交流探讨中国水环境保护议题。通过会议召开，吸引了阿里巴巴在内的众多民间机构融资，资金用于推动和发展环保事业，并开展了多项具体的环保计划行动。又如湖南省政府招募社会环保志愿者参与环保监督工作，长沙市招募市民担任河长，以群众身份宣传和监督河流环境。再如重庆市建立了环境地理信息平台，与相关高校科研单位合作利用GIS技术监督环境污染问题。还比如湖北省招募退休干部巡堤监督工作，群众参与热情度高，退休人员利用锻炼身体的同时监督河道环境，市民真心把城市环境当成"自家小院"的情绪溢于言表。

以上种种共保共治的实践活动在很大程度上培育了全社会保护生态环境的"主人翁"意识。无论是政府部门之间的合作，还是政府与社会群众之间的合作，都使人们普遍意识到自然环境保护，特别是长江的保护是大家共同的责任和义务，不是单纯的政府责任或某个部门、某个群体的责任。因此，通过普遍的环境道德品质的提升，在我国这样有着悠久道德约束传统的国家是具有积极作用的。

（三）长江经济带生态环境治理行动

根据国家和省市地方政府政策要求，各部门和各地方近年来的自然环境保护和生态污染治理实际行动，有效遏制了环境继续恶化的可能。尽管长江大保护形势依然严峻，但这些治理实践还是为长江大保护提供了宝贵的经验和探索。在总结这些实践的过程中，我们尽可能注重点线面的结合，避免以偏概全、以管窥豹。但由于全面收集材料的难度，这里只能以举例的方式展现各地市相同类型的实践活动。从形式上来讲，可以分为以植树造林为主的长期生态环境营造和改善行动、以专项行动为主的集中治理和污染防治行动、以建立生态保护示范园区为主的政策试验行动和以生态补偿机制为主的多样投融资行动。

1. 以植树造林为主的长期生态环境营造和改善行动

水土流失是长江生态保护面临的重要问题，其主要形成的原因有毁林开荒、山坡开垦、过度放牧、盲目开垦耕地和不当开发建设等。水土流失的危害性极大，不仅使土地肥力下降，打破生态系统平衡，导致河道淤积，甚至还影响水质。长江流域水土流失问题严重，自20世纪50年代以来，长江流域发生大大小小的洪涝灾害引起中央政府对于水土流失问题的高度重视。上游区域各省市纷纷开展植树造林和退耕还林行动。四川省更是率先在全省范围内禁止砍伐天然林，以植树造林为主的天保工程在过去20年来累计投入资金430亿元（包括中央和地方），初步形成了健康的林业体系，其生态环境价值不可估量。云南省丽江村民半个世纪以来在江边共种植了350多万棵柳树，在群众的坚守下，云南省水土流失率大大降低。

另外，多个省市开展实施长江沿线坡岸绿化工程。长江自西向东流经众多城市，沿线多个城市纷纷开展了美化城市河道治理行动。如云南昆明在主城及环湖建成了5722公里市政排水管网、96公里环湖截污干（管）渠、17座雨污调蓄池和22座城市污水处理厂，杜绝了污水直排河道源头。江西庐山市通过"四三三"工程，着力打造鄱阳湖最美岸线，将鄱阳湖打造成了城市生态"绿色"区域。安徽合肥围绕巢湖打造围湖绿化工程，为合肥规划建设海绵城市迈出绿色步伐。江西九江通过关停矿山183家，共拆除码头76座、泊位85个，整合小码头86座，腾出岸线7500多米，进行岸线复绿约3400亩。上海宝山区的炮台湾湿地公园如今景色如画，使人都猜不到此处原来是钢渣废灰，直到湿地植被取代了之前的钢渣堆山才有了如此景色。

以植树造林、绿化城市等方式进行生态环境的营造和改善是具有长期效果的，无论是森林资源的保护，还是生态城市的建设，植被绿化都是基础的生态环境建设。其产生的效益也是长期的，只有坚定的政策和一代又一代人不懈的努力才能达成。

2. 以专项行动为主的集中治理和污染防治行动

从国家相关部委以及各地市陆续出台的以河道污染治理为主线

的专项整治行动近年来力度逐渐加大。长江流域各省市纷纷配合和落实有关政策，集中治理一批长期被环境污染严重的水体。例如云南昆明整治滇池富营养化取得了积极的成效，并将治理行动制度化、长期化，被整治后的滇池生态优美，成为昆明城市旅游热门景点。又如2017年长江水利委员会联合各省市开展对于流域入河排污口的现场核查、水质监测专项行动，对流域15个省150个地级市887个区县8800处入河排污口进行核查，对入河排污口建立了档案和名录共计8052个。有效治理了长江水质污染源头问题。近年来长江水质普遍向好说明专项整治行动取得了一定成效。据国家审计署2018年6月发布公告，2017年长江流域主要污染物排放情况相较2016年有明显减少。

再比如四川省大力开展了劣Ⅴ类断面整治、重点小流域整治、琼江流域攻坚、城市黑臭水体治理等14个专项行动。云南省针对金沙江流域开展专项监督行动，集中接受群众举报，通过立案处理，金沙江流域得到了应有的法律监管和保护，整体水质在短时间内取得明显提升。湖北省2018年集中开展了一批力度大、强度高的治污"战役"，重点围绕沿江化工企业关改搬转、城市黑臭水体整治、农业面源污染整治、长江干线非法码头整治等，短期内也取得了积极的成效。又如长江下游浙江省开展环保"811"专项行动，通过环保行动、生态浙江建设行动和美丽浙江建设行动等主题专项活动的开展，在实现制度创新和污染控制等方面达到了预期目标。

诸如此类专项环境整治行动具有见效快、力度大等显著特点，进一步将专项行动制度化、常态化是今后政策制定的重点。通过定期和不定期的检查督导确保专项行动能达到应有的效果和目标。更重要的是通过专项行动的打击，要永久性的取缔或限制高耗能、高污染企业继续恶化环境。让污染不再如野草烧不尽一般死灰复燃是专项行动更长远、更实际的目标。

3. 以生态保护示范园区建立为主的政策试验行动

建立生态化的示范园区可以为城市绿色发展提供助力，完善和发展生态文明建设体系。长江经济带战略实施以来，各省市积极主动地申报和建设绿色发展示范区，2018年2月国家推动长江经济带发展领导小组会议明确了武汉、九江、崇明岛为长江经济带绿色发展示范区。

武汉近年来紧抓生态保护和修复，开展了一系列城市绿色发展的措施和行动。如武汉青山区江滩建成长50公里绿色滨水空间，凭借武汉市长江堤防江滩综合整治工程—武青堤段的方案设计和实施获得2017年C40[①]颁发的"城市的未来"奖项。武汉戴家湖公园获中国人居环境范例奖，武汉青山江滩二期成为湖北省首个"海绵"江滩等。另外，武汉市政府将东湖进行绿化改造，建成了"东湖绿心"，围绕东湖打造了百余里长的世界级城市绿道体系，新改建各类公园81座，植树造林4.5万亩，建设绿地1.3万亩。同时，武汉市还充分利用大数据、无人机等监督方式，不断完善固体废弃物管理制度，构建固体废弃物管理长效机制。

九江同样通过一系列岸线复绿工程，建设起了数量可观的沿江绿色生态廊道供市民或游客休闲游憩。开展专项污染环境治理行动，建立严格规章制度，杜绝引进小化工和煤化工企业生产，并在沿江1公里范围内清除污染企业，实施三年出清计划。推进岸线码头治理工作和污染水体质量提升工程，全面消灭劣Ⅴ类水，使城市水更清、岸更绿、环境更优美、城市更生态。

著名的生态岛屿崇明岛由于其独特的地理环境，成为我国生态岛屿建设的一大亮点区域。崇明岛位于长江三角洲，是我国第三大岛屿，归上海和江苏共有，面积为1200.68平方公里，人口约

[①] C40城市集团是一个致力于应对气候变化的国际城市联合组织，包括中国、美国、加拿大、英国、法国、德国、日本、韩国、澳大利亚等国城市成员。

82.15万，岛上地势十分平坦，自然环境优美，土地肥沃。由于是冲积岛屿，崇明岛受到长江泥沙的持续堆积，大约以每年5平方公里的速度扩张，预计50年后与江苏接壤。崇明岛历史上被朱元璋命名为东海瀛洲（仙境），可见自古这里便拥有神秘而又美丽的自然环境。崇明岛绝大部分属于上海，经上海市政府的统一规划，不断地进行生态环境建设和产业规划。如今，崇明岛已发展成集生态、旅游、海洋经济、健康服务、文化体育和会展商务为一体的城市示范区。同时，优美的生态环境吸引大量候鸟栖息于此。岛上还分布约4500亩的湿地，被建成西沙湿地公园进行保护。由于土地肥沃，岛上也大力开发生态农业，发展农家乐等休闲旅游产业。崇明岛示范区的建设可以更多地为长江经济带其他城市生态保护和经济转型发展提供经验，优美的自然资源既是城市的亮点，也可以发展和带动城市及地区经济，可谓是一举两得。

上述建立生态保护示范园区的方式的主要优势在于：一是利用示范园区推动城市绿化改造，在生态治理工程项目的设计、审批、融资、实施等各个阶段可以最快的速度、最简洁的方式完成；二是可以获得更多的政策试验和制度探索机会，通过示范区的建设，发掘不同方式的环保体制机制，既可以完善和调整政策，也可以为其他城市提供发展经验及模式；三是通过审批和建立示范区，可以使城市之间具有生态竞争意识，开拓地方发展思维和转变观念，竞争带来的是更多的城市生态环境的提升，使经济GDP政绩观转为绿色GDP政绩观。

4. 以生态补偿机制为主的多样投融资行动

长江的生态保护和治理需要大量的资金支持，各省市纷纷探索开展多元化的投融资模式。从长江经济带11个省市的固定资产投资来看，2018年，11个省市共实现固定资产投资31.55万亿元，其中针对生态环境和公共设施的投资累计4.6万亿元，平均投资增速11%。2019年，若按过去一年投资的平均增速来估算，11个省市生态环境和公共设施累计投资需求约为 5.1 万亿元；如按过去三年投资的平均增速来估算，2019 年 11 个省市生态环境和公共设施投资融资总需求将达到 5.8 万亿元，可见投资需求旺盛。

无论是中央政府，还是地方政府，近年来开展了多种方式的以拓展生态环境保护资金投融资渠道为主的行动和尝试。如国家开发银行给予各省市生态环境保护贷款，截至 2018 年 4 月，生态环境保护贷款余额达 3.66 万亿元。国开行还与地方政府共同探索以调动和引导社会资本融入长江大保护的方式，主要推动以不增加政府财政负担的方式进行投融资模式，如引入 PPP 模式、建立民间资本环保基金和对外投融资基金等。

与此同时，各省市在流域协同治理中还积极探索横向生态补偿机制，加大被污染省市环保资金的来源和数量。例如 2016 年年底，国家发改委和水利部发布《关于加快建立流域上下游横向生态保护补偿机制的指导意见》。各省市积极开展生态补偿机制的试验和探索，武汉通过组织对跨区断面水质考核奖惩的方式，建立了奖罚分明的考核机制和补偿机制，扩展了环保资金的来源。重庆也在龙溪河、璧南河等 19 条流域沿线区县建立横向补偿机制，各区县签订协议，以水质达标为标准进行补偿判别，补偿标准为每月 100 元。又如湖北建立通顺河、黄柏河、天门河、梁子湖、陆水河等 5 个流域及相关 20 个县市区生态保护补偿试点工程等。

以上诸多实践体现了长江经济带各省市在生态保护投融资机制上作出的种种努力和探索。值得指出的是，如果环境保护政策能够利用市场的力量进行调节和管理将会大大降低政府管制的负担。利用市场调节作用的环境政策已被美国、欧盟等发达国家和地区证明是有效的。通过市场信号来刺激行为人的动机，而不是通过明确的环境控制标准和条款来约束人们的行为，可以使得企业在追求各自利益的同时实现环境政策目标，从而取得社会公共效益。如可交易许可证制度、污染收费制度以及押金返还制度等便是借助市场的力量进行环境保护。虽然我国在这方面的政策和实践的效果是否显著还有待证明，但以政府管控为主体，探索以市场调节为手段的生态保护体制机制是值得借鉴的。因为它遵循了环境污染治理的特性，也符合生态环境系统的一般规律，即整体性和相互关联性。此外，市场调节可以有效提高企业或工厂进行设备环保改造和控制污染排放的积极性和主动性。就长江生态环境保护而言，可以逐步建立以政府管控为主，市场调节为辅的良性体制机制。

第二节　长江经济带省级层面政策及其实施

一　长江经济带省级层面政策行动

对比各省市出台的与长江经济带相关的政策，有共性的地方，也有各省市根据自身地区发展特点和资源环境情况制定符合本省实际的政策。考虑落实国家层面政策及流域整体性的特点，长江经济带省级层面政策行动主要包括以下五个方面：

（一）结合中央相关政策，各省市通过建章立制为生态环境保护提供制度保障

长江经济带11省市在结合中央政策的基础上，结合各自地区特点和优势，通过建章立制为长江经济带发展与保护提供有力的制度保障。

1. 根据中央精神制定地区发展规划。长江经济带各省市在遵循《长江经济带发展规划纲要》的基础上，纷纷制定专项发展规划，如湖北省在全国率先编制《湖北省长江经济带生态保护和绿色发展规划》、江苏省编制出台《江苏省长江经济带综合立体交通运输走廊规划（2018—2035）》、四川省2017年发布《四川省长江经济带发展实施规划》等。

2. 根据中央精神制定地方性法规。党的十八大以来，党中央、国务院对长江生态的保护非常重视，对长江经济带的发展多次提

出要求，并做了战略部署和长远规划。在此背景下，各省市立足实际，根据中央精神纷纷制定地方性法规。例如，自2014年开始，湖北省根据中央精神先后出台了《湖北省水污染防治条例》《关于农作物秸秆露天禁烧和综合利用的决定》《湖北省土壤污染防治条例》《关于大力推进长江经济带生态保护和绿色发展的决定》等；2016年，贵州省制定并印发了《贵州省各级党委政府及相关职能部门生态环境保护责任划分规定（试行）》；2018年，江苏省出台了《江苏省长江水污染防治条例》。

3. 根据中央精神制定地方性规章。例如，根据中央全面深化改革领导小组第28次会议审议通过的《关于全面推行河长制的意见》，各省市分别制定了相应的工作方案，如《贵州省全面推行河长制总体工作方案》《四川省贯彻落实〈关于全面推行河长制的意见〉实施方案》等。又如，《贵州省生态文明体制改革实施方案》《湖北省生态文明建设示范区（湖北省环境保护模范城市）管理规程（试行）》《湖南省生态文明体制改革实施方案（2014—2020年）》《浙江省生态文明体制改革总体方案》等。

另外，根据国家相关部委要求，各省市出台结合地方情况的具体实施办法和管理办法。如江西省出台《江西省流域生态补偿办法（试行）》、贵州省出台《推行环境污染第三方治理实施意见》、江西省出台《国家技术标准创新基地（江西绿色生态）2018年行动计划》、上海市出台《上海市水污染防治行动计划实施方案考核规定（试行）》等。

（二）以建设生态文明先行示范区为先导引领长江生态环境保护工作

长江经济带的保护工作优先在生态文明先行示范区中开展起来，2014年6月，在国家发改委等六个部门联合公布的第一批生态文明先行示范区建设地区名单（共计57个）中，长江经济带有20个地区入选[1], 江西、贵州、云南三省的全部范围均被列为生态文明先行示范区。2015年12月，在第二批生态文明先行示范区建设地区名单（共计45个地区）中，长江经济带有13个地区入选[2]。2016年8月，中共中央办公厅、国务院办公厅印发《关于设立统一规范的国家生态文明试验区的意见》，福建、江西和贵州三省作为生态基础较好、资源环境承载能力较强的地区，被纳入首批统一规范的国家生态文明试验区，探索形成可在全国复制推广的成功经验。

在建设生态文明先行示范区的基础上，各省市通过制定相应政策措施引导长江保护工作的有效开展。如四川在全国率先启动省内环保督察制度；成都以国家生态文明先行示范区建设为统揽，深入实施"生态文明建设2025规划"和"美丽成都行动"；江西实施全流域生态补偿，全面推行"河长制"，率先完成生态空间保护红线的划定；江苏在全国率先开展省级环保综合改革，将企业环保信用与差别化水价、电价挂钩。

（三）以重点工程和行动计划为抓手强化生态环境保护

长江经济带各省市纷纷开展生态环境保护重点工程以及治理生态环境的行动计划等。例如，重庆实施"蓝天行动""碧水行动""宁静行动""绿地行动"和"田园行动"等环保五大行动；云南启动了"七彩云南"保护行动，实施了"森林云南"建设、牛栏江—滇池补水工程；湖北开展"长江经济带绿色发展十大战略性举措"，涉及58个重大事项、91个重大项目，总投资1.3万亿元；湖南省启动"生态环境保护三年行动计划"等。

---

[1] 第一批国家生态文明先行示范区建设地区（涉及长江经济带20个地区）：上海市闵行区、崇明县，江苏省镇江市、淮河流域重点区域，浙江省杭州市、丽水市，安徽省巢湖流域、黄山市，江西省，湖北省十堰市、宜昌市，湖南省湘江源头区域、武陵山片区，重庆市渝东南武陵山区、渝东北三峡库区，四川省成都市、雅安市，贵州省，云南省。

[2] 第二批国家生态文明先行示范区建设地区（涉及长江经济带13个地区）：上海市青浦区，江苏省南京市、南通市，浙江省宁波市，安徽省宣城市、蚌埠市，湖北省黄石市、荆州市，湖南省衡阳市、宁乡县，重庆市大娄山生态屏障（重庆片区），四川省川西北地区、嘉陵江流域。

（四）积极推动区域协作形成生态环境保护合力

长江经济带各省市近年来在推进生态环境保护区域协作方面进行了一系列的实践，尤其在流域生态补偿方面，省内或跨省生态补偿实践均取得了良好的进展。省内的生态补偿机制实践如江苏省全流域生态补偿机制的建立，从2007年开始，江苏太湖流域开始按水污染物通量进行上下流域的区域补偿，2010年开始，江苏通榆河流域开始按照水环境质量进行上下流域区域补偿，2014年至今，江苏全省全流域开始按照水质目标改善进行双向补偿；跨省的生态补偿机制实践如安徽与浙江推进实施新安江流域横向生态补偿机制，自2012年以来，在国家财政部和原环境保护部的指导下，两省联合开展了新安江流域上下游横向生态补偿两轮试点，取得了良好成果，该模式已在全国多个流域推广。

此外，长江经济带其他省市也积极推进生态环境保护区域协作机制的建立。如2014年1月，由国家部委和长三角地区共同推进的长三角区域大气污染防治协作机制正式启动，通过三省一市联防联控治理大气污染。同年11月，长江沿岸中心城市经济协调会第16届市长联席会议召开，参会的城市代表通过研究达成了《长江流域环境联防联治合作协议》，通过城市间的区域协作探索建立保护长江流域生态环境的新机制。

（五）通过推进产业转型升级，推动经济高质量发展

作为后工业经济（工业4.0）的本质特征，数字经济是信息经济—知识经济—智慧经济的核心要素，可望成为经济转型升级的新动能。近年来各省市纷纷重视数字经济发展，不断提升经济发展的质量。如贵州发布《数字经济发展规划（2017—2020年）》，提出建立"四型"数字经济（资源型、技术型、融合型和服务型），2017年，贵州大数据企业共有约8900家，数字产业规模超过1100亿元，数字经济增速显著提升。又如长江下游

如江苏实施企业制造装备升级和互联网化提升计划，通过将制造业与互联网技术进行深度融合，从而提升传统制造企业数字化能力。安徽也通过创建智能制造示范区，积极建设数字化车间和智能工厂。

此外，自主创新也是产业转型升级的重要手段。长江经济带各省市大力实施产业创新驱动战略，自主创新能力显著提升。如湖南近年来实施高新技术引领产业转型升级，多项重大创新成果（超高速轨道交通、超级杂交稻、超级计算机）领跑世界，自主创新的"长株潭现象"受到全国瞩目。安徽作为中部地区省份，凭借"左右逢源"的独特优势，在融入长三角区域一体化进程中，重点选择"创新+产业"之路，推进长三角科技创新共同体建设，自主创新水平不断提高，经济发展质量显著提升。

总体而言，长江经济带各省市积极进行产业转型升级和高质量发展的经验表明，一方面强调保护环境并不意味着不发展经济，产业的转型升级可以加快产业由制造型向创新型提升，同时还减少低端产业链对环境的污染。另一方面，环境的改善和治理需要科技的支撑，而高新科技的实现又来自于科技的产业化和商品化。再好的科技如果没有被市场认可也只是"纸上谈兵"，产业的成功转型才是经济社会生态高质量发展的标志。

二 长江经济带省级层面政策行动特点

从政策制定的层次上看，国家政策为顶层设计，省级政策起到承上启下的作用。根据国家层面长江经济带政策目标的设计，长江经济带具有六大核心任务[①]，即生态环境保护、综合立体交通走

---

① 中共中央政治局于2016年3月25日审议通过《长江经济带发展规划纲要》。纲要从规划背景、总体要求、大力保护长江生态环境、加快构建综合立体交通走廊、创新驱动产业转型升级、积极推进新型城镇化、努力构建全方位开放新格局、创新区域协调发展体制机制、保障措施等方面描绘了长江经济带发展的宏伟蓝图，是推动长江经济带发展重大国家战略的纲领性文件。

廊建设、创新驱动产业转型升级、新型城镇化建设、全方位开放新格局构建和区域协调发展体制机制创新。省级层面政策制定应围绕这六大核心任务目标制定和设计长江经济带发展与保护政策。通过表6-1可以看出，各省市在长江经济带生态环境保护目标任务及措施上具有相同的地方，同时也由于区域特点的不同和面临问题的不同而有所区别。

表6-1　　长江经济带11省市生态环境建设目标及措施

省（市）	目标及措施
重庆	1. 着力构筑长江上游生态安全屏障，重点实施"碧水、蓝天、田园、宁静、绿地"五大行动，确保三峡库区水质总体保持稳定，促进产业发展生态化、生态经济产业化，生态环境质量持续改善，生态系统稳定性显著增强，生态安全得到有效保障；2. 加强饮用水水源地保护；3. 全面推进沿江环境污染防治；4. 保育和修复流域生态系统；5. 构建生态环境风险防控体系；6. 加强沿江岸线资源保护和有序利用
上海	1. 落实最严格水资源管理制度；2. 研究制定《上海水资源管理条例》，完善用水总量控制、用水效率控制、水功能区限制纳污、水资源管理责任和考核制度，加快建设节水城市；3. 建设上海市水资源管理信息系统；4. 加强长江口水文站网建设及河口综合研究；5. 加快完成黄浦江上游水源地、连通管和原水支线工程建设；6. 强化水源地风险防控，完成水源保护区内的污染源清拆、纳管和风险企业关闭；7. 强化流动风险源监管，推进长江流域船载危险货物运输信息共享
江苏	1. 精心打造绿色生态廊道；2. 切实保护和科学利用水资源。实施最严格的水资源管理制度。完善考核体系，推进规划水资源论证和建设项目节水评估制度建设，加强水功能区管理；3. 严格控制和治理长江水污染；4. 深入实施"蓝清绿"工程；5. 强化生态保护和修复；6. 促进长江岸线有序开发；7. 提升长江防洪保安能力
安徽	1. 构建皖江绿色生态廊道，以巢湖流域和黄山市国家生态文明先行示范区建设为引领，大力推进生态文明建设，强化水资源保护和合理利用；2. 统筹水资源保护和综合调配利用；3. 强化污染治理与生态保护；4. 促进长江岸线有序开发和保护；5. 推进国家生态文明先行示范区建设
浙江	1. 坚持生态立省、绿色惠民，坚持一切经济活动都以不破坏生态环境为前提，在保护生态的条件下推进发展，实现经济发展与资源环境相适应，走出一条绿色低碳循环发展之路；2. 协同打造绿色生态廊道；3. 加强长江支线航道水环境治理和水资源保护；4. 加强长三角空气污染联防联控；5. 统筹推进生态环境协同保护，推进杭州、宁波、湖州、丽水国家生态文明先行示范区建设，开展国家主体功能区建设试点和省重点生态功能区示范区建设试点，推进开化国家公园体制机制创新试点

第六章　长江经济带发展与保护政策及其实施

续表

省（市）	目标及措施
湖北	1. 建设长江中游生态文明示范带；2. 加强生态保护与建设。依法划定生态保护红线，实施最严格的水资源保护制度，建设水清、地绿、天蓝的"生态湖北"；3. 加强岸线资源科学开发与管理；4. 实施沿江地区绿色发展
湖南	1. 深入学习贯彻习近平总书记关于长江经济带发展战略思想，切实增强生态优先、绿色发展和守护好一江碧水的思想行动自觉；2. 加强生态环境保护和治理修复，坚决打赢污染防治攻坚战，以洞庭湖为中心，以水资源为重点，全面治理"一湖四水"；3. 妥善处理江河湖泊关系；4. 坚定不移走生态优先绿色发展之路，大力推动经济高质量发展；5. 加强组织领导，深入推动长江经济带发展战略实施
江西	1. 以巩固提升江西生态优势为优先任务，加快构筑长江中游生态安全屏障，把保护和修复生态环境摆在首要位置，深入开展生态文明先行示范区建设，严守资源环境生态红线，加大环境保护和建设力度，大力发展绿色经济，健全生态文明制度，打造美丽中国"江西样板"；2. 落实水污染防控措施；3. 推进水污染治理工程建设，推进鄱阳湖等敏感区域和典型流域农业面源污染综合治理示范试点工作；4. 加强水资源管理与保护；5. 推进绿色循环低碳发展；6. 强化生态修复与保护。推进南昌市、鹰潭市环境污染第三方治理试点；7. 推动长江岸线有序利用；8. 完善生态环境协同保护治理机制
四川	1. 构建长江上游生态屏障；2. 强化沿江生态保护与环境治理；3. 加强水资源保护与利用
云南	1. 筑牢长江上游重要的生态安全屏障；2. 加快实施主体功能区战略；3. 切实保护和改善水环境；3. 大力保护和修复水生态；4. 加强水源地保护，提高区域水源涵养能力；5. 加强生态环境协同保护
贵州	1. 建成长江经济带的生态文明建设先行区；2. 按照"打造长江经济带绿色生态新走廊"的要求，进一步强化贵州生态功能地位，扎实推进生态文明建设，筑牢长江上游生态安全屏障；3. 加大生态建设力度

资料来源：笔者根据各省市长江经济带规划或方案整理。

通过文献梳理和实证调查研究分析，归纳出当前各省市出台的长江经济带发展与保护相关政策呈现以下五大特征：

一是涉及长江经济带发展与保护的政策出台时间较为集中。由于长江经济带战略是2014年开始逐渐提升为国家区域发展战略，各省市根据中央发布的长江经济带规划纲要和实施意见等，分别在集中的一段时间出台本省市区划范围内长江经济带的发展与保护政策。主要以落实中央精神和发展方向为原则，从省级层面的角度安排和分配本省市的任务和方针。

二是除个别省市在长江经济带发展与保护中定位明确和发挥积极作用外，沿线各省市虽对于融入长江经济带发展战略普遍比较积极，但大多数地区在融入的方式和途径上政策设计不足，在利用长江经济带发展机遇的手段和方式上较为单一。

三是由于近年来长江经济带生态环境问题较为突出，在长江经济带发展和保护相关政策制定上，保护方面的政策出台相对密集，而发展方面的政策出台略微少一些。因此，可以看出，目前的政策导向基本是在保护中发展，强调保护为主。

四是政策类型多样化，如规划、方案、计划、任务、办法、细则、意见、规定、条例等。基本的政策特点是相似性和雷同性明显，短时间内见效快（"年度任务""三年计划""整顿方案"等），集中性地解决了一批突出生态环境问题。主要特点是多部门联动（政府、省市委办公室、发改、环保、交通、水利、住建、林业、农业、质监等），密集出台相关政策，在共抓长江大保护方面成果显著。

五是在长江经济带发展与保护方面，"多头管理、九龙治水"的情况仍普遍存在。一条长江涉及水利、交通、城市、能源、军事、农业、生态数十个部门，涉及11个省级行政区，近6亿人口。因为体制原因，长期来"九龙治水"、多头管理、相互脱节非常突出。可见，全流域综合治理的管理体制机制尚不完善。虽然当前短期治理效果比较明显，但长期看仍缺乏制度保障和法律保障，因此如何协调发展和保护二者矛盾的难题尚未从根本上得到解决。

第三节　长江经济带发展与保护政策实施总体评价

长江经济带发展与保护政策作为一项公共政策，具有明显的区

第六章 长江经济带发展与保护政策及其实施

域性特点。在中央政策的指导下,各行政主体为刺激本区域经济发展和实现环境的有效保护,制定了一系列的相关政策。按照政策工具参与的主体划分,可以将政策工具分为三类:基于政府强制力的强制性政策工具、基于市场调节的经济激励性政策工具、基于社会调整的自愿性政策工具[1]。童坤[2]运用政策三分法对长江经济带各省市水环境政策进行了分类总结,认为当前长江经济带各省市政策工具是以政府主导的强制型政策为主,自愿型政策为辅的混合型政策工具(见表6-2)。

表6-2　　　　长江经济带政策工具主要类型和内容

政策工具类别	主要内容
强制型	控制用水总量、科学保护水资源、强化饮用水水源环境保护、严格环境准入、集中治理工业集聚区水污染、防治畜禽养殖污染、控制农业面源污染、重点河流污染综合治理、城市污水处理设施建设与改造、积极保护生态空间、水资源水环境承载能力监测预警等
混合型	水价改革、税费优惠政策、多元融资、激励机制、排污权有偿使用和交易、绿色信贷、生态补偿等
自愿型	有奖举报制度、引导环保社会组织有序参与制度等

资料来源:童坤、孙伟、陈雯:《长江经济带水环境保护及治理政策比较研究》,《区域与全球发展》2019年第1期。

政策的制定和执行有其自身的局限性,评估一个政策的优劣需要从宏观和微观上综合考虑。纵观近年来长江经济带战略的实施情况,结合长江经济带经济、社会和生态环境的积极变化,整体而言,长江经济带发展与保护政策取得了巨大的成效。

(1)长江经济带经济快速发展,在全国经济占比持续增加。由于各地区的相关政策制定得当,极大地刺激了各区域经济的发

---

[1] 刘叶婷:《迈克尔·豪利特、M. 拉米什:〈公共政策研究——政策循环与政策子系统〉》,《公共管理评论》2008年第1期。
[2] 童坤、孙伟、陈雯:《长江经济带水环境保护及治理政策比较研究》,《区域与全球发展》2019年第1期。

◆ 长江经济带：发展与保护

展，上、中、下游地区的 GDP 均出现了不同程度的上升，在全国经济增长放慢的情况下，长江经济带的经济仍快速增长。

（2）长江经济带的生态环境得到有效改善，并呈现可持续发展势态。长期以来，长江经济带注重工业的发展，而忽视了环境的保护，导致了长江经济带生态环境的不断恶化。在"两山"理论的指引下，长江经济带上、中、下游地区针对生态环境发展与保护，积极地制定了一系列法律法规，使得长江经济带实现了"在保护中发展，在发展中保护"的良好局面。

（3）长江经济带发展与保护手段从"碎片化"趋向"网络化"，政策的制定和实施更加体现"善治"理念。长江经济带覆盖9省2市，受行政区域的影响，各行政区出现了"只扫门前雪，休管他人瓦上霜"的"碎片化"管理现象。然而，环境的治理是一个复杂的系统工程，需要区域内的各行为主体协作才能取得成效。在"共抓大保护"的建议下，长江经济带实现了"网络化"治理的新模式。此外，在政府主导下，多行为主体的参与，在发展中注重人性的考虑，使得长江经济带的生态环境保护出现了"善治"局面。

（4）下游地区政策工具优于中上游地区，出现了"西学东超"的良好氛围。由于受历史和经济的影响，长江下游的发展程度明显要优于中上游地区。长江下游地区的经济发展和开放程度吸引了大量海内外高层次人才，在人才的汇集下，政策工具的制定更加注重与国际接轨，且执行规范，透明度高。上游、中游地区也毫不示弱，积极向下游看齐。不断加强了政策工具的学习，并因地制宜的进行优化和改革，走出了一条适合自身区域治理的新路子。长江经济带的发展与保护总体上呈现出良好的势态。

然而，综合分析长江经济带上、中、下游地区相关政策，其在贯彻实施过程中，还存在着一些不足之处，主要体现在以下三个方面。

(1) 政府积极主导,但社会力量参与不足。由于长江经济带发展与保护涉及面广泛,公共属性较强,政府的角色决定了其在长江经济带发展与保护过程中必须占主导,但区域环境的治理是一种共性行为,需要多方面的力量参与。社会群体的参与不足,导致了长江经济带环境保护的效果打折扣。

(2) 执行力量分散,区域间协调不够。长期以来,长江经济带的发展与保护都是以中央倡议,各地方分别执行的方式进行,缺乏统一的指挥和协调,再加上受行政区域本位主义的影响,各自为政,互不买账的现象屡见不鲜,造成了下游治理上游观望,行政资源严重浪费的现象。

(3) 治理方式单一,环境改善进度缓慢。当前,长江经济带的治理以行政手段为主体,市场作用不明显。由于行政手段具有强制性,且参与主体多为政府,市场参与的不足导致了长江经济带发展与保护的活力不够,环境改善缓慢。

第七章

长江经济带分区域特点及其政策

长江经济带范围内的9省2市，分别位于长江流域上中下游地区，横贯我国版图的东中西三大区域，自然地理和生态环境特征明显，经济社会发展水平差异较大，面临的发展目标和保护任务各不相同，因而在长江经济带战略实施方面的策略有所差异。现实中，上游的重庆、四川、贵州、云南自然资源相对丰富但生态环境脆弱敏感，普遍面临经济环保双重压力，在国家主体功能区的定位下其政策偏向于保护。中游的湖南、湖北、江西在流域自然和人文特性方面具有过渡性和折中性，经济社会发展处于中等水平，但是农业面源污染、生态系统退化等问题较为严重，因此其政策偏向于在保护中发展，在发展中保护。下游的上海、浙江、江苏、安徽工业化和城镇化水平较高，经济实力强，面临资源贫乏、工业污染严重等问题，因此其政策偏向于高质量发展。

第一节　长江经济带上游区域特点及其政策

一　长江经济带上游地区特点

长江上游地区属于我国西部地区，在国家西部大开发战略实施中，长江上游的战略地位特殊。作为长江流域的生态屏障，上游生态环境的好坏直接影响到中下游，是当前及未来长江经济带经济发展和大保护的重要支撑和有力保障。

长江上游地区包括4个省市，即贵州、云南、四川和重庆。从国家战略上来讲，这四个省市都属于西部大开发战略的一部分，同时也是"一带一路"、长江经济带战略实施的交汇区域。该区域大部分地区经济基础弱、基础设施不完善、生态环境脆弱、贫困地区和贫困人口数量庞大且相对集中、区域创新能力较弱等。

在工业化和城市化发展程度上来讲，上游地区有成渝城市群为核心，带动和辐射地区经济发展，但也面临着人口密度偏低，城镇人口比重低于全国和长江经济带平均水平，中小城市发展面临严重困境，地方政府间经济发展竞争多于协同发展，以及产业同质化严重，差异化发展特色不明显等一系列挑战。新形势下，以传统工业化发展的老路实现经济增长的方式走不通了，但在种种经济发展困境下，长江上游地区生态环境保护压力可想而知。因此，相对中下游地区，长江上游地区经济发展任务繁重，且生态环境保护形势更为严峻。

具体而言，长江上游4省市具有以下五个方面的特征。

（1）上游区域社会经济发展平均水平不高，普遍面临经济环保双重压力。长江上游区域属于我国西部地区，与长江中下游地区省市相比，经济基础差、总量小的特点比较明显。区域城镇化率低于长江经济带平均水平，呈现"富饶的贫困"现象。以上游地区发展核心成渝城市群为例，经济总量约3.76万亿元，是长三角城市群经济总量的66.7%、中游城市群经济总量的50%。长三角城市群有26个市，21个市的城镇化率超过60%，长江中游城市群的31个市中，有10个市的城镇化率超过60%，而成渝城市群16个市中，仅有成都和重庆的城镇化率超过60%，其中半数以上城市的城镇化率处于50%以下。上游地区共有4个国家级集中连片特困区[①]，分别

---

① 根据《中国农村扶贫开发纲要（2011—2020年）》划分的全国11个集中连片特困区。

是乌蒙山片区、滇黔桂石漠化片区、四川藏区和滇西边境山区,这些地区生存环境恶劣且致贫原因多样,交通、医疗、社会保障程度弱。地区 GDP、城乡居民可支配收入低,收入差距依然较大。可见,长江上游地区加快经济增长,实现全面脱贫和改善民生仍然是其主要任务。

(2) 地区发展不平衡,城乡差距较大。由于工业化和城市化水平不高,长江上游区域各地区发展不平衡问题更加突出,城乡差距加大,城乡居民人均可支配收入不高,老百姓对医疗、教育、社会保障、就业机会等方面的民生问题关注度普遍高于对生态环境保护问题的关注度。由此引发的一系列生态环境治理的问题和困难系数较大。受制于民生问题,地方政府在经济与环保两相权衡和取舍问题上面临更大的困难,因此,长期来看,长江上游地区生态环境保护的氛围和形势不容乐观。

(3) 地理区位优劣明显。从宏观区位来讲,长江上游处于中国西部内陆地区,人力资本稀缺、基础设施落后、交通运输欠发达、生态环境脆弱等限制因素制约着西部地区的发展。但依托长江水资源,上游四省市又具有与众不同的区位优势,向东对接长江中下游,借助黄金水道发展水运交通,构成长江经济带的重要组成部分;向西经滇西、西藏与南亚次大陆相连,可直接与相邻的南亚国家开展经贸往来;向南向北,都可借助国家"一带一路"建设,充分发展贸易经济,并借助国家西部大开发战略开展陆路交通基础设施建设。长江上游四省市如果能抓住机遇,则发展潜力巨大。

(4) 自然资源相对丰富但生态环境脆弱敏感。上游区域光热资源、水能资源、矿产资源、生物资源和旅游资源均居全国前列。其中,水能资源总量居全国之冠,平均每平方公里的水能发电量高达全国平均水平的 8.7 倍;矿种较为齐全且钒、钛、硫铁矿、煤炭等矿藏丰富;生物种类繁多且独特性较高;鱼类资源丰富,特有鱼类占流域总类的43%；旅游资源丰富多彩，"七彩云南""最美贵州""天府之国""山城重庆"等城市名片不绝于耳，有水陆结合的江岛风光，有地域特色的民族走廊，有水电开发形成的高峡平湖，森林、高原、雪山、丹霞等数不胜数。与此同时，上游地区依旧是我国生态脆弱区域。2013年，国家发改委发布的《西部地区重点生态区综合治理规划纲要（2012—2020年）》指出，受地理条件和气候变化的影响，我国西部地区生态环境十分脆弱，西南地区（长江上游区域）石漠化问题严重，水土流失问题有所改善但仍不时威胁着人民群众的安危。

（5）区域生态保护体制机制整体性、统一性仍有待提高。上游地区近年来加强了在生态环境保护方面的合作和协同保护。如2018年2月，四川、云南、贵州联合签订《赤水河流域横向生态保护补偿协议》，三省决定每年共同出资2亿元设立赤水河流域水环境横向补偿资金，正式开启了长江上游地区省际间生态保护共抓新格局。但依然存在很多问题和制度困难，长江上游区域的4个省市在结合自身经济基础和环境条件下有不同的发展策略和方式，长期以来对于资源的开发利用和保护程度也各不相同，生态环境保护协同政策的制定没有很好地与地区经济协同发展有机联系。统一市场和联合保护也没有很好地结合起来，市场经济多以地方保护为主，条块分割现象明显。如水资源开发利益分配问题，水电开发后的资源受益权并没有给当地带来实惠和经济发展，地方政府呼吁的"增加地方留存电量和税收分成等补偿方案始终未得到落实"。各省市间"同流域不同策"的情况导致生态保护整体性和统一性难以得到长期保障。

二 长江经济带上游地区分省市政策分析

（一）云南省长江经济带政策及其评价

云南省地处中国西南边陲，全省国土总面积为39.41万平方公里，占全国国土总面积的4.1%，全省地势呈现西北高、东南低，自北向南呈阶梯状逐级下降，从北到南的每公里水平直线距离，海拔平均降低6米，属山地高原地形，山地面积占全省总面积的88.64%。东部与贵州省、广西壮族自治区相邻，西部与缅甸接壤，南部和老挝、越南毗邻，是中国边疆线最长的省份之一。全省河川纵横，湖泊众多。全省境内径流面积在100平方公里以上的河流889条，分属长江、珠江、红河、澜沧江、怒江、伊洛瓦底江六大水系，气候基本属于亚热带和热带季风气候，滇西北属高原山地气候[①]。截至2018年，云南省常住人口4829.5万人，实现GDP17881.12亿元，第一产业增加值2498.86亿元，第二产业增加值6957.44亿元，第三产业增加值8424.82亿元，人均GDP37136元。

云南省根据自然资源禀赋和生态环境特点，重视生态产业化和资源型经济发展，其发展重点建立在对自然资源保护和经济转化利用方面，核心是在保护中发展。因此，云南长江经济带发展与保护方面的政策偏重于保护。云南省建立的长江经济带"1+2"流域横向补偿政策框架初见成效，逐步构建起了"成本共担、效益共享、责任共负、多元共治"的流域保护和治理长效机制。

梳理和总结云南省长江经济带相关政策，具体如下：

（1）云南对接《长江经济带发展规划纲要》，印发实施了《长江经济带发展云南实施规划》，结合云南省经济发展和生态环境保护实际情况，制定了森林和自然生态保护与恢复、长江岸线（云南段）开发利用与保护专项规划等，同时还严格控制化工、冶金、建材等行业生产规模，重点培育新产业和新动能。

（2）云南省多年来重视生态多样性保护工作，结合动植物资源特点，2013年制定了《生物多样性保护战略与行动计划

---

① 云南省人民政府，http：//www.yn.gov.cn/yngk/。

(2012—2030年)》，通过划定生物多样性保护优先区域、优先领域和开展专项保护行动，为云南生物多样性资源的有效保护和可持续利用进行了规划引导。

（3）2012年以来，云南省加大了制定生态环境保护地方性法规条例的力度，先后由云南省人民代表大会常务委员会审议通过了《云南省湿地保护条例》《云南省云龙水库保护条例》《云南省阳宗海保护条例》《云南省滇池保护条例》《云南省牛栏江保护条例》等地方性法规。

（4）2018年6月，为解决生态环境保护与经济发展的国土空间优化，云南省人民政府发布《云南省生态保护红线》，确定全省生态保护红线面积为11.84万平方公里，占云南省国土总面积的30.90%。主要涉及生物多样性维护、水源涵养和水土保持三大红线类型，共计11个分区。这标志着云南提升优化省级空间规划，加快生态文明体制改革，压实生态文明建设责任。

（5）2018年12月，为促进云南生态环境保护协同机制的建立健全，由云南省财政厅、省生态环境厅、省发展和改革委、省水利厅四部门联合印发《云南省建立健全流域生态保护补偿机制的实施意见》《云南省促进长江经济带生态保护修复补偿奖励政策实施方案》和《建立赤水河流域云南省内生态补偿机制实施方案》，要求各州（市）相关部门遵照执行。此举标志着四部门联合构建的长江经济带"1+2"流域横向补偿政策框架正式形成。

综上所述，作为我国西南边陲的大省，云南自古以来就是我国众多少数民族聚居的地区之一。据统计，除汉族外，人口在6000以上的少数民族有25个，地势高且多山的恶劣生存条件使得云南大部分地区长期以来被贫穷所困扰。实现地区经济的发展是云南的当务之急，但新时代背景下如何处理好经济发展和生态环境保护的关系是摆在云南省政府面前的一大难题。云南在大力开展经济建设的同时，结合国家政策，在生态环境保护体制机制建设上探索和实施了结合地区特色的手段和方式,努力实践着"绿水青山"就是"金山银山"的发展理念。近年来,云南在保护生物多样性、退耕还林、水土保持、地质灾害防治等方面取得了极大的成效。例如,对于洱海的保护、对于滇池的治理等都助推了云南旅游经济的快速发展。不少景点因生态环境优美、生活条件宜居而成为全国著名的网红打卡胜地。需要指出的是:第一,云南省是我国西部生态脆弱地区之一,需要完善具有针对性的生态保护和修复治理规划和实施方案;第二,作为经济欠发达省份,云南生态建设基础设施落后,需要加大和提升对于生态建设公共服务设施的投入力度和资金支持;第三,在贫困问题依然严峻的形势下,云南应结合旅游经济的发展以促进和助力生态扶贫,制定既能解决吃饭问题又能解决生态保护问题的旅游规划和政策法规。

(二)贵州省长江经济带政策及其评价

贵州省地处云贵高原,是一个山川秀丽、气候宜人、资源富集、民族众多的内陆山区省。全省国土总面积为17.62万平方公里,占全国国土总面积的1.8%。贵州地貌属于高原山地,境内地势西高东低,平均海拔1100米左右,素有"八山一水一分田"之说,其92.5%的面积为山地和丘陵。同时,贵州处于世界三大连片喀斯特发育区之一的东亚片区中心,碳酸盐岩出露面积达112401.75平方公里,占全省面积的63.8%(根据贵州省第二次石漠化状况及程度统计结果)。贵州的气候温暖湿润,属亚热带湿润季风气候区。贵州河流处在长江和珠江两大水系上游交错地带,有69个县属长江防护林保护区范围,是长江、珠江上游地区的重要生态屏障[①]。

作为我国经济欠发达省份,截至2018年,贵州省常住人口3600万人,实现地区生产总值(GDP)14806.45亿元,第一产业

---

① 贵州省人民政府,http://www.guizhou.gov.cn/dcgz/。

2159.54亿元，第二产业5755.54亿元，第三产业6891.37亿元，人均地区GDP实现41244元。在工业化和城市化方面，贵州处于工业化中期的前半阶段，据相关统计资料显示，"十二五"期间，贵州工业化水平排名全国末尾，工业化和城市化各个指标均低于全国和长江经济带平均水平，经济发展任重而道远。

结合实际情况，出台了相关法规、规章和方案。具体如下：

（1）2015年12月以来，为落实《国务院关于印发水污染防治行动计划的通知》（国发〔2015〕17号）、《贵州省水污染防治行动计划工作方案》（黔府发〔2015〕39号）和《贵州省水污染防治目标责任书》（以下简称《目标责任书》）要求，贵州省制定《水污染防治年度实施方案》并认真贯彻执行。

（2）2016年，贵州获批建设全国首批国家生态文明试验区。同年7月，贵州省人民政府办公厅发布《关于加强长江黄金水道环境污染防控治理工作方案》。强调从水环境监管、产业优化调整、重点领域、重点区域的污染防治等8个方面开展长江流域治理工作。根据方案要求，当年年底前要完成乌江流域的生态监测建设，提升水质动态监测能力和技术含量。并根据实际情况开展水体纳污能力和限制排污的评价指标体系的构建。

（3）2017年以来，贵州省人民政府将"大生态"上升为全省三大战略行动之一[①]，将贵州长江经济带的发展和保护提升到了重要位置，一系列促进贵州长江经济带发展和生态环境保护的政策文件先后出台，如《贵州省推动长江经济带发展实施规划》《长江经济带岸线保护与开发利用专项规划（乌江渡—省界）》《贵州省划定长江经济带战略环评"三线一单"工作实施方案》《贵州省推动长江经济带发展"三水共治"工作方案》等。此外，贵州省还

[①] 继贵州省委十一届六次全会提出"十三五"时期要突出抓好大扶贫、大数据两大战略行动之后，大生态成为贵州的第三大战略行动。

制定了创新长江经济带区域协调发展体制机制、化工污染专项整治、入河排污口整改提升、固体废物大排查等一系列实施方案和行动举措。

综上所述，贵州省是长江经济带上游地区经济发展落后地区之一，自然条件恶劣、贫困人口众多、人力资本水平较低等都是制约贵州经济发展的主要因素。据《中国人力资本报告2016》显示，2014年贵州省农村劳动力人口平均受教育年限为7.59年，远低于全国平均水平（8.61年）。农业基础薄弱，工业化进程迟滞是贵州省生态保护的大经济环境。在此前提下，贵州省生态环保等各项改革依然能走在全国前列，如建立严格的企业环境准入制度，加强对项目的环评审批改革；积极探索建立生态环境损害赔偿制度，在全省启动了相关改革试点工作，发出首份全国生态环境损害赔偿司法确认书；完成营造林2882万亩，实施退耕还林477.4万亩，治理石漠化1116平方公里、水土流失2808平方公里，森林覆盖率达55.3%等。贵州省的生态环境保护成效和治理水平在"十三五"期间得到了进一步的提升。贵州省经济欠发达，对于生态环境保护的资金长期缺乏，财政收入与支出矛盾短期内难以改变。因此在生态环境保护资金筹措上应探索多元化融资渠道，通过合作建立大保护长效持续地监测和资金供给，并以此形成制度，长效保证长江大保护的持久性和连续性。另外，贵州省可进一步重视生态环境保护的区域整体性和系统性，加强与相邻地区的合作与共治。

（三）四川省长江经济带政策及其评价

四川省位于中国西南地区内陆，东连重庆，南邻云南、贵州，西接西藏，北接陕西、甘肃、青海，总面积48.6万平方公里。四川省地貌东西差异大，地形复杂多样。东部为盆地，是我国四大盆地之一，西北部为高原，属于青藏高原的一部分，西南为山地，山高谷深，山河相间。四川省分属三大气候带，分别为四川盆地

第七章　长江经济带分区域特点及其政策

中亚热带湿润气候，川西南山地亚热带半湿润气候，川西北高山高原高寒气候，总体气候宜人，拥有众多长寿之乡，如都江堰市、彭山县、长宁县等 90 岁以上人口均超过千人[1]。四川因资源富集、物产丰富被誉为天府之国。同时四川省还是成渝城市群的中心，是我国第三批自由贸易试验区，也是西部发展的前沿高地。据统计，2018 年，四川省常住人口达到 8341 万人，全省实现地区生产总值（GDP）40678.13 亿元，工业化发展程度处于中后期。但需要说明的是，四川虽然作为西南地区代表性的省份，在全国来讲工业化水平综合评价指数却远远低于全国平均水平。因此，作为西部地区工业条件较为良好的省份，未来进行产业结构调整、支持优势产业重点发展的政策依然需要长期保持，加快经济发展仍是四川省的主要任务。

在生态环境保护方面，作为长江上游重要的水源涵养区，四川天然森林资源极其丰富，在维护国家生态安全中的地位也十分重要。20 世纪 80 年代，四川省就出台了《四川省长江水源涵养保护条例（1988 年）》。到 90 年代，由于长江水患严重，国家全面禁止长江上游地区砍伐天然林木资源，四川率先实施天然林保护工程，在全省范围内禁止采伐天然林木，并大力进行人工植树造林。天保工程已实施到二期，预计到 2020 年全省新增森林面积 1600 万亩，净增森林蓄积 80 万亩、封山育林 1000 万亩。积极的森林生态系统保护政策使得四川水土保持工作成绩斐然，为长江中下游的防治洪涝灾害发挥了重要作用。上游水源地的保护对长江流域水生态环境十分重要，以青海、西藏、四川、云南、贵州为核心的长江上游生态保护为中下游筑起了牢固的生态屏障。

梳理四川省长江经济带相关政策，具体如下：

（1）2016 年 12 月，四川省人民政府发布《四川省水土保持规

---

[1] 四川省人民政府，http://www.sc.gov.cn/10462/wza2012/scgk/scgk.shtml。

划（2015—2030年）》，明确到2030年，全面建成与四川省经济社会发展相适应的水土流失综合防治体系，全省生态环境步入良性循环。预计到2020年，全省新增水土流失治理面积26900平方公里，新增水土流失治理率达到22%，治理区植被覆盖率提高5.05%；到2030年，全省新增水土流失治理面积78200平方公里，新增水土流失治理率达到64.61%，治理区植被覆盖率提高15.16%。

（2）2016年12月，四川省人民政府印发《四川省环境污染防治"三大战役"实施方案》，方案指出到2020年，四川将在城市大气环境、地表水环境质量和土壤环境质量等方面做到相应的提升和优化。确保大气、水、土壤污染防治"三大战役"工作的有效推进。

（3）2017年3月，四川省人民政府发布《四川省"十三五"环境保护规划》（川府发〔2017〕14号），围绕打好污染防治三大战役，包括大气、水、土壤等10项环境质量指标第一次进入了五年规划，其中6项指标属于约束性指标。其确立了生态环境质量、污染物排放总量和生态保护三大指标体系，新纳入了大气、水、土壤环境质量指标。

（4）2017年4月，四川省人民政府办公厅发布《四川省"十三五"生态保护与建设规划》（川办发〔2017〕33号）的通知，部署"十三五"时期四川生态保护与建设的指导思想、总体目标、规划布局和建设重点。其实现了与国家《"十三五"生态环境保护规划》《四川省国民经济和社会发展第十三个五年规划纲要》《四川省主体功能区规划》的有效衔接。

（5）2017年12月，四川省人民政府审议通过《四川省长江经济带发展实施规划》，明确了四川省推进长江经济带发展的总体要求，对强化长江上游生态屏障建设、着力构建综合立体交通走廊、创新驱动产业转型升级、积极推进新型城镇化、努力构建全方位开放新格局、创新区域协调发展体制机制等作出了系统安排。

（6）2018年6月，四川省泸州市人民政府发布《泸州市长江沱江沿岸生态优先绿色发展规划》，这既是长江经济带首个生态优先绿色发展规划，也是全国首个以生态优先绿色发展为主题的城市发展规划。规划提出了"以发展反哺生态、以生态促进转型"的泸州市生态优先绿色发展思路，可为推动长江经济带高质量发展探索新模式、新路径。

（7）2018年9月，四川沱江流域10市签订《沱江流域横向生态保护补偿协议》，建立省内重点流域横向生态保护补偿机制。为进一步推动省际省内流域横向生态保护补偿机制建设，四川制定了《四川省流域横向生态保护补偿奖励政策实施方案》，经省政府第26次常务会议审议通过，由四川省财政厅、省生态环境厅、省发展改革委、省水利厅联合印发实施。

（8）2018年11月，四川省人民政府发布《关于全面加强生态环境保护、坚决打好污染防治攻坚战的实施意见》要求四川省2020年PM2.5的浓度大幅下降，城市环境空气质量得到相应提升，污染物排放总量持续减少，相关流域的水质得到提高等。这涉及生态环保的各个方面，并且在具体提高和降低的比例上做了明确的规定和要求。以期在"十三五"期末，使全省各项生态环境质量评价指标相较于2015年有全面的改善和提升。

综上所述，作为"一带一路"建设和长江经济带发展的西南核心省份，四川在生态环境保护方面做了强有力的担当。在国家各项西部大开发优惠政策中，持续地开发开放是让四川迈上新台阶的重要策略。通过持续长期的生态环境保护政策引导，四川建立了国家级清洁能源基地，在生物医药、航空航天、装备制造、电子信息和新能源产业集群建设方面，四川积极利用长江水资源优势，打造生态型工业产业园区。有针对性地开展了一系列治江、治污、治水行动，取得了良好的成效。未来在大保护政策方面，四川应努力发挥西南地区核心省份的辐射作用,积极开展包括经济、产业、环保的政府间合作,探索区域协同治理机制。有针对性地建立一批特色工业经济和生态旅游景区,推进川渝合作示范区的生态绿色发展。重视省内发展的不平衡,加快融入国际市场一体化的网络体系,完善生态环境基础设施建设,发展生态监控大数据平台建设,加快实现生态经济强省的战略目标。

(四) 重庆市长江经济带政策及其评价

重庆市位于中国内陆西南部,东邻湖北、湖南,南靠贵州,西接四川,北连陕西,是中西部唯一的直辖市。全市共辖23个区,15个县(自治县),总面积8.24万平方公里。长江自西向东横贯境内,流程691公里,地形由南北向长江河谷倾斜,地貌以山地、丘陵为主,其山地面积占比76%,气候属亚热带季风性湿润气候。重庆既以"江城、雾都、桥都"著称,又以"山城"扬名。全市旅游资源丰富,有长江三峡、世界文化遗产大足石刻、世界自然遗产武隆喀斯特和南川金佛山等。重庆是著名的历史文化名城,巴渝文化的发祥地。抗日战争时期,重庆作为国民政府陪都,是世界反法西斯战争远东指挥中心,民盟、民建、九三学社和民革前身之一的"三民主义同志联合会"均在重庆成立[①]。

作为长江上游地区的经济、金融、科创、航运和商贸物流中心,西部大开发重要的战略支点、"一带一路"和长江经济带重要联结点以及内陆开放高地,重庆经济建设基本形成大农业、大工业、大交通、大流通并存的格局。"十二五"期间,重庆经济发展增速较快,常住居民人均可支配收入突破2万元,经济综合实力大幅提升。城乡一体化发展效果显著,人口城镇化率达到了60.9%,十年间增长了30个百分点。工业化综合水平遥遥领先于西部及大西南的平均水平,步入了工业化后期,也是西部省份中唯一进入

---

① 重庆市人民政府,http://www.cq.gov.cn/zqfz/。

全国前十的地区。尽管如此，重庆市现面临着产业转型的艰巨任务，处于由高速发展向质量提高的转变期。据统计资料，2018年，重庆地区GDP 20363.19亿元，按可比价格计算，同比增长6.0%。按产业分，第一产业实现增加值1378.27亿元，增长4.4%；第二产业实现增加值8328.79亿元，增长3.0%；第三产业实现增加值10656.13亿元，增长9.1%。

重庆市制定和出台的长江经济带政策，具体如下：

（1）2014年，重庆市委、市政府先后出台《五大功能区实施差异化环境保护政策》和《关于加快推进生态文明建设的意见》。

（2）2016年，重庆围绕习近平总书记在重庆考察长江经济带建设时的讲话精神"要把修复长江生态环境摆在压倒性位置，共抓大保护，不搞大开发"，探索长江经济带发展与保护新路子，重点建设长江上游生态屏障和国家淡水资源战略储备库。坚持综合防治理念，实施蓝天行动、碧水行动、宁静行动、田园行动、绿地行动，落实"四治一保"措施[①]。2016年长江干流重庆段水质为优，城区集中式生活饮用水水源地水质达标率为100%。

（3）2018年6月，重庆召开深入推动长江经济带发展动员大会暨生态环境保护大会，对深化落实习近平总书记对重庆提出的"两点"定位、"两地""两高"目标和"四个扎实"要求进行了安排部署[②]，深入推动长江经济带发展，加快建设山清水秀美丽之地，推动生态文明建设迈上新台阶。市委、市政府联合印发《重庆市实施生态优先绿色发展行动计划（2018—2020年）》，为全市打响生态环保攻坚战、加快长江生态保护与修复勾勒出一幅"作战图"。

---

① 四治一保：治理工业污染、生活污染，流域综合整治、饮用水水源污染治理，保障水环境安全。
② "两点"定位：西部大开发的重要战略支点，"一带一路"和长江经济带的连接点。"两地"目标：内陆开放高地，山清水秀美丽之地。"两高"目标：推动高质量发展，创造高品质生活。"四个扎实"要求：扎实贯彻新的发展理念、扎实做好保障和改善民生工作、扎实做好深化改革工作、扎实落实"三严三实"要求。

(4) 2018年7月,《重庆市环境保护局全面启动污染防治攻坚战工作方案》出炉,全市正式打响污染防治六大攻坚战。此举既是为了响应党中央、国务院关于全面加强生态环境保护、坚决打好污染防治攻坚战的意见要求,同时也是贯彻落实习近平总书记对重庆立足"两点",建设"两地"的发展定位的积极探索和实践。

(5) 2018年12月,由重庆市社会资本和行业协会等联合签订了《建立长江经济带生态环境产业协同发展机制框架协议》,该框架协议的签订是重庆探索非政府力量联合协同进行长江生态环境保护新机制的举措。从第三方和行业机构的角度来讲,主动参与和协助政府推动保护长江生态环境不仅有利于整合各方资源和社会资本,还有利于促进整体行业环保的自觉意识,是企业进一步转变发展思路和自觉履行社会责任的重要体现。规则的建立,对于环保产业的兴起与发展也有促进作用,这有利于引导更多的创新创业项目关注环保产业。

综上所述,作为西部工业化和经济发展的领头羊,重庆在生态环境保护方面面临的主要问题是工业污染。为了加强生态环境保护,重庆针对工业园区,制定了一系列工业污染防治和产业准入标准,但在实施中也面临着很多的困难,大保护任务艰巨。对经济发展水平较高的重庆市而言,位于长江上游地区,应该承担更多的生态环境保护责任。一方面,应从转变发展方式入手,切断工业污染的主要源头,提高企业环保标准,加大惩罚力度与重视激励机制的运用,保证长江上游水生态环境的安全和稳定。另一方面,应充当上游地区的领头羊,承担起更多的公共责任,在加强流域生态环境保护省际合作和区域联动发展方面更加积极主动作为。各省市之间如果不协同治理,必然上演"公地悲剧",而制度和法治的保障才是生态环境保护最好的良药。长江上游地区生态环境保护的重点是,以重庆为核心开展统一的流域生态环境保护法治体系建设。未来,重庆应借助优厚的工业化发展基础,对外开放的优势平台，在绿色发展、创新发展和高质量发展方面探索新的模式，为广大西部地区提供经验借鉴。

第二节　长江经济带中游区域特点及其政策

一　长江经济带中游地区特点

长江中游地区主要包括湖南、湖北和江西，整体上位于我国中部偏南，具有承东启西、连接南北的作用，是长江经济带发展与保护的重要地区，也是我国实施中部崛起战略、全方位深化改革开放和推进新型城镇化的重点区域。长江中游地区交通条件优势明显，以长江主航道轴线为支撑，长江支流如汉江、洞庭湖水系和鄱阳湖水系为有力补充，形成了干支相互衔接的内河水运航道体系网。同时，长江中游地区大力建设陆运网络建设，铁路和公路四通八达，以中心城市（武汉、长沙、南昌）为重要节点向四周辐射。

长江中游地区农业较为发达，主要以国家粮食主产区建设为核心，包括江汉平原、洞庭湖平原和鄱阳湖平原。在太阳辐射适宜和温暖湿润的亚热带季风气候背景下，长江中游地区具有光能充足、热量丰富、冬季较寒、夏季炎热、降水充沛、四季分明特殊的地理气候条件，这使得该区域农业、渔业发展条件极佳，素有"湖广熟，天下足"和"鱼米之乡"的美称[1]。

在工业化与城市化方面，长江中游地区依托长江中游城市群辐射和带动周围地区工业化和城镇化建设。2015年4月13日，国家发展改革委印发《长江中游城市群发展规划》，将长江中游城市群定位为中国经济新增长极、中西部新型城镇化先行区、内陆开放

---

[1]　邓先瑞、杨宝亮：《试论长江中游沿岸地区区域环境特征与洪涝灾害》，《长江流域资源与环境》1993年第3期。

合作示范区、"两型"社会建设引领区。据统计，2017年，长江中游城市群土地面积约32.61万平方公里，总人口约1.25亿人，地区GDP7.90万亿元，长江中游城市群以全国3.4%的土地面积和9.0%的人口数量创造了9.6%的经济总量。与此同时，由于长期工业化高速且粗放的发展，中游三省普遍面临生态环境保护的严峻形势，水污染问题严重、水土流失加剧、水生物种灭绝危机、河流泥沙淤积、洪涝灾害频发等。可见，长江中游地区面临着兼顾发展与保护二者平衡的难题，在经济增长和生态环境保护、发展新旧动能转换、平衡和减缓地区发展差异等方面任务艰巨。

具体而言，长江中游三省具有以下三个方面的明显特征。

（1）长江中游地区过渡性和折中性明显。我国以秦岭淮河一线作为南北地理分界线，此线南北，无论是自然条件、农业生产方式，还是地理风貌、生活习俗及文化特征都有不同特征。长江中游地区正处于南北分界地带，这决定了其在经济社会发展和人民生产生活等方面都具有过渡性。具体表现为南北过渡，承东启西，承上启下，刚柔并济。例如，在经济发展方面，以武汉城市圈、环长株潭城市群、环鄱阳湖城市群为主形成了长江中游城市群。相比沿海发达的长三角、珠三角、京津冀等城市群，长江中游城市群还处于培育、起步阶段。而相比欠发达上游地区，其整体发展程度又高于川渝城市群、黔中城市群等。在社会文化方面，发达的水系，让长江中游地区成为连接中国东西南北的重要商贸走廊。作为中国南北、东西文化缓冲区域，长期以来，该区域广泛吸收东西南北各地区文化和风俗习惯，呈现出强烈的折中性[①]。如湖北武汉饮食吸纳各地风味，在此基础上调和出了适合本地的口味，将酸甜苦辣咸各味折中形成了独特的武汉美食。又如湖南长沙民族传统工艺湘绣，吸取了苏绣

---

① 张昕、朱毅：《论长江中游地区造型文化遗产的审美特征》，《湖北美术学院学报》2014年第2期。

和粤绣的精华，发展出了自己独特的风格，质朴而优美，形象生动而逼真。

（2）在发展方面，长江中游地区农业和工业基础雄厚，发展迅速。经济结构普遍以工业为主体，工业中尤以重化工业为主导，钢铁、有色冶金、石油化工、煤炭开采与电力、建材等能源原材料工业体系发达，产业占比较高。中游地区农业生产条件普遍较好，是中国粮食生产的重要地区之一。

（3）在保护方面，由于长江中游地区工业结构偏重、偏化特点明显，产业园区沿江布局，因此对生态环境，特别是水环境的污染程度较大。农业化肥的大量施用，使得粮食生产化肥依赖较为严重，加大农业面源污染的隐患。据相关学者调查，长江中游地区化肥施用量均高于国际标准安全施用量（225千克/公顷），其中，以武汉城市圈化肥使用强度为最高，每公顷达961.9千克，其次是长株潭城市群（791.6千克/公顷）和鄱阳湖经济区（379.6千克/公顷）[1]。其次，中游地区各地市长期受"重开发轻保护"的观念影响，忽视地区资源环境承载能力，对地区资源过度利用，导致区域内生态环保压力巨大，湖泊退化严重、水土流失严重、湿地生态系统退化、生物多样化减少等生态保护问题凸显。环境保护形势依然严峻，据不完全统计，长江中游70%的湿地已消失。流域生态系统治理和保护迫在眉睫。

二 长江经济带中游地区分省市政策分析

近年来，中游三省在长江经济带发展与保护方面出台了一系列的政策文件和规章制度，尤其从长江大保护协作监督和共防共治等方面，初步建立起了防治生态环境恶化和长江、湖泊治理的协

---

[1] 刘洋：《长江中游城市群发展模式转型思路研究》，《中国经贸导刊》2017年第32期。

同机制。各省具体情况如下：

（一）湖南省长江经济带政策及其评价

湖南位于长江中游，省境绝大部分处于洞庭湖以南，故名"湖南"；省内最大的河流湘江贯穿南北，故简称"湘"，省会为长沙市。湖南自古盛植木芙蓉，五代时就有"秋风万里芙蓉国"之说，因此又有"芙蓉国"之称。湖南省国土总面积21.18万平方公里，占全国国土总面积的2.2%。湖南东以幕阜、武功诸山与江西交界，南枕南岭与广东、广西为邻，西以云贵高原东缘与贵州、重庆毗邻，北以滨湖平原与湖北接壤，处于东部沿海地区和中西部地区的过渡带、长江开放经济带和沿海开放经济带的接合部，具有承东启西、连南接北的枢纽地位[①]。截至2018年年末，湖南省常住人口6898.8万人，实现地区GDP 36425.8亿元，第一产业3083.6亿元，第二产业14453.5亿元，第三产业18888.7亿元，人均地区GDP实现52949元。

河流众多、河网密布、水系发达是湖南水生态系统的基本格局，5公里以上的河流有5341条。全省水系以洞庭湖为中心，湘、资、沅、澧四水为骨架，主要属长江流域洞庭湖水系，约占全省总面积96.7%，其余属珠江流域和长江流域的赣江水系及直入长江的小水系。水资源总量为全国第六位，人均占有量为2500立方米，略高于全国水平，具有一定的水资源优势。但由于时空分布不均，"水多、水少、水脏"的三个问题，仍然是全省经济和社会发展的制约因素之一。湖南省在生态保护上形成了"一湖三山四水"的生态安全格局保护体系，构建以洞庭湖为中心，以湘资沅澧为脉络，以武陵—雪峰、南岭、罗霄—幕阜山脉为自然屏障的生态安全战略格局。

近几年，湖南制定和出台关于长江经济带的相关政策，具体

---

① 湖南省人民政府网，http://www.hunan.gov.cn/hnszf/jxxx/jxxx.html。

如下：

（1）2014年5月，国务院以国函〔2014〕46号文批复《洞庭湖生态经济区规划》，标志着加快洞庭湖生态经济区建设，打造秀美富饶的大湖经济区正式上升为国家战略。洞庭湖生态经济区成为湖南省加速实施中部崛起战略、积极融入长江经济带和绿色发展的引擎。

（2）2014年9月，湖南省人民政府发布《湖南省湘江保护条例》（湘政发〔2014〕9号），保护长江五大支流之一的湘江，对湘江流域水资源管理与保护、水污染防治、水域岸线保护、生态保护等作出了明确规定；且于2018年12月由湖南省第十三届人大常委会修改，使得条例更加细致明确，有利于落实中央新的政策和要求。

（3）2015年12月，为切实加大水污染防治力度，保障全省水生态环境安全，湖南省人民政府办公厅印发了《湖南省贯彻落实〈水污染防治行动计划〉实施方案（2016—2020年）》。

（4）2016年9月，湖南省环保厅发布《湖南"十三五"环境保护规划》，规划要求到十三五期末，湖南县级以上的城市、长江水系、珠江水系等的水质需得到有效提高，并做了具体的要求。通过这项规划的发布，湖南配套建立了环境保护项目库，主要是生态环境保护的重点项目，包括水污染防治、大气污染防治、土壤污染防治等10大类，共计1500个项目，在"十三五"期间均要实施和落实。通过项目库的建立，湖南可以有国家和省财政筹款，并借助民间资本力量的投入，提高生态环境保护的具体落实度。

（5）2017年11月，湖南省人民政府办公厅印发《湖南省湿地保护修复制度工作方案》（湘政办发〔2017〕62号）的通知。为全面保护湿地、强化湿地利用管控，推进退化湿地修复提供重要保障。湖南此前于2005年1月出台《湖南省湿地保护条例》，此次工作方案的发布,进一步加强了对于湿地的保护及修复工作。

(6) 2017年12月,湖南省人民政府发布《长江经济带沿江取水口排污口和应急水源布局规划湖南省实施方案》,该方案重点解决湖南省长期以来存在的沿江取水口、排污口布局不合理及应急供水安全保障能力不足的问题。优化布局,合理规划,为保护和利用好水资源提供安全保障。

(7) 2018年1月,为切实保护和改善长江经济带湖南区域生态环境,湖南编制了《长江经济带(湖南省)生态环境保护实施方案》,进一步细化了对于长江流域的生态保护措施。

(8) 2018年5月,中共湖南省第十一届委员会第五次全体会议通过《中共湖南省委关于坚持生态优先绿色发展深入实施长江经济带发展战略大力推动湖南高质量发展》的决议,探索协调经济发展和环境保护二者关系之路,推动湖南高质量发展。

(9) 2018年6月,湖南省人民政府印发《湖南省污染防治攻坚战三年行动计划(2018—2020年)》(湘政发〔2018〕17号)的通知,其包括《湖南省"蓝天保卫战"实施方案(2018—2020年)》《湖南省"碧水保卫战"实施方案(2018—2020年)》《湖南省"净土保卫战"实施方案(2018—2020年)》三个具体方案,进一步细化生态环境保护措施和手段。

(10) 2018年7月,湖南省人民政府与三峡集团在长沙签署《共抓长江大保护推动长江经济带绿色发展战略合作框架协议》。根据协议,双方将协同推进长江经济带共抓大保护战略行动和岳阳长江经济带绿色发展示范城市建设,重点在生态环境保护、水利基础设施建设、清洁能源开发利用等领域展开务实合作。

(11) 2018年11月,为推动长江经济带"共抓大保护、不搞大开发"落地见效,湖南省人民政府印发《湖南省深入推动长江经济带发展重点工作实施方案》,制定了33条具体细则,明确了具体责任单位和任务完成时间。对责任落实不到位、工作措施不到位的，将按层级约谈问责。

综上所述，湖南人文历史厚重，山水风景秀美，正所谓"楼观岳阳尽，川迥洞庭开。"湖湘文化具有鲜明的特征和底蕴，一方水土养一方人，别样的乡土风情养育出了我国历史上一批伟大的经纶治世之才，如近代名臣曾国藩、绘画大师齐白石、无产阶级革命家毛泽东、刘少奇、彭德怀、文学家沈从文、丁玲等。足可见，湖南对于中国近代历史发展的影响之深远。然而，与浓郁的人文气息不相称的是水土流失严重、自然灾害频繁的自然环境。新中国成立后，湖南在生态环境建设方面结合省情做了大量的工作，如开展水利建设、植树造林、小流域治理、生态农业建设等，取得了一系列成效。但据相关生态环境部门统计数据显示，湖南省生态环境依然十分脆弱，水土流失持续加重、森林生态功能退化、生物多样性下降、洞庭湖面积缩小，泥沙淤积持续上升、农业环境污染加剧、水旱等自然灾害频发等，种种生态环境问题给湖南的社会经济造成了严重的影响。根据一系列国家环保政策和长江大保护的要求，湖南省人民政府展开了上面列举的一系列环保手段和措施。根据2018年出台的《长江经济带（湖南省）生态环境保护实施方案》，湖南将从健全生态环境协同保护机制、创新体制机制共抓大保护和强化生态优先绿色发展的环境管理措施等方面，构建长江大保护生态环保机制，进一步推动区域协同联动，坚守环境质量的底线，全面推进环境污染治理。湖南下一步应继续推动多方环保共治的务实合作，强抓政策效果和落实情况，让生态环境改善看得见，感受得到。

（二）湖北省长江经济带政策及其评价

湖北位于我国中部地区，长江中游。东邻安徽，南界江西、湖南，西连重庆，西北与陕西接壤，北与河南毗邻。东西长约740公里，南北宽约470公里。全省国土总面积18.59万平方公里，占全国国土总面积的1.94%。全省地势大致为东、西、北三面环山，中间低平，略呈向南敞开的不完整盆地。在全省国土总面积中，山地占56%，丘陵占24%，平原湖区占20%[①]。作为中部的工业大省，湖北近年工业化进程持续加速，综合实力增强，尤其省会武汉在2014年与上游城市成都携手跻身GDP"万亿俱乐部"，成为我国新一线特大城市。截至2018年，湖北实现地区生产总值（GDP）39366.55亿元，增长7.8%。其中，第一产业完成增加值3547.51亿元，增长2.9%；第二产业完成增加值17088.95亿元，增长6.8%；第三产业完成增加值18730.09亿元，增长9.9%。湖北整体处于工业化后期阶段。

在自然资源方面，湖北动植物资源丰富，已发现的木本植物有105科、370属1300种，其中乔木425种、灌木760种、木质藤本115种，这在全球同一纬度所占比重是最大的。全省被国家列为重点保护的野生动物112种。其中，属一类保护的有金丝猴、白鹳等23种，属二类保护的有江豚、猕猴、金猫、小天鹅、大鲵等89种。全省共有鱼类206种，其中以鲤科鱼类为主，占58%以上，其次为鳅科，占8%左右。全省鱼苗资源丰富，长江干流主要产卵场36处，其中半数以上在湖北境内。此外，湖北矿产资源种类多，约占全国已发现矿种数的81%；水资源丰富，是长江干线最长的省份，是南水北调中线工程的核心水源区、长江流域的重要水源涵养地和国家重要的生态安全屏障。

湖北近几年制定和出台关于长江经济带的政策，具体如下：

（1）2013年12月，湖北省人民政府发布《湖北省主体功能区规划》，《规划》提出，要实现主体功能区规划目标，就要构建全省"三大战略格局"。一是构建以"一主两副、两纵两横"为主体的城市化战略格局；二是构建以"三区七带"为主体的农业战略格局；三是构建以"四屏两带一区"为主体的生态安全战略格局。

[①] 湖北省人民政府网，http://www.hubei.gov.cn/jmct/。

44县市列入重点开发区，并设置了七大类禁止开发区域。

（2）2014年1月，湖北省人大常委会通过了《湖北省水污染防治条例》，对政府职责、水污染预防、水污染治理、信息公开与公众参与、监督与应急、法律责任等都作出了最严格的规定，构建了湖北省最严格的水污染防治制度，具有很强的针对性、指导性和可操作性。

（3）2015年6月，湖北省人民政府发布《湖北汉江生态经济带开放开发总体规划（2014—2025年）》，体现了国家区域发展战略要求，强调推进湖北汉江生态经济带与周边区域协调、合作发展，服务国家南水北调战略，旨在充分利用本地优势，打造东方"田纳西"，更好地服务于长江经济带的发展规划。

（4）2015年6月，湖北省人民政府发布《关于国家长江经济带发展战略的实施意见》，旨在通过省级层面落实国家顶层战略，具体结合湖北实际情况，从长江经济带战略的6大核心任务入手，通过一元多层次的战略体系，构建了湖北融入长江经济带战略的途径。在增强和提升湖北经济等综合实力，挖掘和培养创新能力以及国际竞争力方面具有指导作用和重要意义。

（5）2016年3月，湖北省人民政府办公厅印发的《湖北省长江经济带产业基金管理办法》指出，抢抓"一带一路"、长江经济带开发开放和长江中游城市群建设等国家重大战略机遇，加快战略性新兴产业发展，培育产业核心竞争力，推进产业转型升级，加大对战略性新兴产业发展的支持，特设立湖北长江经济带产业基金，运用市场手段，促进财政与金融联动，引导社会资本投向实体经济，推动全省经济社会科学发展、转型发展、跨越式发展。同时，湖北省人民政府办公厅还印发了《湖北省长江经济带产业基金政府出资管理办法》，对湖北长江经济带产业基金中政府出资的管理进行了规范，提高了资金使用效益，防范了投资风险，增强政府出资的引导效果，确保政府出资安全有效运行。

(6) 2017年1月，湖北省委省政府、水利部长江水利委员会《关于全面推行"河湖长制"的实施意见》，对全省5公里以上4230条河流和列入省政府保护名录的755个湖泊实现河湖长全覆盖，落实河湖长12008人。湖北还建立了长江沿线产业准入负面清单制度，规定长江沿岸1公里范围内禁止新建重化工园区，不再审批新建重污染项目。

(7) 2017年7月，湖北省人民政府发布了《湖北长江经济带生态保护和绿色发展总体规划》和5个专项规划，分别是省环保厅牵头编制的《湖北长江经济带绿色生态廊道建设专项规划》、省交通运输厅牵头编制的《湖北长江经济带综合立体绿色交通走廊建设专项规划》、省发展改革委牵头编制的《湖北长江经济带现代产业走廊建设专项规划》、省住建厅牵头编制的《湖北长江经济带绿色宜居城镇建设专项规划》、省委宣传部牵头编制的《湖北长江经济带文化建设专项规划》。共同构成湖北长江经济带生态保护和绿色发展编制"1+5"规划体系，围绕水污染治理、水生态保护、水资源利用，初步建立总投资1.14万亿元的项目库，助力长江大保护。

(8) 2017年11月，根据湖北长江经济带生态保护和绿色发展规划工作总体部署，湖北省发改委发布《湖北长江经济带产业绿色发展专项规划》，指出要加快产业转型升级，重点发展高效节能、先进环保、资源循环利用等领域，积极开发新能源，积极推动多种形式的新能源综合利用。逐步实现到2020年，战略新兴产业占比明显提高，现代服务业对第一、第二产业发展支撑能力更强，能源利用效率、资源利用水平、清洁生产水平大幅度提升，绿色产业发展体系初步建立；到2030年，绿色发展产业体系全面建成，湖北成为长江经济带的绿色增长极、促进中部地区崛起发展的"重要战略支点"和支撑长江经济带的"龙腰"。与此同时，湖北省人民政府出台《湖北长江大保护九大行动方案》，明确实施森林、湖泊湿地生态修复、生物多样性保护、工业污染防治和产业园区改造、城镇污水和垃圾处理设施建设、农业和农村污染治理、江河湖库水质提升等九大治本工程，力争在3—5年内显著改善长江湖北段生态环境。

（9）2018年2月，湖北省人民政府发布《关于建立健全生态保护补偿机制的实施意见》，指出湖北要补齐在生态补偿机制上的短板，让生态保护受益者和生态保护者之间有一个良性的互动，提出了七大重要措施：一是补齐生态补偿制度的短板；二是生态受益者给予保护者更多补偿；三是受益地区与生态保护地区实施多种补偿方式；四是试点先行，武汉已探索生态补偿机制；五是构建湖北特色的"四屏两带一区"生态保护补偿范围；六是确定六大领域，四个部门牵头制定配套文件；七是探索生态脱贫新路子。

（10）2018年6月，湖北省人民政府发布《关于印发沿江化工企业关改搬转等湖北长江大保护十大标志性战役相关工作方案的通知》，指出要集中力量打好沿江化工企业关改搬转、城市黑臭水体整治、农业面源污染整治等湖北长江大保护十大标志性战役。把修复长江生态环境摆在压倒性位置，以湖北长江大保护为主战场，以十大标志性战役为主抓手，系统推进生态环境保护，着力解决突出环境问题，不断提升湖北长江流域生态系统质量和稳定性。

（11）2018年7月，湖北省人民政府发布《湖北长江经济带发展十大战略性举措分工方案》，提出将把绿色产业打造成为经济增长新引擎和国际竞争新优势，不断提升湖北经济发展的含绿量。具体包括加快发展绿色产业、构建综合立体绿色交通走廊、推进绿色宜居城镇建设、实施园区循环发展引领行动、开展绿色发展示范、探索"两山"理念实现路径、建设长江国际黄金旅游带核心区、大力发展绿色金融、支持绿色交易平台发展、倡导绿色生活方式和消费模式，共计58个重大事项、91个重大项目，总投资1.3万亿元。

综上所述，作为水利工程大省的湖北，新中国成立以来，由于防洪防汛和水电能源的强烈需求而兴建了众多的水利工程，如荆江分洪工程、丹江口水利枢纽工程和历经多年数次修改设计施工的葛洲坝水利枢纽工程（三峡的一部分）以及最著名的三峡工程，等等。长江水资源在中游大省湖北得到了最充分的利用和开发，可见湖北在长江流域中举足轻重的地位。随着湖北工业化进程的不断加速，众多工业产业沿长江布局，依托区位优势和资源优势，新时期的湖北交出了漂亮的经济成绩单。但伴随着经济发展，湖北也面临着生态环境恶化的严峻形势，经济发展任务艰巨。在生态文明建设和长江大保护不断提升的政策要求和现实要求下，湖北通过一系列的"战役""举措""措施"在长江干流和支流、湖泊和小流域治理等方面取得了阶段性成果。下一步湖北应继续推进现行政策的实施，科学分析经济增长需求和资源环境承载能力，立足于发掘现有资源优势，创新体制机制，拓宽中小城市工业化和城市化新路径，推动绿色低碳发展，抓住长江经济带战略新机遇，推进和拓展城市发展新空间，构建生态城市群和绿色发展示范大省。

（三）江西省长江经济带政策及其评价

江西位于中国东南部，长江中下游南岸，是中国内陆省份之一，经济相对欠发达。全省面积16.69万平方公里，97.7%的面积属于长江流域，水资源比较丰富，河网密集，河流总长约18400公里，有全国最大的淡水湖鄱阳湖。地形地貌以山地、丘陵为主，气候适宜，四季分明[①]。作为赣文化的发源地，江西素称人文之乡，陶渊明的"采菊东篱下，悠然见南山"既是对田园生活的自然留恋，也是江西人对生活的向往。江西铜文化、瓷文化和书院文化历史悠久且源远流长，如瓷都景德镇和宋代名窑吉州窑、桂岩书院、皇寮书院等。区位优越、交通便利，自古为"吴头楚尾、

---

① 江西省人民政府网，http://www.jiangxi.gov.cn/col/col387/index.html。

粤户闽庭"。近代以来，江西还是中国共产党革命的摇篮，井冈山、南昌、瑞金、安源等，中国革命的种子从这里点燃，燎遍中华大地。如今的江西经济后来居上，工业化进程不断加快，据《中国工业化进程》统计报告，"十二五"期间，江西工业化实现了从中期后半段向后期前半段的跨越。据国家统计局发布公告，2018年江西省地区生产总值（GDP）21984.8亿元，比上年增长8.7%，经济增速全国第4位，中部六省第1位，经济增长潜力大。

自然资源方面，江西矿产丰富，已查明有资源储量的矿产有九大类139种，在全国居前10位的有81种，有色、稀土和贵金属矿产优势明显，是亚洲超大型的铜工业基地之一，有"世界钨都""稀土王国""中国铜都""有色金属之乡"的美誉。地热水及矿水资源丰富，温泉分布以赣南和赣中南为最密，约占总数的62.7%，热水孔也多集中于该区，约占64%左右。水资源丰富，省内中小河流密布，河川多年平均径流总量1385亿立方米，折合平均径流深828毫米，径流总量居全国第七位。江西省生态保护基本格局为"一湖五河三屏"。"一湖"为鄱阳湖（主要包括鄱阳湖、南矶山等自然保护区），主要生态功能是生物多样性维护；"五河"指赣、抚、信、饶、修五河源头区及重要水域，主要生态功能是水源涵养；"三屏"为赣东—赣东北山地森林生态屏障（包括怀玉山、武夷山脉、雩山）、赣西—赣西北山地森林生态屏障（包括罗霄山脉、九岭山）和赣南山地森林生态屏障（包括南岭山地、九连山），主要生态功能是生物多样性维护和水源涵养。

江西近几年制定和出台关于长江经济带的政策，具体如下：

（1）2013年5月，江西省环保厅联合省财政厅制定了《江西省"五河"和东江源头保护区生态环境保护奖励资金管理办法》，根据源头保护区面积和水质情况确定源头保护区奖励资金的分配。根据该方案，江西省财政每年安排专项资金用于江西省"五河"和东江源头保护区生态环境保护奖励，且逐年递增奖励资金，提

· 211 ·

高了各级政府及相关部门做好源头区生态保护工作的积极性。

（2）2013年2月，江西省人民政府发布《江西省主体功能区规划》，随着主体功能区的划定，有助于提高江西全省资源环境格局的建立，明晰开发与保护的空间范围，有助于江西城市和产业的发展与资源环境承载能力相适应，同时还有助于政府制定生态环境保护政策，进一步扭转生态环境恶化的趋势。

（3）2017年，江西密集出台了一系列围绕生态环境保护的相关政策和制度，从6个方面形成了江西生态环境保护制度体系。主要有：①山水林田湖系统保护与综合治理制度体系，如《江西省空间规划》《江西省关于严守生态保护红线的实施意见》《江西省自然资源资产管理体制改革试点方案》《江西省重点生态功能区产业准入负面清单》；②最严格的环境保护与监管体系，如《江西省环保机构监测监察执法垂直管理制度改革实施方案》《德兴市、靖安县、宁都县农村环境整治政府购买服务试点方案》《宜黄、贵溪市、樟树生态检察试点方案》《江西省普遍推行垃圾分类制度的意见》；③促进绿色产业发展的制度体系，如《国家绿色生态技术标准创新基地（江西）建设工作方案》《江西省开发区节约集约利用土地的有关考核办法》和《江西省生产者责任延伸实施方案》；④环境治理和生态保护市场体系，如《江西省碳排放交易总量设定与配额分配方案》《江西省用能权有偿使用和交易试点方案》和《江西赣江新区建设绿色金融改革创新试验区实施细则》；⑤绿色共治共享制度体系，如《江西省贫困地区水电和矿产资源开发资产收益扶贫改革试点方案》《上犹县、遂川县、乐安县、莲花县生态扶贫试验区建设试点方案》《江西省环保社会组织行为规范指导意见》；⑥全过程的生态文明绩效考核和责任追究制度体系，如《江西省生态文明建设目标评价考核办法（试行）》《江西省党政领导干部自然资源资产离任审计实施意见》《江西省党政领导干部生态环境损害责任追究办法实施细则（试行）》等。

(4) 2018年5月，江西省人民政府发布《江西省生态环境损害赔偿制度改革实施方案》，该方案重点放在了对于生态环境损害后赔偿的范围、赔偿人和赔偿的方式和途径进行制度上规范和建设。同时通过制度改革，初步建立系统的生态环境损害赔偿机制。提高相关企业和个人损害环境的违法成本，同时可以有效增强全社会形成损害赔偿的责任和义务。方案的实施对于下一步推进制度法治化建设积累经验，在推动生态保护法治化建设先行一步。

(5) 2018年6月，江西省人民政府发布《江西省生态保护红线》，划定生态保护红线，江西超四分之一的国土面积被纳入其中；生态保护红线区按主导生态功能分为水源涵养、生物多样性维护和水土保持3大类，共16个片区。启动秸秆禁烧奖惩机制，严厉打击污染大气行为，继河长制后全面实施湖长制、林长制，护好一湖清水和万顷森林，江西出台一系列生态环保政策，从"陆、水、空"三位一体，为打造美丽中国"江西样板"护航。

(6) 2018年8月，江西省人民政府印发《江西省长江经济带"共抓大保护"攻坚行动工作方案》的通知，牢固树立新发展理念，"共抓大保护"共识共为进一步强化。加强改革创新，生态环境协同保护体制机制进一步完善。到2020年，全省国考断面水质优良率达到85.3%，重要江河湖泊水功能区水质达标率达到91%以上，鄱阳湖水质明显提升，全面消除劣V类水，基本消除设区市建成区黑臭水体；全省森林覆盖率稳定在63.1%以上，湿地面积不低于91.01万公顷，生物多样性逐步改善；全省城镇污水处理率达到90%、垃圾无害化处理率达到85%，长江沿线城镇污水和垃圾实现全收集全处理，敏感地区污水处理全部达到一级A排放标准；万元地区GDP用水量、主要污染物排放量进一步下降。

(7) 2018年12月，江西省人民政府办公厅印发《全省公共服务生态环保2个领域基础设施建设三年攻坚行动计划（2018—2020年）的通知》（赣府厅字〔2018〕121号），进一步推进江西生态环境保护工作，共同推进民生工作与生态环境工作协调发展。

综上所述，在长江经济带中，江西的地理区位优势并不突出，全省大面积位于长江以南，只有赣北九江、鄱阳湖一带邻近长江，属于内陆型省份。在经济方面，江西全力借助红色旅游文化和自然风景名胜发展旅游经济，工业偏基础制造业。因此，江西依仗长江水运发展的比较优势不明显。通过上面列举的生态环境保护政策和措施，江西在鄱阳湖水生态系统治理、森林资源和生物多样性保护等方面颇有成效。在对全省生态环境格局正确认识基础上，江西应重点探索旅游经济与生态保护相结合的生态产业化模式。宣传和倡导当地群众保护生态资源，同时通过红色旅游的正面宣传效应将生态环保理念传播给全社会。建立全省生态红色旅游理念，联动城市生态建设，在美化城乡居住环境建设方面可以与环保人文素养教育结合起来，充分发挥历史悠久的书院文化，培养践行环保理念的社会公民。这样既能加快经济增长，又能保护属于所有人的红色生态资源。努力创新旅游生态经济体制机制，提升江西在长江大保护格局中的特色和亮点。

第三节　长江经济带下游区域特点及其政策

一　长江经济带下游地区特点

长江下游地区是中国经济综合实力最发达的区域之一，包括江苏、浙江、安徽和上海。该区域濒临黄海与东海，地处江海交汇之地，地势坦荡开阔，河道多分汊，形成许多江心洲。安徽大通以下，长江受海潮顶托的影响，水势大而和缓。到江苏江阴以下，长江便进入河口段，江面越来越开阔，呈喇叭口形入海。区域沿江沿海港口众多，国土面积21.17万平方公里，约占中国的2.2%。水资源丰富，长江在此区域平均过境水量9730亿立方米，有中国五大淡水湖之一的太湖以及巢湖、阳澄湖、淀山湖等大大小小的湖泊在其间星罗棋布。矿产资源主要分布于安徽、江苏、浙江三省，尤以安徽矿产资源相对丰富，有煤炭、石油、天然气等能源矿产和大量的非金属矿产，另有一定数量的金属矿产。

长江下游三角洲地区历来是我国著名的鱼米之乡，富饶之地，素有"江淮稻粱肥"和"富饶甲海内"的美名。这里稻米水产丰富，"江南风韵"独特，这里经济社会发达。2019年10月15日长三角城市经济协调会召开，会议通过了《关于吸纳蚌埠等7个城市加入长三角城市经济协调会的提案》，黄山、蚌埠、六安、淮北、宿州、亳州、阜阳7个城市加入协调会。这意味着，安徽全部地市正式"入长"。自此，上海、浙江、江苏、安徽三省一市（41个城市）全部纳入长三角一体化范畴。这41个城市所组成的长三角，面积仅占国土面积的3.7%，2017年GDP高达21.1万亿元，人口合计2.25亿人，资金总量42.79万亿元，分别占全国的23.6%、16.15%和23.45%。与之相比，京津冀一省两市总GDP为8.51万亿元，粤港澳大湾区11城总GDP为10.87万亿元。可见，长三角地区是中国最大的城市群。

生态环境保护方面，长三角地区在作为世界制造业基地和区域经济一体化典范的同时，存在着生态景观格局变化剧烈、大气污染严重、水环境质量下降和土壤重金属污染严重等生态环境突出问题，地区生态失衡，环境危机频发。如太湖水域富营养化严重，导致蓝藻时常爆发。又如江浙沪出现"水质性缺水"以及长江下游地区出现跨界水体污染等[1]。根据邹辉等[2]对长三角地区污染密集型产业空间演变及其对污染排放格局的影响研究结论，长三角地区制造业密集，纺织、化工等污染性企业占比较大，且污染严

---

[1] 宋建波、彭雄武、陈龙：《岩体地基极限承载力研究成果简介》，《贵州省岩石力学与工程学会学术年会论文集》，2010年；孙克强、李萍：《对深化长三角地区环保协调机制问题的研究》，《江南论坛》2018年第8期。

[2] 邹辉等：《长三角地区污染密集型产业空间演变及其对污染排放格局的影响》，《中国科学院大学学报》2016年第5期。

重。污染性产业的空间分布与其污染排放的空间分布基本一致。毫无疑问,长三角地区在长期发展工业化的后果之一是对环境的破坏和生态污染,且生态欠账严重。可见,高质量发展是未来长江下游地区的重要任务。

具体而言,长江下游地区具有以下三个方面的特征。

(1) 长江下游地区发展基础条件完备,经济发达且城镇化发展水平高。该区域是中国城镇化基础最好的地区之一,经济腹地广阔,拥有现代化江海港口群和机场群,交通路网健全,水运、空运发达,基本形成了立体综合的交通网络。另外,由长江河流带来的大量的冲击物堆积而成的长江中下游平原,与中游地区类似,平原东部的长江下游地区普遍水资源丰富,河网密布、湖泊众多。是我国重要的粮食生产基地。以上海为龙头,江苏、浙江、安徽共同构成了以发达工业经济为主体的长三角地区,在我国国家现代化建设大局和开放格局中具有举足轻重的战略地位,也是我国参与国际竞争的重要平台、经济社会发展的重要引擎、长江经济带的引领者

(2) 工业化发展蓬勃,产业绿色转型特点明显。就工业化阶段的一般规律而言,较为发达的长江下游地区转变发展方式的意愿和行动较多,在着力推进经济结构战略性调整,提升自主创新能力,提高资源节约和环境保护水平等方面需求普遍较大。据相关学者研究表明,2013—2017 年,长三角地区工业绿色发展效率逐年提升,但增速逐年放缓。其中,上海和浙江绿色发展效率优于江苏和安徽[①]。长江下游地区自主创新能力较强,极大地支持了产业绿色转型。

(3) 长江下游地区开发开放程度高。习近平总书记于 2018 年

---

① 丁显有、肖雯、田泽:《长三角城市群工业绿色创新发展效率及其协同效应研究》,《工业技术经济》2019 年第 7 期。

11月5日在首届中国进口博览会上提出"支持长三角一体化发展上升为国家战略,同'一带一路'建设、京津冀协同发展、长江经济带发展、粤港澳大湾区建设相互配合,完善中国改革开放空间布局"。长三角地区具备了成为中国开放高地的5个基础条件[①],以占全国1/26的土地(25.9万平方公里)、占全国1/6的人口(2.2亿人),产出占据了全国1/4的GDP、1/4的财政税收、1/3的进出口贸易和29/50的外资利用,是我国区域经济最发达、经济体量最大、综合竞争力最强的重要经济和贸易、金融中心和全球制造业基地

在上述背景下,长江经济带发展结合"共抓大保护"的政策要求,长三角地区发展和保护通过一系列体制机制构建和政策行动得到了明显的改善,水更清、山更绿,如被誉为上海后花园和绿肺的崇明岛、江苏最美乡村白塔村等。此外,三省一市积极探索区域联动保护机制,如2018年5月,沪苏浙皖四地政法系统在上海召开长三角政法系统推进平安建设、法治建设座谈会,签订了《沪苏浙皖政法系统关于推进更高质量平安长三角法治长三角建设总体方案》;6月,沪苏浙皖四地的13家法院在上海举办的"长三角环境资源司法保护论坛"上共同签署《长三角环境资源司法保护协作备忘录》等。这进一步说明,政府的管控和治理是生态环境保护最有力的手段和方式。

[①] 国家开放高地的5个基础条件:(1)具有较大的城市群体系,有发展的比较优势和较强的腹地优势,连接产品供给和市场、消费地区;(2)具有联通全球的交通枢纽(航运、航空、铁路),在国内外经济中发挥枢纽功能;(3)具有国际竞争力的政策体系,既有海关商检国家一类口岸功能,又有保税区、自贸试验区等开放平台,在财政政策、法律法规等方面形成与国际接轨的营商环境;(4)具有与国际市场融合的全球化大产业,形成独具特色、产业链配套发展的产业体系;(5)集聚一批具有全球视野和领导能力的人才,在技术、管理方面与国际接轨(黄奇帆:《在长三角地区协同推进建设开放新高地》,《宏观经济管理》2019年第3期)。

二 长江经济带下游地区分省市政策分析

近年来，长江下游地区各省市分别针对长江经济带出台了一系列政策文件，具体如下：

（一）上海市长江经济带政策及其评价

上海位于我国华东沿海，地处长江入海口，东隔中国东海与日本九州岛相望，南濒杭州湾，北、西与江苏、浙江两省相接，是省级行政区，国土总面积6340.5平方公里。上海境内河道（湖泊）面积500多平方公里，河面积率约为9%—10%，河道长度2万余公里，河网密度平均每平方公里3—4公里。水产资源丰富，共有鱼类177属226种，其中淡水鱼171种，海水鱼55种。上海是中国共产党诞生地、国家历史文化名城，我国经济、金融、贸易、航运、科技创新中心[①]。据上海市统计局数据显示，截至2018年年末，上海市常住人口总数为2423.78万人。实现地区生产总值（GDP）32679.87亿元，比上年增长6.6%，居全国经济总量前十城市之首，居全国31省份GDP排名第11位。

作为我国最早的直辖市，上海在社会经济发展方面具有几个比较鲜明的特点，一是处于后工业化时期的上海经济总量大，地方财政收入次于广东和江苏排在第三位，虽然以服务经济为主的产业结构已经形成，但仍处于初级阶段和转型期，一系列新业态经济发展还不稳定，科技创新型企业地位尚不稳固；二是城乡发展不平衡的问题依然存在，居民可支配收入增长动力不足，青年就业问题压力大，社会保障改革面临深水区等；三是城乡资源环境保护压力大，城镇低效用地再开发任务重，人口综合服务和调控等一系列现代城市管理问题较多。

上海积极发挥长江"龙头"角色，近年来陆续出台了一系列

---

① 上海市人民政府网，http://www.shanghai.gov.cn/nw2/nw2314/nw2318/index.html。

保护长江生态环境的政策，具体如下：

（1）城市饮用水水源地保护和水质要求对于城市生活安全具有重要的意义。上海在城市饮用水水源保护区划方面做了一系列工作。从2009年开始，上海市人民政府出台了《建立健全生态补偿机制的若干意见》，建立了上海饮用水水源地生态保护补偿制度。2010年，上海市人民政府同意批复了《上海市主要饮用水水源地保护区边界划定和调整专项规划》。2017年8月，上海市人民政府再次对调整后的水源地区划方案进行批复，确定了黄浦江上游、青草沙、陈行、崇明东风西沙水源保护区范围。

（2）就城市生态环境保护和发展来讲，崇明岛对于上海具有城市绿肺的功能，2005年上海市人民政府发布了《崇明岛总体规划》，正式明确了崇明岛的总体定位，即现代化综合生态岛。2010年，上海市人民政府发布《崇明岛生态建设纲要》，崇明岛的生态建设得到了进一步的发展和升级。目前，生态崇明已成为上海对外开放展示的良好平台。2018年，上海市人民政府又发布了《崇明区总体规划暨土地利用总体规划（2017—2035）》，崇明岛的建设和发展见证了一个经济国际化大都市更需要生态宜居的事实。生态崇明、生态上海的城市发展方向，为长江生态大保护作出城市生态发展的样板和示范。

（3）2015年12月，上海市人民政府发布《上海市水污染防治行动计划实施方案》。该方案立足于三年内使市内河道的污染情况得到遏制，共安排了270余项河道治理措施，包括饮用水安全、污水场建设、严控工业污染等6个方面的内容，并在具体的完成指标上做了明确的规定。

（4）2016年10月，上海市人民政府发布《上海市环境保护和生态建设"十三五"规划》，主要目标是使上海生态环境质量、生态空间规模和资源利用效率得到显著提高。安排了在大气保护、水保护、土壤保护及重点区域治理方面的任务，14个重点工程和

64个重大环境整治项目。全面规划了上海市未来五年在环境保护和生态建设方面的主要形势和治理体系。为全市的生态环境保护提供了有效的指导和引导。

（5）2017年1月，上海市人民政府发布《上海市水资源保护利用和防汛"十三五"规划》，规划按照中央新时期治水思路，结合上海市水资源保护和利用的实际情况，安排部署了"十三五"时期上海市的水资源保护和利用及防汛工作。

（6）2018年3月，上海市人民政府印发《上海市2018—2020年环境保护和建设三年行动计划》。上海在连续七轮"行动计划"中不断加大环境保护和建设力度，有针对性地解决了一批突出环境问题，污染治理力度不断加大，源头防控和绿色发展加快推进，全社会环境治理体系初步形成，全市生态环境质量持续改善。

（7）2018年8月，上海市人民政府发布《上海市生态保护红线》，明确了上海"一片多点"的生态空间格局，生态保护红线总面积为2082.69平方公里，包括生物多样性维护红线、水源涵养红线、特别保护海岛红线、重要滨海湿地红线、重要渔业资源红线和自然岸线等6种类型。

综上所述，上海长江经济带政策重点围绕生态环境保护规划的制定、产业生态化发展和绿色经济转型，制定和实施污染治理协调推进机制和相关行动计划、建设污染减排工作平台等，在环境生态建设和污染治理方面取得了成效。未来上海在长江经济带发展与保护政策方面可以考虑从以下几点推进：一是通过产业转型加快调整传统产业生态化，提高行业环保硬标准，控制传统产业污染排放程度；二是加快培育和完善产业结构调整，巩固和支持创新产业集群发展，通过发展新产业、新业态全面开展创新改革试验，转变经济发展方式，从源头上大幅度减少对生态环境的污染量；三是继续坚持最严格的资源节约制度，通过开放合作借鉴和引进先进环保设备和节能设备，全面提升改造高耗能、高排放、高污染行业生产加工设备；四是加强环保法治的提升和试验，通过法治制度的建立为大保护保驾护航；五是提高和加强城市居民环保节约意识，通过垃圾分类、绿色出行、节能减排等增强城乡居民环保义务的观念，结合优质的城市教育资源培养具有环保意识的新上海人；六是积极融入长江大保护区域协同治理阵营中，通过技术扶持、资金支持、政府引导投资等，加强与中上游城市环保产业联合，帮助和带动落后地区发展，充分发挥具有环保效应的生态"龙头"作用。

（二）浙江省长江经济带政策及其评价

浙江位于中国东南沿海，东临东海，南接福建，西与安徽、江西相连，北与上海、江苏接壤，境内最大的河流钱塘江，因江流曲折，称"之江"，又称"浙江"，省以江名。省会杭州。全省国土总面积10.55万平方公里，占全国国土总面积的1.1%。浙江地势由西南向东北倾斜，地形复杂。水系主要有钱塘江、瓯江、灵江、苕溪、甬江、飞云江、鳌江、曹娥江八大水系和京杭大运河浙江段。气候属典型的亚热带季风气候。浙江是我国传统的经济富庶地区，因物产丰富而被称为丝绸和鱼米之乡。杭嘉湖平原、宁绍平原是著名的粮仓和丝、茶产地，舟山渔场是中国最大的渔场。浙江同时也是吴越文化和江南文化的中心，悠久灿烂的中华古文明发祥地之一。这里有秀丽如画的西子湖、佛教名山普陀山、"海上名山，寰中绝胜"的雁荡山、天下第一秀水的千岛湖、融合互联网经济的著名古镇乌镇、质朴优雅的西溪湿地还有近代伟大文学家鲁迅故里绍兴。说不完的风景如诗、道不尽的江山如画[1]。浙江省占得了天时地利人和，工业化进程和城市化水平不断提升，"十二五"期间更是实现了跨越式发展，进入了工业化后期。根据浙江省统计局数据显示，截至2018年年末，全年地区生产总值

---

[1] 浙江省人民政府网，http://www.zj.gov.cn/col/col1544731/index.html。

（GDP）56197亿元，比上年增长7.1%，全国排名第4，人均GDP9.86万元。

浙江是全国首个部省共建美丽中国示范区[①]。全省累计建成国家生态文明建设示范市县5个、国家"两山"实践创新基地3个、国家生态市2个、国家生态县39个、国家级生态乡镇691个，生态示范创建数量全国领先。据国家统计局《2016年生态文明建设年度评价结果公报》和中国人民大学《绿色之路——中国经济绿色发展报告2018》显示，浙江生态文明水平均位列全国前三。随着浙江省生态保护红线的确定，基本形成了"三区一带多点"[②]的生态保护格局。

在贯彻中央关于长江生态保护政策的同时，浙江省围绕长江经济带陆续出台了一系列政策文件，具体如下。

（1）2016年9月，《浙江省环境功能区划》出台，形成全省"一个区划一张图"和覆盖全省的环境空间管制机制，共划出702个生态保护红线区。将环境功能区分为生态保护红线区、生态功能保障区、农产品安全保障区、人居环境保障区、环境优化准入区和环境重点准入区六大类。将工业项目按污染强度和风险等级分为三类，各功能区明确了建设项目准入类别，同时，制定了项目负面清单。

（2）2016年9月，浙江省人民政府发布《浙江省参与长江经济带建设实施方案（2016—2018年）》，该方案旨在建立最严格的生态环境保护和水资源管理制度。充分发挥浙江的优势、协同发

[①] 2016年4月，时任环保部部长陈吉宁和时任浙江省省长李强于浙江杭州签署《关于共建美丽中国示范区的合作协议》，环境保护部与浙江省人民政府共建美丽中国示范区，浙江成为首个开展省部共建美丽中国示范区的省份。

[②] 2018年7月20日，浙江省人民政府发布《浙江省生态保护红线划定方案》。其中，"三区"为浙西南山地丘陵生物多样性维护和水源涵养区、浙西北丘陵山地水源涵养和生物多样性维护区、浙中东丘陵水土保持和水源涵养区。"一带"为浙东近海生物多样性维护与海岸生态稳定带。"多点"为部分省级以上禁止开发区域及其他保护地。

展，注重长江经济带生态屏障建设，打造浙江绿色生态廊道，努力使浙江为长江经济带的发展和保护起到带动和示范作用。

（3）2018年1月，浙江省财政厅等四部门提出《关于建立省内流域上下游横向生态保护补偿机制的实施意见》，此《意见》是在全国首创建立省内流域上下游横向生态保护补偿机制。实施意见旨在调动流域上下游地区生态保护积极性，加快建立省内流域上下游横向生态保护补偿机制，推进生态文明体制建设和国家节水行动，通过明确补偿基准、科学选择补偿方式、合理确定补偿标准、建立联防共治机制、签订补偿协议和省级资金引导等手段，推动形成"成本共担、效益共享、合作共治"的流域保护和治理长效机制。

（4）2018年4月，浙江省人民政府发布《长江经济带生态环境保护规划浙江省实施方案》，结合省情制定了详细的限制指标及牵头责任部门，从多个层面保护长江经济带浙江省区域生态环境。

（5）2018年5月，浙江省人民政府发布"富民强省十大行动计划"之《浙江省生态文明示范创建行动计划》，《计划》主要目标为：到2020年，高标准打赢污染防治攻坚战；到2022年，各项生态环境建设指标处于全国前列，生态文明建设政策制度体系基本完善，使浙江成为实践习近平总书记生态文明思想和建设美丽中国的示范区。具体分为环境空气质量目标、水环境质量目标、土壤环境质量目标、固废污染防治目标、生态保护建设目标和绿色生产生活目标等。浙江省计划通过一系列"行动""手段""指标"完成预期目标，推动绿色发展，建设美丽浙江。

（6）2018年7月，浙江省人民政府发布《浙江省生态保护红线》，浙江生态保护"三区一带多点"的生态基本格局形成。生态保护红线作为综合决策的重要依据和各级各类规划编制的重要基础，将有效维护浙江省生态安全，为生态环境保护提供保障。

（7）2018年7月，浙江省交通运输厅印发《浙江省船舶与港口污染防治专项规划（2017—2020年）》，通过分析"十二五"期间船舶与港口污染防治的成效及主要问题，总结经验，部署了浙江2017—2020年船舶与港口污染防治的重点目标和任务。提出了八大重点任务及其保障措施，是《浙江省绿色港航发展"十三五"规划》的重要组成部分，对于积极推进浙江省绿色水路交通发展具有重要意义。

综上所述，随着国家生态文明建设进程的不断加快，浙江在环境保护方面取得了一系列新成效，通过实施"五水共治"、蓝天保卫战、净土行动、清废行动等，基本使浙江生态环境恶化得到了有效的缓解。在积极融入长江大保护方面，浙江也陆续出台和编制了符合省情的规划及相关行动计划，联合长三角地区开展协同监管和水污染治理行动。但浙江与长江经济带其他兄弟省市在大保护方面呈现的问题基本一致，即在环境基础设施建设、环保法治制度建设、全面协同发展体制机制和推进落实产业环保标准等方面存在问题和短板。未来浙江可以从长江经济带区域发展角度出发，在改造和升级传统优势产业的基础上，发挥旅游生态资源优势，协同长江经济带其他省市开展文化旅游产业联合，促进生态联防一体化机制的完善；持续坚持建设蓝色海湾，推进非化石能源、港口物流、绿色石化、海洋旅游、船舶制造等产业建设，提升国际化水平，加强吸引外资能力；注重中小城市产业发展和绿色产业引导。可率先制定地区法规加强管理和监督污染性企业；通过政府投入，改变资源小省的劣势，大力发展高技术产业，提升企业科技含量，加强浙江制造业企业集群建设，开发高附加值产品，实现绿色经济发展。长江经济带的发展和大保护将有益于浙江实现经济增长与优美生态相结合的高质量发展。

（三）江苏省长江经济带政策及其评价

江苏位于中国大陆东部沿海，地处长江、淮河下游，北接山东，东濒黄海，东南与浙江和上海毗邻，西接安徽。国土面积

10.72万平方公里，占全国国土总面积的1.12%。平原、水域面积分别占69%和16.9%，比例之高居全国首位。全省平原大部分土层深厚，肥力中上，农业生产条件得天独厚，素有"鱼米之乡"的美誉[①]。江苏是人口和经济强省，却是资源小省，以1%的国土面积承载了6%的人口密度，创造了12%的地区GDP。据江苏省统计局数据显示，截至2018年年末，江苏常住人口8050.7万人，实现地区GDP 92595.4亿元，比上年增长6.7%。下辖13个设区市，全部进入百强，是唯一所有地级市都跻身百强的省份。地区发展与民生指数（DLI）均居中国各省第一，成为中国综合发展水平最高的省份，相当于中上等发达国家水平。

自古以来，江苏从来不缺美景，有流淌于繁华古都南京的秦淮夜色，有"不见明居士，空山但寂寥"的栖霞山，还有"天下三分明月夜"的扬州。看不尽的苏州园林，逛不完的江南古镇。江苏是昆曲的发源地，又是历史悠久的科教中心，六朝古都南京被誉为"天下文枢"和"东南第一学"。以风景如画闻名的江苏，是中国地势最低的地区，平均海拔50米以下，境内最高峰云台山的玉女峰海拔仅为625米。江苏水资源丰富，著名的京杭大运河纵贯南北约718公里，长江横贯东西约433公里。有太湖、洪泽湖、高邮湖、骆马湖等大中型湖泊及密密麻麻的小型湖泊290余个，可谓是河渠纵横、水网稠密。此外，江苏湿地资源丰富，总面积282.19万公顷，多为自然湿地，人工湿地仅占三成，动植物种类繁多，尤其水生动物资源丰富，是我国重要的渔业中心。

在生态环境保护方面，江苏围绕化工产业转型升级和化工园区整治提升、地下管线建设管理、城市黑臭水体治理和城镇生活污水处理、船舶污染防治、饮用水源地管护、饮用水水质监测、农

---

① 江苏省人民政府网，http://www.jiangsu.gov.cn/col/col31358/index.html。

业面源污染和农村生活污水治理、长江排污口整治等进行重点突破,坚持问题导向和目标导向,补短板、强弱项,找差距、抓落实,标本兼治、综合施策。提出"围绕一个目标,坚持五个原则,落实十大任务",即围绕确保完成国家和省确定的环境质量目标,坚持守底线与高要求的统一、早出手与出好手的统一、减存量与控增量的统一、抓重点与谋整体的统一、严整治与促发展的统一等五个原则,落实增蓝天、保碧水、护净土、优生态、严执法、强服务、防风险、促改革、提能力、推共治等十大任务,确保擦亮"水韵江苏"这张靓丽名片。

在贯彻落实长江大保护的政策措施前提下,江苏围绕长江经济带陆续出台了一系列政策措施,具体如下:

(1) 2016年8月,江苏省人民政府发布《江苏省生态环境保护工作责任规定(试行)》,清楚地界定了全省各部门对于环境保护的职责,规定了各级党委和政府部门在生态环境保护中的各个领域的责任,将环境保护的意识落实到了全省。

(2) 2017年6月,江苏根据《江苏省生态文明体制改革实施方案》和《江苏省生态环境保护制度综合改革方案》确定的各项重点改革事项,启动了省级环境保护督察,对6个设区市展开督察,重点督察党委、政府落实国家和省环保决策部署、解决突出环境问题情况。这也是对政策文件的落实情况进行的摸底工作,以确保党和政府在生态环境保护问题上有所作为,查缺补漏。如落实不到位,则可根据相关领导干部生态环境责任追究的规定实行相应的惩罚。

(3) 2017年8月,江苏省人民政府发布《江苏省生态文明建设评价考核实施办法》。依照该办法,江苏将每年开展一次生态文明建设评价考核,重点考察各地市的生态文明建设目标任务的完成情况,并评估上一年度生态文明建设进展情况,以此督促各地市推进生态文明建设。

(4) 2018年7月，江苏省人民政府发布《江苏省长江经济带生态环境保护实施规划》，在分析了江苏省"十二五"期间长江生态保护的工作进展及主要问题的基础上，明确了到2020年江苏对于保护长江经济带生态环境的目标任务，并对2030年进行了展望。

(5) 2018年12月，江苏省生态环境厅发布《江苏省企业环保信任保护原则实施意见（试行）》，主要宗旨是促进环保信任保护的原则在日常环境执法中得到实施，通过差别化监管创新监管形式，完善正向的环保激励机制。根据实施意见的定义，环保信任保护是指各级生态环境部门对企业给予守法信任并予以保护，主要是指那些能够严格遵循环保法律法规和规章要求的，认真执行环保标准且环境管理处于行业领先水平并能积极配合环保部门进行日常监督管理的企业。对这些列入环保信任的企业，环保部门给予一定的保护，如优先安排环保补助、优先办理环保许可等。同时，在日常监督管理方面，被信任的企业将受到更小频次的现场检查，或获得豁免检查等，可以执行最低日常检查要求。该政策有利于提高企业参与环保和提升企业形象的意愿。从另一个方面来讲，政府也可以通过树立典型来减少日常行政管理的成本。但困难在于环保部门对被信任企业的公平性和长期可信程度的监控和操作，还需进一步优化相关机制。

(6) 2018年12月，江苏省生态环境厅发布《江苏省保护和奖励生态环境违法行为举报人的若干规定（试行）》，明确提出，江苏对生态环境违法行为举报人要奖励，更要保护。这是江苏省生态环境厅继出台"奖励政策"后，又进行的"保护政策"。"奖励政策"为：鼓励个人和单位依法实名举报环境违法行为，举报线索一经查实，将对举报者进行奖励。这项规定的出台与上述企业环保信任保护原则实施意见一起，构成了政策上的相互呼应。被信任的企业是按年度申请，条件中要求近一年无被查实的环保信访投诉举报。这就从另一角度提高了企业违法污染的风险，发动群众和行业内互相监督机制。这是针对政府对企业污染难监控、难取证的行政困境作出的调节机制,把监督权以隐性的方式下放到社会中去,这样既有利于遏制企业表面应付突击检查之风,又有利于弥补政府行政监督管理的"死角"。

综上所述,江苏地处长三角东部沿海,经济基础和自然条件都十分优越。工业化进程快速,处于工业化后期。生态环境保护成效明显,先后建立国家生态文明示范县 4 个,省级生态文明示范县 27 个,水域治理和治污能力在政府大力投入和监督管理下,得到大幅度提升。但环保形势依旧严峻,据相关政府部门统计数据显示,江苏环境质量指标、治污和防范恶化风险的能力等方面还没有迈过环境高污染、高风险阶段。生态环境制度建设、构建体制机制融入长江大保护的力度还不足。江苏可以针对生态环境治理的突出问题,从保护境内丰富的水资源入手,联合开展水土气的全方位生态联防联治;把握机遇,优化布局,以试点市县带动全省城乡生态环境治理新格局。另外,江苏作为长江经济带的东部地区,沿海岸线最长的省份,应充分把握对外开放政策,在生态治理国际化方面应走在最前列,积极试验多元融资手段,探索中外合资环境治理新思路、新政策,积极引进和借鉴国外先进治理经验、手段和技术,为长江经济带其他省市发挥示范效应,这也是有助于江苏融入长江大保护的有效路径之一。

(四)安徽省长江经济带政策及其评价

安徽位于我国华东腹地,是近海内陆省份,东连江苏、浙江,西接河南、湖北,南邻江西,北靠山东,沿江通海,有八百里的沿江城市群和皖江经济带,内拥长江水道,外承沿海地区经济辐射,国土总面积 14.01 万平方公里,占中国国土面积的 1.45%。安徽地形地貌呈多样性,地势由平原、丘陵、山地构成;长江和淮河自西向东横贯全境,长江流经安徽中南部,境内全长 400 公里;淮河流经安徽北部,境内全长 430 公里;新安江为钱塘江正源,境内干流长242公里。安徽地处暖温带与亚热带过渡地区，四季分明，气候宜人①。安徽是长三角的重要组成部分，处于全国经济发展的战略要冲和国内几大经济板块的对接地带，经济、文化和长江三角洲其他地区有着历史的和天然的联系。安徽近年经济发展势头良好，工业化程度加速提升，基本实现了由中期向后期的跨越。2018年，安徽地区生产总值（GDP）为3.0万亿元，第一产业增加值2638亿元，第二产业增加值13842.1亿元，第三产业增加值13526.7亿元，常住人口6323.6万人，户籍人口7059.15万人，人均GDP为4.77万元。

徽商是我国著名的商帮，据文献资料，鼎盛时期的徽商占有全国总资产的4/7。同时安徽也是戏曲之乡，发源于这里的徽剧是京剧的前身之一。丰富的旅游资源吸引着众多游客流连忘返，有古镇水乡，有千年名刹，有湖光山色，亦有古城遗址。黄山、九华山、天柱山、琅琊山、巢湖、花亭湖等数不尽的山川秀丽，古村落、古道群都显示着这里曾经的沧桑与繁华。

作为长江经济带的重要组成部分，安徽坚持生态优先、绿色发展，重理念、重修复、重治理、重绿色、重机制。为构筑生态安全屏障，在新形势下，安徽的长江生态环境保护制度设计和政策体系日趋完善。从全省生态环境出发，出台了如《关于深入贯彻习近平总书记视察安徽重要讲话精神进一步加强环境保护工作的实施意见》《安徽省五大发展行动计划》《安徽省环境保护督察方案（试行）》《安徽省环境保护"五个一"专项行动方案》等一系列重要政策文件，将生态环境保护工作提到了政府工作的优先层面。

近年来，安徽在贯彻落实中央有关长江生态环境保护的相关政策文件的同时，围绕长江经济带陆续出台了一系列政策措施，具体如下：

---

① 安徽省人民政府网，http://www.ah.gov.cn/hfwy/index.html。

(1) 2016年1月，安徽省人民政府发布《安徽省水污染防治工作方案》。该方案主要针对安徽污染严重的水体，使皖北地下水污染的趋势得到遏制，以确保引江济淮输水线路水质安全。

(2) 2016年9月，安徽省环保厅、省质监局发布《巢湖流域城镇污水处理厂和工业行业主要水污染物排放限值》地方标准，自2017年1月1日起施行。巢湖流域污水排放门槛提高，严于国家标准，有利于减少水污染物排放总量，进一步改善巢湖流域水环境质量。此标准是根据《安徽巢湖流域水污染防治条例》的规定，即"省人民政府应当根据巢湖流域水污染防治的需要，结合巢湖流域水环境承载力，制定严于国家标准的地方水污染物排放标准。"实施更严标准，有利于进一步改善巢湖湖体富营养化状况，促进巢湖流域经济和社会可持续发展。

(3) 2017年，安徽省人民政府陆续修订了《安徽省大气污染防治条例》《安徽省饮用水水源环境保护条例》《巢湖流域水污染防治条例》《安徽省湿地保护条例》和《安徽省节约用水条例》等一系列法规条例，为保障安徽生态环境提供了制度保障。

(4) 2018年1月，安徽省人民政府办公厅发布《安徽省地表水断面生态补偿暂行办法》，该办法是在安徽省人民政府办公厅关于健全生态保护补偿机制的实施意见的要求下制定的，值得注意的是，新安江流域生态补偿办法按照其已签订的补偿协议执行，不适用该项办法。该办法对地表水断面生态补偿制定了详细的核算补偿指标和计算补偿的方法。将有利于扩大各市县生态环境保护资金的筹措渠道和资金数量，通过专款专用，提高各市县水生态综合治理和生态基础设施建设的后备保障。

(5) 2018年6月，安徽省人民政府发布《关于全面打造水清岸绿产业优美丽长江（安徽）经济带的实施意见》，规划安徽阶段性战略目标是到2020年美丽长江（安徽）经济带建设取得实质性进展，到2035年成为美丽中国建设的安徽样板。实施意见还具体对近期安徽构筑生态保护的"三道防线"和深入开展的"七大行动"做了要求,并提出制定严格的目标管理和评价考核制度,对企业实行能源消耗总量和强度的双控制度,提高准入门槛,探索市场化能源消费配置机制等。此外,安徽还将开展生态园区的建设,坚持绿色发展,积极营造长江生态环境保护的氛围等。

(6) 2018年12月,安徽省人民政府办公厅印发《关于加强长江(安徽)水生生物保护工作的实施意见》(皖政办〔2018〕60号),该实施意见提出优先保护现有重要湿地,重点对安徽境内的水生生物进行保护,特别是以长江江豚为代表的珍稀濒危水生生物,对其进行抢救性保护。同时加强对中华鲟、长江鲟、长江江豚、长吻鮠、刀鲚、"四大家鱼"等水生生物保护地建设与管理。

(7) 2018年12月,为贯彻国家发展改革委、生态环境部、农业农村部、住房和城乡建设部、水利部联合印发的《关于加快推进长江经济带农业面源污染治理的指导意见》,安徽省发展改革委、省生态环境厅、省农业农村厅、省住房和城乡建设厅、省水利厅结合省情实际,联合印发《安徽省加快推进长江经济带农业面源污染治理实施方案》(皖发改农经〔2018〕692号),总体目标为:到2020年,全省农业农村面源污染得到有效治理,种养业布局进一步优化,农业农村废弃物资源化利用水平明显提高,绿色发展取得积极成效,流域水质显著改善。同时,围绕农田污染治理、养殖污染治理、农村人居环境治理等方面,提出了各项具体治理目标。

综上所述,作为内陆省份,安徽的区位优势并不明显,但长江经济带战略和长三角城市群都是安徽奋起直追、锐意进取的重要机遇。"十三五"期间,安徽构建了以企业创新为主体的产业发展机制,以省会合肥为核心,打响了"大湖名城、创新高地"的口号,在提高基础设施建设的同时,重点推动了交通、水利、能源、信息等基础设施共享共建。在大力发展经济的同时,安徽加强了生态环境保护力度，坚决不走先污染后治理的老路。积极融入长江下游三角洲城市群，构筑长江生态环保联合共治平台的建设，积极与中游、下游各省市签订协同治理协议，运用多种手段和方式提升河湖水生态治理、流域治理水平，取得了经济生态双重成效。未来，安徽可以大力发展创新高地建设，提升生态环保创新能力，以人之长补己之短，积极与上海、江苏和浙江对接，加强经济互助、平台共享、生态共治的沟通和交流，充分利用和发挥长三角经济区域优势，持续对外开放，以更开放的姿态和更高水平的要求来提升工业化和城市化水平，以更优美的环境和高效率的资源利用方式引领中部的崛起。

第八章

湖北长江经济带发展与保护案例

湖北作为长江经济带中游省份,在经济、社会、生态等方面兼有上下游的特点,各方面都处于中间地位,既迫切需要解决发展问题又需要兼顾严峻的保护任务。湖北是粮食主产区,处于工业化中后期阶段,城镇化速度快,资源环境压力大,在发展与保护二者统一上还有较大的提升空间。因此,湖北应以打造长江中游生态文明示范带、航运中心和产业转型升级支撑带为目标,在挑起长江经济带"脊梁"的重担方面应更加充分体现湖北的责任和担当。

第一节 湖北在长江经济带中的地位及优势

一 湖北在长江经济带中的地位

湖北在长江经济带中具有典型且特殊的意义,其面临着中部欠发达省份经济增长的压力,产业转型任务迫切且艰巨。作为工业化程度较高的地区,第二产业是湖北社会经济的支柱性产业,长期粗放的产业发展使湖北省生态环境压力重。因此,经济发展转型如巨轮转头,缓慢且沉重。

湖北在长江经济带中地位特殊,主要体现在以下四个方面。

一是湖北地处长江之"腰",流域位置特殊,长江两大支流主干全部在湖北境内,长江干流在湖北境内长度达1061公里,在沿江各省份中是第一,占到干流总长的38%。湖北将长江看作是发展的战略重心,是较早加入长江开发阵营的省份之一。其境内江汉平原是全国主要粮食产区,是长江经济带区域内的粮食主产地;

二是省会武汉是长江流域航运中心枢纽,众多涉长江部门单位总部均设于此,是处理和协调好上下游关系的中心城市;

三是湖北是国家中部崛起战略的重要省份之一,湖北地方政府发展经济的任务压力重。同时,湖北也是我国重要的制造业基地,对长江中游区域行业产业升级和高质量发展具有举足轻重的作用。

四是湖北生态地位特殊,是长江径流里程最长的省份,是南水北调中线工程水源区和三峡坝区所在地,也是长江流域重要水源涵养地和国家重要生态屏障,肩负着"确保一江清水东流、一库净水北送"的重要责任。因此,在保护长江生态环境问题上,湖北没有任何退路,必须坚决把长江这条巨龙的"龙腰"保护好,努力挺起长江经济带生态"脊梁"。

因此,在长江大保护战略中,湖北任务重,现实情况复杂。如何以习近平长江经济带发展座谈会精神为根本遵循,从构建体制机制角度实施"共抓大保护、不搞大开发"发展原则,平衡好保护与经济发展的关系,走绿色发展之路,推动长江经济带高质量发展,是新时代湖北省需要严肃面对和解决的重大课题。

二 湖北长江经济带的优势

(一)水资源优势

水是人类以及一切生物赖以生存的必不可少的重要物资,是工农业生产、经济发展和环境改善不可替代的资源。万里长江奔流不息,湖北地处长江之"腰",境内长江干线长达1061公里,占长江干流三分之一,是长江干流流经里程最长的省份。湖北长江经济带横贯东西,覆盖国土面积54168.5平方公里,人口达2750.1万。按照《湖北长江经济带开放开发总体规划(2009—

2020)》要求，湖北将坚持以"水"兴带，建立生态文明示范带。到 2020 年，湖北将全面建设武汉新港，打造长江中游水运枢纽，充分发挥水资源优势，优先发展涉水产业，形成新型城镇连绵带。

从地表水资源量上来看，湖北境内共有 5 公里以上的河流 1195 条，总长达 3500 公里，尤其以长江、汉江为最，二者河流总集水面积约 131567 平方公里，约占自然水面积 70.7%。湖北素有"千湖之省"美誉，省内湖泊众多，面积达 3000 余平方公里，可谓"星罗棋布"。这些湖泊集中大多是古代云梦泽淤塞分割后形成的，其成因是长江在这里摆动很大，经自然截弯取直后，从而形成了众多的弓形湖泊。

（二）交通区位优势

湖北地处我国中部，东西长约 740 公里，南北宽约 470 公里，全省国土总面积 18.59 万平方公里，占全国国土总面积的 1.94%。东接长三角城市群，西接成渝城市群，处于长江经济带承东启西、贯通南北的交通枢纽位置。

在水运方面，长江贯穿湖北全境，流经总里程达 1062 公里，在沿江各省市中位居第一，为中国水陆交通枢纽。省会武汉素有"九省通衢"之美称；在铁路方面，武汉、襄阳是重要的铁路枢纽，京广、焦柳、京九和汉渝等干线铁路在省内交汇，铁路网使省内大中城市连接全国所有的重要城市。其中，武汉站是全国唯一的一座高铁"米"字形枢纽，也是亚洲规模最大的高铁站之一；在航空方面，湖北有 8 个机场（武汉天河机场、宜昌三峡国际机场、襄阳刘集机场、恩施许家坪机场、神农架机场等民用机场及在建的十堰武当山机场、规划的武汉第二机场和鄂东机场等），航空基础设施建设在中部地区处于领先地位。武汉天河机场是华中地区规模最大、功能最齐全的现代化航空港，为中国中部首家 4F 级民用国际机场、中国八大区域性枢纽机场之一。可为全球最大的民航客机 A380 飞机提供定期运输航班保障。2019 年 1 月，机场实行144小时过境免签政策；在公路方面，湖北公路总里程达27.50万公里，路网以省会武汉为中心，四通八达，是中国重要公路枢纽之一。

（三）科教优势

科教资源是湖北最大的比较优势。大专院校和科研机构云集，资源丰富，技术、智力资源集聚是湖北高等教育的典型特征。据湖北省统计数据显示，截至2018年，湖北省有普通高校123所，在校大学生143.8万人，在校研究生14.8万人。"双一流"高校有7所，仅次于北京、上海、江苏，位列全国第四。武汉大学、华中科技大学双双进入一流大学建设高校A类行列，中国地质大学（武汉）、武汉理工大学、华中农业大学、华中师范大学、中南财经政法大学等5所高校进入一流学科建设高校；在科研方面，湖北2018年全年共登记重大科技成果1365项。全年共签订技术合同28835项，技术合同成交金额1237.19亿元，同比增长16.1%。全省共建有190家省级工程研究中心（工程实验室）、528家省级企业技术中心。

由此可见，湖北省科教实力强，优势突出。尤其是省会武汉，高新技术产业引领产业转型，特别是在光纤光缆、光通信、激光加工、"3C"和"3S"软件、生物医药、电动汽车等领域处于全国领先水平。

（四）产业优势

湖北是长江经济带重要省份，是中部崛起的战略支点。湖北是国家"两型"社会建设综合配套改革试验区、国家自由贸易试验区[①]，也是全国重要的钢铁生产基地和重要的汽车生产基地，钢铁、汽车产量在全国保持领先地位。武汉东湖新技术开发区（别称"中

---

① 2017年3月31日，国务院批复设立辽宁、浙江、河南、湖北、重庆、四川、陕西7个自贸试验区，并分别印发总体方案。2017年4月1日，中国（湖北）自由贸易试验区正式挂牌。

国光谷")是我国光通信产业的发源基地,规划面积约 519 平方公里,该区域集聚了 42 所高校,56 个国家及省部级科研院所,66 名两院院士,20 多万名专业技术人员和 80 多万名在校大学生[1]。

根据统计数据显示,湖北省 1978 年地区 GDP 仅为 151 亿元,继 1992 年突破 1000 亿元,1995 年跃上 2000 亿元,2008 年超过 1 万亿元,2012 年越过 2 万亿元,2016 年 GDP 跨越 3 万亿元,第一次跻身全国第 7,在中部仅次于河南,创新中国成立以来的最好水平。2018 年,全省地区 GDP 达到 3.94 万亿元,约为改革开放初期的 50 倍,年均增长 10.6%,高于全国平均水平 1.4 个百分点。

第二节 湖北长江经济带发展与保护现状

一 农业发展与粮食主产区建设

"湖广熟,天下足",从明朝开始,湖北就一直在中国粮食生产格局中占有重要地位。作为我国十三个粮食主产区省份之一,湖北具有良好的农业发展资源,基础设施条件良好,土地肥沃,水源充足。

根据 2013 年 9 月湖北省人民政府发布的《现代农业发展规划(2013—2017 年)》,湖北将加速发展现代农业,提高农业综合生产能力,增加农民收入。近年来,通过运用农业生产新技术,推进农业产业化发展,增加农业投入,湖北农业综合生产能力明显增强。2017 年湖北全省粮食面积增加 52.2 万亩,增量居全国第一,粮食总产量增加 9.12 亿斤,增量居全国第四。2018 年,湖北农林牧渔业增加值 3733.62 亿元,按可比价格计算,比上年增长 3.3%。粮食产能保持稳定,全省粮食总产量 2839.47 万吨,连续 6 年稳定在 2500 万吨(500 亿斤)以上。

---

[1] 武汉东湖新技术开发区政务网,www.wehdz.gov.cn。

具体来看，2017年湖北农作物播种面积为795.61万公顷，相比2008年增加了82.32万公顷，其中，粮食作物播种面积为485.30万公顷，占总播种面积的60.70%，稻谷播种面积最大，规模为236.81万公顷，占粮食作物播种面积的48.80%，全年总产量为1927.16万吨，主要分布在鄂中丘陵岗地、江汉平原和鄂东丘陵岗地。小麦是湖北第二大粮食作物，播种面积115.32万公顷，全年总产量426.90万吨，旱地冬种小麦较为普遍，主要分布于鄂北岗地，水田冬种小麦比例也较高，主要分布于鄂东一带，枣阳、襄阳都是湖北建设稳产、高产优质专用小麦基地。在种植经济作物方面，总播种面积为310.31万公顷，其中，油菜籽播种面积最大，规模为97.13万公顷，占经济作物总播种面积的31.30%，全年总产量为213.17万吨，居全国产量第一，湖北是全国乃至世界油菜科研的领先地区。

湖北持续推进农业现代化进程。据2017年统计数据显示，湖北机耕面积达592.93万公顷，相较2010年提高了141.21万公顷，机播面积达268.56万公顷，是2010年机播面积的3.29倍。有效灌溉面积为238.41万公顷，占总播种面积的29.97%，其中机电排灌面积占有效灌溉面积比例为61.1%。粮食绿色高产高效生产取得重大进展，稻渔综合种养达到430万亩，再生稻达到230万亩，"粮改饲"突破100万亩。可见，湖北近年来现代化农业结构调整成效显著，为长江经济带农业发展作出了突出贡献。

二 工业化发展与产业布局

湖北是我国工业大省，经济社会发展在全国格局中占有越来越重要的地位。"十三五"期间实现了GDP总量显著提升，综合发展能力明显提高。全省工业化从十二五期间的中期后半阶段跨入了当前的工业化后期的前半阶段，作为中部工业大省的地位愈加稳固。回顾湖北工业发展历程，"十二五"时期，全省GDP先跨入2万亿元的台阶，随后逼近3万亿元，据《湖北省统计年鉴》

(2018）数据显示，截止 2017 年年末，全省地区 GDP 规模达 35478.09 亿元，相较 2010 年翻了 1 倍多（详见图 8-1）。全国排名由"十一五"期末的 11 位上升为第 7 位。其中，全省工业生产总值达 13060.08 亿元，人均地区 GDP 60198.68 元，合 8915.95 美元，相当于全国平均水平的 100.9%。从人均收入来看，2017 年，湖北城镇居民人均可支配收入为 31889 元，相当于全国平均水平的 87.62%，农村人均可支配收入为 13812 元，相当于全国平均水平的 102.83%。整体上大致跨入中等偏上收入阶段。另外，2017 年湖北省固定资产投资总额为 31872.57 亿元，相较 2010 年提高了近 3 倍，年平均增长率为 19.7%。

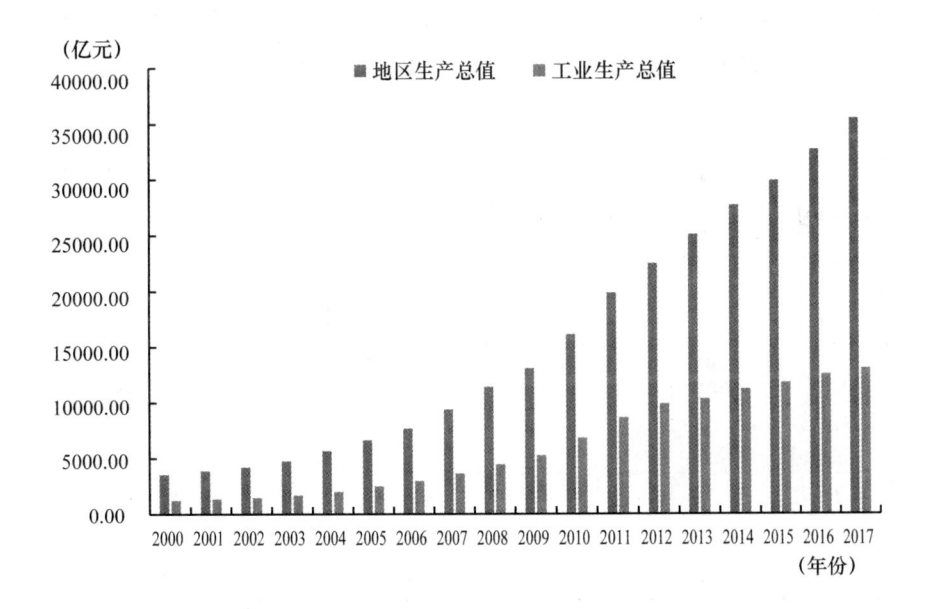

图 8-1　湖北省 2000—2017 年地区 GDP 与工业生产总值趋势

资料来源：《湖北省统计年鉴》（2018）。

根据《工业化蓝皮书：中国工业化进程报告（1995—2015）》，从评价工业化程度的指标来看，包括人均 GDP、产业产值比、工业结构、城镇化率、产业就业比等，湖北综合评价结果为 76%，领先于中部六省但落后于全国和长江经济带平均发展水平（见表8-1）。例如，关于人均GDP指标，2015年湖北省人均GDP高于全国和中部六省平均水平，但低于长江经济带平均水平；在产业产值比指标中，湖北省三次产业产值比为11.2∶45.7∶43.1，工业占比高于全国和长江经济带平均占比，而第三产业占比则低于全国和长江经济带平均占比，三次产业结构比值偏重于工业。而农业占比相较全国、中部六省和长江经济带平均水平都高，可见，湖北三次产业结构亟待进一步优化。从制造增加值占比情况来看，湖北省2015年制造业增加值占比63.7%，高于全国和中部六省平均水平，但低于长江经济带平均水平，说明湖北省产业结构偏基础产业，产品附加值程度不高，产业创新程度和科技含量有待提高。从人口城镇化率来看，湖北省人口城镇化率高于全国、中部六省和长江经济带的平均水平，但相差不大。最后看产业就业比，第一产业和第三产业就业比重均高于工业就业比，与中部六省和长江经济带产业就业比结构相似，但与全国相比产业结构有进一步优化的空间。

表8-1　　　　2015年湖北省工业化主要指标与其他区域对比

	人均GDP（元）	产业产值比（%）一产	产业产值比（%）二产	产业产值比（%）三产	制造业增加值占比（%）	人口城镇化率（%）	产业就业比（%）一产	产业就业比（%）二产	产业就业比（%）三产
全国	49992	8.9	40.9	50.2	57.6	56.1	28.3	29.3	42.4
中部六省	40274	10.8	46.8	42.5	58.4	51.2	37.2	27.6	35.2
长江经济带	51935	8.3	44.3	47.4	64.7	55.5	32.9	29.6	37.5
湖北	50654	11.2	45.7	43.1	63.7	56.9	38.4	22.8	38.8

资料来源：《工业化蓝皮书：中国工业化进程报告（1995—2015）》和《中国统计年鉴》（2016）。

湖北省高起点、高水平打造具有全球影响力和竞争力的沿江工业走廊，促进产业配套衔接和资源整合利用。其强力推进的智能制造、集成电路、生物医药、新能源汽车、北斗导航、海洋工程、新材料、新能源等战略性新兴产业基本布局在沿江国家级开发区、高新技术园区和汉孝临空工业区；突破性发展的现代物流、信息消费、电子商务、高技术服务、文化旅游等现代服务业也基本布局在长江、汉江流域沿线。

2019年3月《湖北省"一芯两带三区"布局产业地图》正式出台。这份产业地图描绘了湖北省未来产业的发展方向，是湖北产业的布局图和作战图，同时也是湖北经济迈向高质量发展的行动指引，主要包括湖北省"一芯两带三区"总体产业格局图、湖北省"十大重点产业"布局图和百家产业集群分布图等三个部分。其中，"十大重点产业"主要是指集成电路产业、地理空间信息产业、新一代信息技术产业、智能制造产业、汽车产业、数字产业、生物产业、康养产业、新能源与新材料产业、航空航天等。通过整体布局和优化结构布局，这些产业将按照错位竞争、有序发展和协调发展的方式在湖北各市（州）抢占产业竞争的制高点，助力湖北经济高质量发展。

三　城镇化发展与城乡生态融合

城镇化过程包含两个方面，一是城镇土地不断扩张，将村庄用地转变为城镇建设用地的过程；二是农村人口不断转化为城镇人口的过程。总体来看，根据《湖北省统计年鉴》（2018）数据显示，湖北城镇化率不断提高，尤其是国家中部崛起战略提出以来，湖北城镇化速度加快，自2011年开始，连续多年超全国城镇化率的平均水平，其中，2017年，湖北城镇化率达59.30%，高于全国平均城镇化率0.78个百分点。

对比长江经济带下游发达省份，2017年湖北城镇化率比江苏低了9.46个百分点，对比长江经济带上游发展较好省份，湖北城镇化率比四川高了8.51个百分点。可见，在长江经济带中，湖北省城镇化率也处于中等水平（见表8-2）。

表8-2　　2009—2017年湖北省与其他省城镇化率对比　　单位:%

	2009年	2010年	2011年	2012年	2013年	2014年	2015年	2016年	2017年
全国	48.34	49.95	51.27	52.57	53.73	54.77	56.10	57.35	58.52
湖北	46.00	49.70	51.83	53.50	54.51	55.67	56.85	59.10	59.30
江苏	55.60	60.58	61.90	63.00	64.11	65.21	66.52	67.72	68.76
四川	38.70	40.18	41.83	43.53	44.90	46.30	47.69	49.21	50.79

资料来源:《长江经济带发展统计年鉴》(2018)、《湖北省统计年鉴》(2018)。

从省内看,湖北各地市城镇化水平差异化较大。截至2016年,除武汉、黄石、宜昌、襄阳和鄂州的城镇化率超过全国平均水平外,其余8个地级市城镇化率均低于全国平均水平,其中,黄冈和恩施最低,比全国平均水平低14个百分点。可见,湖北省各地市城镇化发展水平差异化明显,城镇化均衡发展的任务还比较重。

随着湖北城镇化的不断推进,以乡村振兴为背景,强调城乡生态融合发展是湖北长江经济带发展与保护未来政策导向之一。新时期城镇化过程应是有利于生态环境保护的过程、土地的集约利用的过程、资源与能源集中高效利用的过程和污染集中处理的过程。通过城镇化过程,不断优化和改善城市与乡村的生态环境,缩小城乡差距,不再让农村饱受"生态环境恶化"之苦,使农村摆脱"环境脆弱—贫困—环境恶化"的恶性循环,进一步带动城乡生态融合发展。

四　自然资源与生态保护

在自然资源方面,湖北位于中国地势第二阶梯向第三阶梯过渡地带,土地面积达27890.61万亩,呈现"五山一水三分田、一分土地为家园"的格局。矿产资源种类丰富,已发现矿种150种,已开发利用104种,资源禀赋居全国中游水平。森林植被多样性特征明显，林业资源面积广阔，现有木本植物1300多种，草本植物2500种以上，林地面积达1.31亿亩，森林覆盖率42%。动物资源种类较多，拥有陆生脊椎动物687种，国家重点保护野生动物112种，是长江流域动物资源栖息的重要区域。水生生物资源十分丰富，现有鱼类176种，底栖动物86种，浮游动物210种，水生植物173种。其中，国家重点保护一级水生野生动物有白鱀豚、中华鲟、白鲟、达氏鲟、鼍6种，国家重点保护的二级水生野生动物有江豚（按一级管理）、大鲵、胭脂鱼、水獭等7种，省级重点保护的水生野生动物30种。长江、汉江等大小河流和湖泊，为水生生物提供了丰富的生境。

在生态环境方面，湖北物华天宝，得天独厚，生态环境地位突出。现有生态红线面积约4.15万平方公里，占全省国土总面积的22.3%，呈现"四屏三江一区"的生态格局，对支撑湖北经济社会高质量发展乃至全国生态安全格局具有重要意义。其中，湿地面积2167万亩，有各类自然保护区344个。也是全国重要的战略性水源地，长江三峡、丹江口水库等是中国淡水资源的战略储备库；拥有丰富完备且独特的生态系统，包括武陵山、大巴山、大别山等5个多样性生态保护区；具有调蓄洪峰、水土保持功能，是中国重要的生态安全屏障区。

为充分发挥湖北生态屏障功能，近年来，湖北积极转变发展方式，树立"生态立省"战略思维，以生态优先发展理念为指导，坚持走可持续发展道路，先后实施了"三水共治"工程（水污染治理、水生态修复和水资源保护）；森林修复、重点河湖湿地保护与恢复、长江河湖水域岸线保护、生物多样性保护和严打森林生态违法行为等"五大工程"；精准灭荒、长江防护林体系建设等重点工程；建成长江新螺段白鱀豚国家级自然保护区，为长江生态安全筑起一道坚固的绿色屏障。

根据湖北省人民政府发布的《湖北省湖泊保护与管理白皮书

(2017年度)》显示，755个列入省政府湖泊保护名录的湖泊，数量未减，面积也未萎缩。湖泊水质保持稳定，总体水质为中度污染。湖北在全国率先建立的省、市、县、乡、村五级湖长制责任体系持续发挥作用，近1.3万名市、县、乡级河湖长和2.4万多名村级河湖长全部进岗到位、领责履职，此外，还在全国率先建立省、市、县、乡四级河湖警长制，配合河湖长履职，发挥公安机关打击犯罪职能作用。

自长江经济带战略提出"共抓大保护，不搞大开发"以来，湖北加大了对江河沿线工业的检查和治理工作，2016年全省对沿江工业污染进行大规模治理，有59个新项目被强制叫停，行政处罚违法案件3447件，查处了如宜昌宜化集团，孝感保利纸业等一批重大的环境违法案件。整体对长江、汉江、清江沿线开展了较为全面的整顿，起到了一定的震慑作用，2020年年底前，湖北长江沿江1公里范围内的所有化工企业将不复存在。与此同时，在沿江工业布局方面，湖北加大了对于沿江现代物流带的建设，全省的人口和经济逐渐向沿江区域集聚，沿江水运物流基础设施建设不断完善，重点形成港区港口开发、临港物流园和产业园发展的"一港双园"模式。可见，湖北省沿江工业发展由重化工产业向水运物流产业转变趋势明显。

湖北在长江生态立法保护方面，根据国家《关于大力推进长江经济带生态保护和绿色发展的决定》等相关政策规定，编制了《湖北长江经济带生态保护和绿色发展总体规划》，并配套编制5个专项规划，结合以往出台的《湖北省主体功能区规划》《湖北省湖泊保护条例》《湖北省水污染防治条例》《湖北省水路交通条例》《湖北省水生态文明城市建设试点工作方案》《湖北省关于全面推行"河湖长制"的实施意见》等地方性政策法规，在依法治江的法制化进程中作出了重要探索和努力。

第三节　湖北长江经济带发展与保护面临的问题

在梳理湖北长江经济带发展与保护现状的基础上，通过调研与案例研究，将收集的调查问卷、意见建议进行归纳总结，发现湖北长江经济带发展与保护成效显著，但挑战与问题依然严峻，在发展与保护二者统一上仍存在明显不足和提升空间。目前，湖北在交通、生态、经济和科教等方面的特色和优势还没完全发挥，影响力和知名度还有待提高，共抓长江大保护中的地位和作用凸显不够，中部崛起战略性支点地位亟待巩固和加强。湖北在以打造长江中游生态文明示范带、航运中心和产业转型升级支撑带为目标，挑起长江经济带"脊梁"的重担方面应更加充分体现湖北担当和责任。

一　发展方面的问题及挑战

（一）经济发展活力未充分释放

湖北人口密集、经济结构完整、城镇化体系完备，科技创新能力强，市场巨大，但无论是从经济发展规模看，还是从发展质量看，湖北还有很大的经济发展空间。长期以来，湖北科教资源优势没有充分发挥，主要问题包括：科教成果与生产应用联系不紧密，政产学研用结合松散；科教优势与市场需求整体联动不够，科教实力还没完全有效整合；科技创新、科教成果转换率较低，对经济支撑作用不明显。

另外，湖北也未完全释放交通区位优势潜能。根据2018年统计数据而言，武汉虽有三个火车站，但总客流量也仅为全国第6名，武汉天河机场的客流吞吐量在全国排名更为靠后，为第16名，可见其未充分发挥其在长江经济带中作为中部交通枢纽的重要作用。同时，"黄金水道"优势不明显，对长江湖北段沿线城市的经济发展支撑和辐射带动还有很大的探索空间。

特别是随着东部产业结构向中西部地区转移，依托雄厚的制造业基础和无可比拟的交通优势，在长江经济带沿线城市中，湖北仍具巨大投资潜力与前景。

(二) 重化工比重大，高能耗高污染形势严峻

改革开放以来，湖北省在产业发展上取得了较大的成果，但是从整体上看，湖北省处于工业化中后期，产业结构偏重型化，沿江重化企业布局不合理，转型升级任务重，环境风险较大，绿色发展迫在眉睫。

从整体上看，湖北省处于工业化中后期，产业结构偏重，尤其是资源能源消耗型重化工业比重偏大，主要产业部门能耗需求持续增长。从能源资源储量上看，湖北省石油、天然气和煤炭等化石能源储量低，大部分工业生产所需能源需从外地输入，不但加大了工业生产的交通运输成本，提高了交通运输网络负荷，同时还增加了运输中对环境的压力。在产业经济结构方面，湖北工业重型化特征非常明显，重工业总产值所占工业比重较大（80%左右），许多产业都面临能耗高、投入大、效益低的问题。由此带来的环境污染问题也非常严重，以上工业产业结构特点制约了湖北经济的绿色可持续发展道路。

根据《应对气候变化与节能"十三五"规划》，2015年湖北能源消费总量为1.64亿吨标煤，按照国家能源消费总量控制的要求，规划"十三五"末湖北能源消费总量控制在1.89亿吨标煤，仅有0.25亿吨标煤的增长空间，年均增长率不足2.9%。《国务院印发"十三五"控制温室气体排放工作方案》主要目标显示，到2020年，单位国内GDP二氧化碳排放比2015年下降18%，表明碳排放约束进一步趋紧。"十三五"期间湖北经济要保持中高速增长，如果产业结构和发展方式不发生积极转变，将难以支撑经济增长的需要。

（三）产业转型升级压力大

当前，湖北省的制造业转型升级仍然处于"爬坡过坎"的量变积累阶段。在国际国内经济严峻形势的压力下，湖北省面临十分迫切的产业转型升级任务。诸如产能过剩、要素成本上涨和市场竞争加剧等因素的不断提高，国内制造业整体盈利水平持续下降，且由于经济放缓、成本上升及国内外市场风险与技术不确定性所带来的巨大阻力，使得湖北省产业转型升级的进程较为缓慢。

湖北省产业转型升级压力大的原因主要有两方面。一方面，从国内制造业形势来看，传统制造企业发展已举步维艰，受人力资本的不断上升、原材料成本上涨、国际市场需求下降等因素影响，国内制造行业的成本在不断增加，利润空间持续降低。另一方面，从湖北省内市场分析，继房地产和汽车产业后，湖北省具有重大拉动作用的新兴消费热点和产业并未形成，虽然近年来网络消费和通信电子消费快速增长，但总量依然偏小，整体作用有限。传统支撑行业如钢铁、石化、建材等产业高速扩张期已过，短期内又难以找到体量相当、带动力相近的新兴产业板块替代。

（四）城市治理面临的资源环境约束趋紧

首先，在城市规划和发展过程中，对于水资源的充分利用，依托自然规律和生态平衡规律，建设生态宜居城市是人们对城市治理提出的更高要求。因此，城市品质的提升，在很大程度上取决于这个城市的自然资源保护与城市基础设施建设之间的平衡。当前，我国大多数城市都面临环境污染的巨大压力，特别是资源型城市、工业化程度较高或发展速度较快的城市和地区。例如湖北黄石，这座城市曾经依山傍水、襟江怀湖，素有"江南明珠"之美称的，由于矿石资源丰富，是湖北省原材料工业基地，但伴随着矿产开发而来的是城市环境的不断恶化，城市布局散乱、道路损毁严重、城市绿化率低等城市治理问题严重。因此，黄石市发展经济与环境保护的矛盾日益突出。

其次，城市治理需要生态意识的觉醒。生态意识是指为谋求人与自然和谐相处而形成的一种思想观念，是人们正确对待生态问题的一种进步的观念形态，体现人与自然平等、和谐的价值取向。意识和观念在共抓长江大保护中具有重要作用，其形成可以通过城市形象传播和城市治理来培养。提到湖北，一般人会想到黄鹤楼、东湖绿道、神农架、三峡、武当山等地区性名片，在人们的意识中却没有一个针对湖北的整体印象，湖北名片不够醒目，城市形象传播机制有待优化。没有大江大湖元素的城市形象，自然也就不能够引起人们对大江大湖的关注和重视，更谈不上激发人们对大江大湖的保护意识，结果是全社会很难形成共抓大保护氛围。

（五）绿色发展理念尚未完全确立

守住绿水青山是中国人的时代担当，绿色发展是中国人的梦想。长期以来，我国经济发展模式以粗放型为主，高投入、高污染、低效益特征明显。目前经济发展处于转型升级的关键期，传统发展模式已经无法适应新时代发展的需要，绿色发展势在必行。但是，固有的粗放型经济增长模式在短期内难以转变，对绿色发展的深刻认识需要一定时间的沉淀。湖北"共抓长江大保护"目前尚处于探索和实践初期，对绿色发展缺乏足够的认知和应有的重视。在经济发展方式和具体的企业生产经营、社会管理等具体制度设计方面，绿色低碳理念还未深入人心。

二 保护方面的问题及挑战

2013年7月，习近平总书记视察湖北时就提出，"要高度珍惜大自然赋予湖北人民的宝贵财富，着力在生态文明建设上取得新成效。"[①] 经过各级政府的努力，湖北省在生态文明建设方面取得

---

① 吴涛：《论习近平湖北讲话精神：绿水青山是最好的金山银山》，《湖北日报》2013年8月5日第2版。

了一定的成效，但在某些方面，特别是构建生态保护的长效体制机制建设相对还比较滞后，与生态保护相关的配套措施还不完善，这将制约湖北发挥生态资源的特点进行生态文明建设和长江经济带高质量发展建设。

（一）生态系统面临严峻挑战

由于长期的无序开发以及人为原因的破坏，造成长江湿地面积萎缩、生态系统退化、生物多样性减少、蓄水调洪能力下降，水污染问题加重等问题，这不仅严重威胁长江水生态环境，使得水生动物遭受灭顶之灾。

当前，湖北水生态面临的主要问题包括：湖泊数量和面积锐减、湖泊蓄水量变化大、湖泊污染严重、水质状况令人担忧、湖泊水域生态空间萎缩，生态系统局部碎化等问题。根据湖北省水利厅相关资料显示，20世纪50年代，湖北省百亩以上的湖泊有1332个，其中5000亩以上的湖泊322个。2009年1月，湖北省水利厅发布的《湖北省水资源质量通报》称，全省现有百亩以上湖泊仅为574个，比20世纪50年代减少56.9%，其中5000亩以上的湖泊仅剩100余个，比20世纪50年代减少2/3。如荆州市因洪湖、长湖、三湖、白鹭湖而得名的"四湖"，现在三湖、白鹭湖已基本消失，实际只剩"两湖"。

同时，生境的巨大变化，导致部分生态系统功能退化；资源的不合理利用与过度开发破坏了水域生态系统；水环境污染对水生生物的威胁加剧，一些水生生物濒临灭绝；外来物种的入侵对水生生物多样性造成了严重危害；地质环境复杂多样，灾害风险点较多，是全国地质灾害较严重地区之一。这些问题亟待引起高度重视和解决。

（二）生态环境风险不容忽视

长江沿线密集的化工产业园区一直是造成其水资源环境风险的主要因素。据湖北省环保厅公告显示，截至2016年9月，湖北长江、汉江沿线15公里范围内有300余家重化工及造纸行业企业，但排放的废水、化学需氧量（COD）、氨氮分别占全省工业行业排放总量的35.1%、18%和20.4%。工业园区污水处理设施不配套，仅有约33.3%的企业废水能够进入园区或城镇污水处理厂集中处理，约66.7%的企业废水都是经自建污水处理设施处理后直接排放，且部分企业污染处理设施没有正常运行。目前，两江沿线区域尚有25%左右的企业尚未进入相应的工业园区。因此，产业布局的不合理，使得长江经济带在发展过程中隐藏着较大的环境风险。

（三）面源污染治理难度较大

据相关数据统计，湖北省粮食播种面积占全国的4.8%，农用化肥施用量占全国的5.8%，亩均化肥用量26.8公斤，比全国亩均用量多4.9公斤。全省有机肥资源总养分约150万吨，实际利用不足40%。其中，畜禽粪便养分还田率为50%左右。全省5000多家规模化畜禽粪便、污水未经有效处理直接排入水体及周围环境，这加剧了河流、湖泊等水体的营养化。农药、化肥的大量使用也形成了较为广泛的农业面源污染，导致土壤肥力下降、土壤板结、有机质减少、微生物匮乏、土壤退化，对农产品品质造成极大影响。农村生活垃圾及污水尚未全面得到有效治理，对周围环境造成较为严重的污染。

（四）共抓长江大保护管理体制有待完善

湖北为了协调和建设长江经济带，在省级层面由省发展和改革委员会成立了"湖北省推动长江经济带领导小组办公室"，在市级层面由武汉市发改委"共抓长江大保护办公室"。同时，采取了许多手段和措施来加强统筹协调作用。但在推进长江大保护协同治理方面，问题依旧突出，主要表现在机构设置、协作机制、协作手段等方面。保护长江生态环境任重道远，责任和压力并存。

同饮一江水，全流域"一盘棋"。推动长江经济带发展，必须树立"共抓"意识,把自身发展放到协同发展的大局之中,实现错位发展、协调发展、有机融合,形成整体合力。现阶段,湖北经济发展和长江生态保护仍面临不少"硬骨头",比如流域发展不平衡不协调问题,水污染联防共治问题、生物多样性保护问题、长江岸线整治问题等。这些问题复杂难办、情况特殊,需要不同地区、不同部门之间协同处理。当前的机构设置从行政层面和组织力量都不足以挑起协调多地市、多部门协同合作的重任和能力。统筹力量和行政手段单一,无法为"共抓"提供有力行政保障。

(五)共抓长江大保护机制尚不健全

湖北长江经济带在构建共抓大保护机制方面尚不健全,主要体现在长江大保护宣传机制不足、流域生态补偿机制不合理、环保投融资机制单一和依法治江机制缺位等方面。

1. 长江大保护宣传机制不足

对"共抓长江大保护"的推广宣传,既能有效传达信息服务群众,又能引导舆论、普及政策;同时宣传是推动各项工作开展的精神动力,做好推广宣传工作有利于达到事半功倍的效果。在调研中发现,湖北在"共抓长江大保护"的宣传工作中存在以下四个方面的问题。一是对开展宣传长江大保护的认识不深刻,从政府到公众的环保宣传理念还需进一步提升。二是针对长江大保护没有形成稳定的、多层次的宣传组织机构,宣传力量较为薄弱。三是宣传方式单一,公众没有形成自发性组织和宣传环保活动的意识,由政府和媒体主导的宣传局面未发生改变,对于公众环保意识的培养长效机制未充分发掘,导致公众接受环保理念的被动性大于主动性。四是宣传内容缺乏创新,目前的宣传内容未充分体现长江生态环境保护的重要性,宣传活动内容缺乏吸引力,无法与公众产生共鸣。

2. 流域生态补偿机制不合理

流域上下游间合理的生态补偿是实现长江大保护的有效手段,

但目前湖北省生态补偿在标准制定、生态资源产权界定、考核和监督等方面仍存在不足，突出表现为生态补偿标准不统一、产权界定不清晰、补偿绩效评价机制缺位等。生态补偿标准制定不合理，不同地区差别很大。

首先，就生态补偿标准来说，主要问题是：补偿标准单一，省内不同地区补偿差距较大。根据湖北省《关于健全生态保护补偿机制的意见》，生态补偿标准包括提供优质生态产品服务而形成的投入成本及机会成本，以及限制发展造成的损失、生态系统服务的价值、生态环境受益者的获利等内容。但是在长江湖北段沿线，不同地区间的经济发展状况不同，若按照同一规定计算生态补偿的话，造成上下游之间差距很大，严重损坏上游地区保护长江生态环境的积极性。调研中发现，恩施州巴东县位于长江湖北段的上游，是典型的国家级贫困县，多山地丘陵，交通十分不便，产业结构和发展方式粗放落后，经济总量偏小。在开展长江大保护过程中，巴东县对长江沿线的非法码头、岸线、航运等方面进行严格管控，关闭了沿线所有的污染企业，为保护长江下游水质作出了很大贡献，但是在实施生态补偿中，对巴东的生态补偿标准却以恩施州最低工资标准为依据，这对巴东县来说，补偿标准太低，不合理。湖北省政府在制定生态补偿标准时，应统筹考虑巴东地质地形条件、区域经济社会发展水平、生态环境受损程度等因素，进行有区别地公平补偿，避免出现"一刀切"现象。

其次，生态资源产权的界定是生态补偿机制能否有效运行的关键因素之一，在当前既是热点问题也是难点问题，如何对生态资源进行清晰的产权界定在其他国家也是比较困难的[1]。湖北省虽然于2018年2月出台了《关于建立省内流域横向生态补偿机制的实

---

[1] 2007年实施的《物权法》明确自然资源属于国家或集体，但对于生态资源并没有直接的规定。

施意见》，选取通顺河等5个流域及相关20个县市区作为流域横向生态保护补偿试点。但对于生态资源产权的界定依然模糊。生态受益者与保护者之间很难就补偿范围、补偿标准、补偿方式达成一致意见，更谈不上形成长效的良性互动机制，因而无法科学确定生态保护补偿权属交易标的。

最后，就生态补偿机制的考核和监督来说，生态补偿是一个系统工程，对补偿机制的各个环节和要素进行绩效评价，并将其纳入地方政府年度考核指标体系，有利于充分落实生态保护责任，提升执行效率，最终达到生态补偿的长效性。但是在实践中，并没有形成完善的长江生态补偿绩效评价机制，对生态补偿实施主体和生态补偿资金的使用，也就缺乏有力的制度监管，不利于长江生态环境保护工作的推进和完善。调研发现，在湖北仍有部分地区和政府部门无法有效开展生态补偿机制的考核和监督。目前，湖北省还没有建立生态补偿的监管体系，主要问题在于：一是部门间由于责权利的条块化分割，出现权力监管的交叉真空；二是未能建立内部监管机制，对生态补偿转移资金的使用和管理，缺乏强有力的监督；三是社会监督不足，缺乏社会化力量如新闻媒体、公众组织等监督。

3. 环保投融资机制单一

多样化的生态保护投融资机制是开展生态环境保护的重要手段之一，通过多渠道融资能扩充生态环保的资金库，同时也是让社会参与环保的有效途径。若能有明确的相关法律保障，在理想状态下，由政府主导，对多样化融资来的环保资金进行市场化运作，既可以减轻政府环保的财政压力，又可以实现投资资产的保值增值。

目前，湖北在长江经济带建设的资金主要以政府财政投入、国有银行和事业单位等为主，企业融资和社会募集不够，没有形成针对不同类型项目特征的多样化融资主体和融资方式。这种投资结构过于单一,既不能满足长江大保护巨额的资金需求,又不利于调动社会力量广泛参与长江经济带建设。因此,构建多元化、系统化的长江大保护投融资机制,成为湖北推进长江经济带建设中的重要手段。

4. 依法治江机制缺位

长江经济带战略实施和共抓长江大保护行动的落地必须要有法律保障机制,这要求加快开展立法工作。立法就是为长江"治病",要为长江立规矩,同时也是为了解决长江日益突出的生态问题,打破行政体制壁垒,建立流域统一规划和管理的新模式,改善长江流域的总体生态功能,探索依法治江新机制。因此,相关立法应重点突出"保护"的属性,特别是要处理好上游、中游和下游的协调联动问题,水量、水质和水生态的综合保护问题,生产、生活和生态协调发展问题,工业、农业和服务业绿色发展问题,城镇和乡村振兴的均衡发展问题等。目前,《长江保护法》已正式进入立法实施阶段,全国人大环资委正在牵头编写草案。调研发现,湖北在《长江保护法》的调研论证中相关成果尚未突出,体现湖北地方的利益诉求的呼声不高,在依法治江机制构建上仍存在以下问题:一是地方政府还没有建立起有针对性的长江保护细则和实施办法;二是湖北还没有制订鼓励社会各界参与长江大保护的激励性政策,导致在长江大保护中公众参与度不高,大保护的氛围不够浓烈;三是湖北还没有形成有效的责任机制,对破坏长江水生态资源、长江航运及沿线基础设施等行为的追责力度不足,在依法治江、依法护江、依法保江方面缺乏法律保障。

第四节　湖北长江经济带发展与保护体制机制

长江是一个巨大而完整的自然和社会生态系统,其上的每个节点都有特殊的作用,必须使各个环节都保持一定的功能,才能使整个系统正常发挥作用。如果上游保护而下游不保护,则上游保护没有意义;反过来下游保护而上游不保护,则下游保护没有根基。因此,长江大保护,必须共同付出努力,做到共治、共保。通过梳理,我们找出了湖北长江经济带发展与保护体制机制存在的关键问题,结合实地调研、国家政策和相关经验借鉴等,认为破解这一课题的关键在于落实好"共抓",核心在于体制机制的构建。湖北应抓住新时代长江经济带发展的历史机遇,构建命运共同体,走高质量发展之路。

一 建立健全长江经济带发展与保护体制

长江经济带发展与保护是一项复杂的系统性工程,不仅涉及工业化、农业发展、城镇化等经济社会发展问题,还涉及经济发展方式转变、产业结构转型升级、自然资源节约集约利用和生态环境保护等诸多问题。这些问题涉及部门多、利益复杂、协调难度大,因此需要有一个有权威、职能明确、人员机构配备齐全的常设机构来统筹。

(一)尽快设立湖北长江经济带发展与保护常设管理机构

在现有临时机构基础上,结合湖北特殊情况,并充分结合以往工作中发现的问题,建议省委、省政府尽快协调组织部门、机构编制管理部门、人力资源和社会保障部门、财政部门、监察部门等,组建专门的机构设立领导办公室,并会同不同部门、行业的专业专家学者对湖北在长江大保护和长江经济带高质量发展实践进行实地调研,及时发现在开展长江大保护过程中存在的问题,深刻总结以往实践中的经验教训,着手研究制定"湖北推进长江经济带发展与保护常设机构"的可行性方案,为下一步湖北设立长江经济带发展与保护常设机构提供坚实基础。

(二)明确常设机构职能及管辖权限

随着人们长江保护意识的不断增强,国家、省市先后投入巨大人力物力，对长江进行保护。但不可否认，由于长期以来不合理的过度开发和攫取，使得长江生态环境面临严重危机，生物多样性减少、水土流失面积增加、水污染问题严重等问题层出不穷，客观上急切要求成立长江流域统一的管理机构。而对于新成立的流域管理机构，首先要明确的是其职能定位。在国家尚未出台明确文件前，建议湖北大胆进行尝试，率先在长江流域沿线九省二市中设立湖北长江大保护常设管理机构。为保证长江经济带发展与保护管理机构能够正常运转，建议将其行政级别设置为正厅级，给足编制和岗位，负责人可由省发改部门正职领导兼任。

2018年10月25日，湖北出台了机构改革方案，共设置省级党政机构60个，党委机构18个。在这样的背景下，建议湖北省委积极向中央争取，将长江经济带发展与保护管理机构设立为由省委、省政府直接管辖，其职能权限和管理边界可在省自然资源厅、生态环境厅、农业农村厅、交通运输厅、水利厅等部门进行优化调整，建议将上述机构中涉及长江经济带发展与保护的职权划转到该常设机构，以便于发挥统筹协调作用，更好地保护好、利用好长江带给沿线地区的宝贵资源，推动长江经济带高质量发展。

（三）组建专业的管理队伍

专业的管理队伍是直接服务于长江经济带发展与保护的基础和保障。其中，长江大保护是一项专业性极强的工作，专业人做专业事，因此，湖北在探索长江大保护实践中，亟须招收一批理论功底扎实，具有奉献精神，热忱于投身长江保护事业的专业技术人员。

结合湖北省优质的高等教育资源，以及众多涉及长江管理的中央部属管理机构集聚优势，建议该常设机构在进行人员招聘时，首先应在国家行政体制内部进行遴选，重点在交通、水利和自然资源等部门中进行广泛宣传动员。对于那些有志服务于长江保护事业的专业技术人员，除了给予明确的优惠待遇以外，还应在其原有级别基础上适当提高行政级别，以增强岗位的吸引力。其次是进行广泛的社会招聘，主要面向群体为大中专院校相关专业的本—硕—博毕业生和往届生，鼓励有志社会青年投入到长江大保护事业中，发挥青年人的聪明才智，建功立业新时代。最后就是利用好武汉高等院校云集的优势，与在汉高等院校开展联合人才培养，一方面有利于为长江保护事业提供持续的人力资源，另一方面有利于加强同高校科院院所的横向合作，在长江水资源开发与保护、内陆水运线路调整与优化、地质灾害监测和预警、上下游生态补偿等方面开展联合研究，为我们进一步保护好长江，确保"一江清水向东流"，实现地区间协同发展奠定坚实基础。

二　协调推进各部门齐抓共管，健全政策实施保障体系

全省各级政府部门要统一思想，树立权责意识，加快形成部门合力，打好政策组合拳，实现共抓长江大保护。通过强化长江大保护领导小组统领作用、明确主体责任与职能分工，建立健全配套政策措施，保障责任落实，实现齐抓共管常态化。

（一）强化长江经济带发展与保护领导小组统领作用，实现齐抓共管常态化

湖北应强化长江经济带发展与保护领导小组的统领作用，统一领导湖北省长江经济带的发展与保护工作，重点进行地区间、部门间在实际工作中的协调问题，抓发展与保护问题的主要部分，并长期监督湖北各级政府部门和涉及生产、生态的各个社会部门，确保发展和保护政策充分落实，实现部门间齐抓共管常态化、跟踪考核机制化。

市县各级党政一把手要负总责，实现系统化管理，避免因信息交流不畅而导致的不协调、效率低的问题。建议完善"长江经济带发展与保护领导小组与各部门例行会议制度"，环保、水务、发改、交委、经信委等相关部门的综合执法机构定期举行联席会议，

加强问题沟通和有效交流。涉及长江经济带发展与保护的各级政府和部门要在明确责任的基础上有所作为，变被动为主动，整合地区资源，正视所管事务的问题，尤其是涉及环境污染的问题，应在思想上加强生态环境保护责任意识，在行动上积极果断。

通过领导部门制定的考核机制，落实长江经济带发展与保护齐抓共管。加强对长江生态环境保护工作实施情况的跟踪分析和督促检查，研究制定工作实施情况评价指标体系，适时组织开展实施情况评估，全面落实齐抓共管。完善考核评估制度，建立健全定量评估与定性评估相配套、政府自我评估与第三方评估相结合的评估体系，提高评估的客观公正性。构建开放的监督平台，进一步完善民主监督机制，主动接受全社会监督，实现长江治理民主化。

（二）强化责任落实，严格责任追究

明确主管部门的主体责任，强化责任落实，严格责任追究。将责任主体明确化，避免出现相互推诿的情况。各级党委、政府对本地长江经济带发展与保护工作负总责，党委、政府主要领导是第一责任人，对长江经济带发展与保护工作负主要领导责任；党委、政府分管领导负直接领导责任；各部门主要负责人是本部门职责范围内的第一责任人，负主要领导责任；各部门其他相关负责人对分管业务工作范围内的工作负直接领导责任。要求各有关部门按照职责分工，各司其职、各负其责、积极行动、密切配合，形成齐抓共管长江经济带发展与保护工作的合力。

（三）明确长江经济带发展与保护相关部门职能分工，建立健全配套政策措施

应将任务按照各部门职能进行详细分工，可以发挥整体效能，提高工作效率。通过分工，明确各部门的职责，让工作能够有序健康地运行，同时利用好监督机制，确保职能分工后的工作执行到位。由省发改委统一制定长江经济带发展与保护方案，确保政

策的执行；生态环境局对环境整体进行监控，确保环境治理良好；水务局治理好长江沿岸的环境，监测好长江水状况；交通委组织编制本行政区域内港站主枢纽规划并监督实施，负责本行政区内港口布局及港航设施的建设、养护和管理，负责水路客货运输、搬运装卸、船舶代理、货运代理、水路运输服务业以及辖区内水上港航监督、港口和港航设施建设使用岸线的行业管理；经信委协调各类产业发展，实现全行业绿色健康发展。

但是，分工不等于分家。政府各职能部门应明确在由省委省政府和长江经济带发展与保护常设机构的统一领导下开展相关工作，目标和方向应一致，协同配合，积极统一，依法行政。通过分工提升运行效率，同时也不能忽略监督机制的作用，共同为长江经济带发展与保护作出努力。

三 构建长江经济带发展与保护多样化宣传机制

长江经济带的本质在于发展，尤其是高质量发展，而高质量发展的关键在于保护。因此，如何通过多样化宣传机制使共抓大保护理念深入人心，在全社会形成"在发展中保护，在保护中发展"的良好氛围，打造"湖北名片"，显得至关重要。

一个城市的名片主要通过城市品质来体现，而城市品质又要通过城市治理来实现。湖北省的城市治理较为粗放，未充分挖掘大江大湖带给湖北的天然优势，城市品质没有很好的彰显，湖北名片不够醒目。因此，湖北的城市治理还有很大的进步空间，应围绕大江大湖做好大湖北这篇大文章。在实践中，应紧紧围绕"共抓长江大保护"开展"点亮湖北"主题系列宣传活动，通过设立推广"长江保护节"、联合创建"长江大讲坛"品牌活动、开展主题教育活动、拍摄主题宣传片、设立微信微博公众平台等方式构建长效宣传机制，凸显湖北长江经济带发展与保护的中心战略地位。

(一)湖北可率先设立推广"长江保护节",牵头倡导设立长江保护日

湖北可率先设立和推广"长江保护节",并牵头倡导在国家层面设立长江保护日。通过全方位、多层次、立体化的亲民方式进行生态理念宣传。每年通过过节的形式,时刻提醒大家对于环境保护的要求,让大家时刻铭记自己的时代使命,培养湖北人民强于他省的环保意识。通过丰富多彩的节日活动,增强人们对节日的认同感,增强人们对于长江环境保护的责任感,显现出湖北人民在长江大保护中的饱满热情。并且牵头倡导长江保护日的建立,带动全国长江大保护的热情。

(二)依托"中国长江论坛"品牌活动,凸显湖北"大江大湖"的城市元素,优化城市形象传播机制,营造"共抓长江大保护"氛围

湖北应充分发挥"大江大湖"自然生态条件这一天然优势,在"湖"字上做文章,将大江大湖的自然元素有机融入城市治理中,提升城市品质,优化城市形象,打造湖北名片。根据湖北省人民政府与中国社会科学院签订的《关于合作打造"中国长江论坛"品牌的协议》,"中国长江论坛"是凸显长江区域特色的国际性论坛、引领长江经济带绿色发展的高层次合作平台、与全球大江大河开展文明对话的窗口。湖北应高度重视该品牌活动,为其提供全方位支持和建立长效机制,并出台政策鼓励省内主要城市轮流承办该活动,形成品牌效应。该活动应凸显湖北大江大湖元素,讲好"湖北长江大保护"故事,贡献湖北方案,传播湖北经验,营造"共抓长江大保护"氛围,推动湖北长江经济带沿线各城市协同发展和高质量发展。

整合省内各大高校、科研院所、民间团体力量,由教育部门和广电部门联合宣传"中国长江论坛"品牌活动。充分发挥湖北高校、科研院所众多的优势,借助学者专家的智慧,打造具有湖北

特色的讲坛活动。专家与学者在大型会场进行宣讲，广电部门进行录制与直播，营造全省积极学习的氛围。通过广播电视的传播，将该活动向全国推广，打造长江大保护中湖北的精品活动，奠定湖北在长江大保护知识宣传方面不可或缺的地位。

（三）开展长江大保护系列主题教育活动

在全省教育系统布置开展长江大保护征文、演讲、社会实践等系列主题教育活动。在全省所有学校，呼吁学生参与，并给予一定奖励，通过这一系列的活动，让湖北在读的大中小学生全员参与，积极投身于"长江大保护"湖北名片的打造中，践行长江大保护的行动，从实践中去探寻长江大保护之路。并将出色的文章汇编成册，做成宣传手册；精彩的演讲，剪辑成视频，在电视、网络上播放；优秀的社会实践进行全省巡回宣讲，形成有组织有规模的宣讲团队。丰富并充实学生们的课余生活，培养他们对于长江大保护的参与热情。

（四）组织拍摄"长江大保护湖北行动"生态保护公益宣传广告

由宣传部门牵头，组织拍摄以长江大保护为主题的公益宣传广告。在学校、电影院及其他公共场所播放该类宣传片，以这样大众传媒的方式来营造长江大保护的氛围。大众传媒具有传播快、范围广、受众群体多样等特点，政府部门可以邀请专业的设计拍摄团队利用公益资金组织和引导短片拍摄。多以普通民众的视角展示长江大保护的公众责任和义务。还可以通过组织网络比赛，在社区或高校中征集优秀作品，鼓励以创新的视角和立场来反映生态环境保护主题，激发群众参与的兴趣和积极性。也可以从反面角度拍摄生态恶化警示片，展示人类对于自然环境的破坏后果。将长江大保护与文化、艺术充分结合，将绿色的观念传播给更广大的群众。

（五）设立"湖北长江经济带发展与保护"微信、微博公众号

设立"湖北长江经济带发展与保护"官方微信、微博公众号，

对政府出台的相关文件以及开展的活动进行实时更新,直接与社会大众互动。通过微信微博等新媒体平台,让公众能够以最快捷的方式知晓长江经济带发展与保护的动态,鼓励人们为长江经济带发展与保护建言献策,从而达到公众参与的积极效果。同时,通过统一的公众号运行,以及政府与公众的互动,提高"共抓长江大保护"协同治理效率。

四 建立健全长江经济带生态保护补偿机制

为了有效调动省内各市县积极性,建议重点从纵向生态补偿、横向生态补偿、合理生态补偿标准和开展试点等方面建立健全长江经济带生态保护补偿机制。

(一)强化政府主导作用,落实纵向补偿

湖北省政府和地市级政府应根据财力平衡的原则,加大财政投入力度,设立长江大保护专项资金,对财政较为困难的下一级地方政府实现生态保护转移支付。加大对于重点生态保护区、水源涵养区和重点生态功能区进行财政支持与补贴。同时在生态环境保护问题上,应强化政府主导作用,树立负责任的政府形象,对生态环境破坏严重地区人民群众要设法进行重点财政支持和生态环境修复治理。对违法破坏生态环境的企业和部门依法依规进行严肃处理,加大惩罚力度和罚金。

湖北应加快探索建立长江经济带保护和治理的财政资金转移支付的灵活机制,结合中央和地方的特殊情况,制定相应的长江生态环境保护资金统筹办法,以此提高各级政府和相关部门保护生态环境的积极性。通过加强生态保护的补偿投入力度,让当地政府愿意通过牺牲当地工业发展换取蓝天白云,避免因保护而致使地方经济出现持续"低迷"。

(二)积极探索市场化模式,落实横向补偿

通过政府引导,应鼓励各市县生态保护区和受益区成为独立的市场主体，享有对等的市场地位，通过自愿协商，探索多种交易模式，实现互利双赢。探索和落实流域横向补偿机制，加大对于横向生态补偿机制的建立，可以借鉴国内国际的成功经验和模式，设立试点先行先试，逐渐推广。

涉及横向补偿的相关地区，应积极开展协商，在补偿基准选择、补偿标准、补偿方式等方面努力达成一致。省内各地区应增强大局意识和协作意识，主动沟通协商，共同治理和保护流域生态环境，扩大生态补偿的覆盖面。政府应努力为横向补偿涉及地区打造公平的市场，让其能够在市场经济大环境下健康运转，为生态补偿机制注入资金支持。突出生态文明制度建设，推动跨区域生态补偿、联防联治，着力打破行政分割和隐形壁垒，建立健全绿色发展的区际利益平衡机制，创新引导与激励机制，推动各类资源要素自由流动、优化配置，激发生态经济活力。

（三）考虑公平和区域平衡，合理确定生态保护补偿标准

首先，根据不同领域、不同类型地区的特点，综合考虑生态保护投入成本及机会成本，制定与湖北平均经济发展水平相适应的补偿标准，并适时进行动态调整。既要做到统筹兼顾又根据各地区特点和受污染的情况进行有区别的对待。应综合考虑地区经济发展水平和财政支持能力，避免盲目支持。应建立综合评价指标体系，将不同的指标进行客观的调查评价，在此基础上再进行财政补贴和生态保护补偿。

其次，不应设立统一的补偿标准。补偿标准是生态补偿的核心，应该更加注重生态补偿标准的核算办法，更多的引入市场机制，处理好政府和市场间的关系。各类生态要素的补偿标准需要根据其生态价值、管护成本等计算确定，考虑受偿地的损失和得到的补偿是否等价，进一步改进优化生态环境产品价格评估方法，针对不同区域类型和补偿对象确定科学的补偿标准。牢固树立以人民为中心的发展思想，积极回应人民群众所想、所盼、所急，

加速促进生态价值实现与民生改善有机结合，提供更多优质生态产品和公共服务，不断满足人民群众日益增长的优美生态环境需要，让人民群众有更多的获得感和幸福感。

（四）选择府河流域开展生态资产价值评估试点，通过优化生态补偿机制促进流域生态保护协同发展

明晰的生态利益权属关系是实施生态保护补偿的关键。政府在生态保护补偿中的首要职能是界定生态利益权属关系，其基础性工作是开展流域生态资产价值评估。通过流域生态资产价值评估试点，解决生态保护补偿中的难点问题，为优化生态保护补偿机制提供科学支撑。

建议湖北选择府河流域开展生态资产价值评估专项试点工作。作为全国生态绿楔工程试点[①]，府河发源于湖北大洪山麓，流经随州、广水、安陆、云梦、应城等县市，进入孝感市区后穿武汉市东西湖、黄陂、江岸三区，最后注入长江，全长385公里，生态资源丰富，涉及生态利益权属关系相对简单。将河流的每一段进行权属的划分，明确到每个县级行政区，并且进行专家论证，确定补偿资金的额度，充分考虑生态产权价值，最后对治理与保护的现状进行考评，并由各市联合商定补偿方式以及标准。通过跨市流域的试点，探寻如何进行跨市级行政区的横向生态补偿机制，该试点一方面可以为流域生态保护补偿积累经验，另一方面可与前期试点开展对比研究。

首先，需要对府河流域试点区域生态产权进行合理划分。可以根据行政区域之间的分界线或人为设定的生态功能区划线来进行界定。经济学上产权是指资源所有者对其资源的占有、使用、收益和处分的权利。生态产权的界定是顺利实施生态补偿的现实依据。应

[①] 经国家发改委、国家林业局确定，武汉府河生态绿楔示范工程为国家层面联系的社会资本参与林业生态建设第一批试点项目（全国共12个）。

在产权确定的情况下进行生态补偿。目前,我国生态产权界定存在一定的难度和问题,在法律上,我国自然资源的所有权是较为明确的,但由于这种强制性的公共产权会导致委托和代理的失灵,原因在于法律上虽然明确,但事实上却模糊。因此,流域上下游之间生态资产较难划分出清晰的界限,试点应重点围绕上述难题进行突破。

其次,在试点中应积极探索建立科学的生态产权价值评估体系。针对府河流域的地区特点和资源环境承载能力进行客观的生态资源价值评估。完善经济、社会和生态三方面效益的统一结合,将生态产权的综合效益发挥到最大。引入第三方评估机构,公开接受群众监督,应充分进行民意调查和群众满意度调查,综合衡量和评判生态产权的价值和补偿标准。尽量完善评估机制的公平性、公正性和公开性。

五 构建长江经济带绿色产业发展机制,创新驱动高质量发展

湖北应紧紧抓住新的发展机会,为做好"生态修复、环境保护、绿色发展"三篇文章,创新推动经济高质量发展。要以绿色发展示范区建设为契机,引导省内各市县争相打造具有地方特色的长江经济带高质量发展模范;应瞄准新机遇,加快转变发展方式,利用湖北智力资源和人才优势,以优化布局、创新驱动为手段助推产业升级,构建绿色产业体系。

(一)引导省内地市打造具有地方特色的长江经济带高质量发展样板

以武汉市入选首批"长江经济带绿色发展示范区"为契机,鼓励省内其他地市打造具有地方特色的长江经济带高质量发展样板。武汉应着力打造"历史文化名城",建设长江文明之星,在武昌古城、汉口历史风貌街区、汉阳归元片区实施生态复修、老城复兴、文脉复归工程,致力建设世界级历史人文集聚展示区。

湖北应坚持打造长江主轴,坚持交通轴、经济轴、生态轴、景

观轴、文化轴"五轴一体"整体推进。重点引导省内各地市打造城市地方特色新典范,充分挖掘历史人文内涵,将新城建设与旧城改造有机结合,将城市建设与生态环境融为一体,避免"千城一面"和"城乡一样"。应力争在"十四五"期间建成2—3个长江经济带城市高质量发展样板。

(二)优先布局发展新兴产业,构建绿色产业发展体系

湖北应瞄准新形势下长江经济带发展与保护蕴含的机遇,优先布局发展生态修复、绿色环保、生态旅游、生命健康、智能制造、数据云等新兴产业,构建绿色产业发展体系。始终把生态建设和环境治理放在第一位,加快推进生态保护模式创新、机制创新、管理创新,不断夯实区域良好生态本底,彰显区域自然生态人文比较优势,全面提升优美自然环境魅力和资源环境承载能力,打造以长江大保护为主题的生态旅游产业链。

进一步加快国家存储器基地、国家网络安全人才与创新基地等建设,重点发展5G通信、光电子、集成电路、网络安全、大数据、地球空间信息、新型显示技术等产业,打造万亿级光电子信息产业集群。加快国家航天产业基地、智能网联汽车示范区等建设,重点发展智能网联与新能源汽车、智慧交通和智能电网装备、关键技术装备与智能制造成套设备、机器人、通用航空等产业,打造国内重要的智能制造产业集群。加快国家生物产业基地、基因测序仪生产集群等建设,重点发展生物医药、生物医学工程、精准与智慧医疗等产业,打造具有全球影响力的生命健康产业集群。通过这一系列的产业调整升级,改善湖北的产业结构,提升湖北的经济水平,实现高质量发展。

(三)充分发挥湖北智力资源和人才优势助力产业转型升级

应利用好湖北高校及科研院所的智力资源和人才优势,建立长江经济带发展与保护"政产学研用"创新联盟,壮大科创主体,集聚科创人才,加快科创平台建设,增强创新能力,助力产业转

型升级。

深入推进跨区域政产学研用合作，集聚整合科技创新资源，加快建设一批"双创"示范基地，重点支持武汉光谷科技园、宜昌高新区，打造具有较强影响力的科技创新共同体。依托区域产业基础，完善科技设施配套，构建一批技术创新、产品研发、成果转化于一体的重大综合性示范产业合作平台。重点推动武汉光谷科技城打造"双创"和高新技术产业发展样板城，支持宜昌高新区建设国家级临空经济区。

瞄准生态经济发展重大需求，加强前瞻性布局谋划，支持有条件的地区规划建设长江治理技术研发应用综合平台、生态经济大数据中心、国家体育公园，为新经济发展提供强力支撑。强化开发园区改革创新，加快集聚特色创新资源，着力培育特色产业集群，注重提升土地产出率、资源循环利用率、智能制造普及率，推动建设现代产业园区。以国家级、省级产业园区为主体，推行"一县一园区"模式，聚焦特色产业链建设，加快提升园区产业聚集耦合功能，打造县域经济发展主阵地。

（四）实施江汉平原绿色产业发展示范工程，实现长江经济带传统产业和绿色产业共融互促

保护绿水青山就是创造金山银山，长江大保护和长江经济带发展并不矛盾，统筹二者的最优路径就是通过高质量发展实现大保护。而经济高质量发展的关键在于产业融合，可通过生态修复、环境保护和绿色发展等重点工程，实现长江经济带传统产业和绿色产业融合发展，破除旧动能，培育新动能，最终形成持久的绿色发展机制。长江经济带是我国覆盖城市最大的经济区，而湖北作为沟通长江经济带上下游的重要桥梁，是中部崛起的重要战略支点，具有承东启西的重要地位。因此，从湖北出发，协调好长江大保护与长江经济带高质量发展之间的关系，平衡好经济效益与生态效益的对立统一关系，对"共抓长江大保护"具有实质性的推动作用。

目前，在工业方面，湖北正以武汉创建国家长江经济带绿色发展示范区为抓手，带动全省工业结构调整和转型升级。建议一方面以已获批的武汉国家级绿色发展示范为抓手，带动全省工业结构调整和转型升级。根据《湖北主题功能区规划》的要求，逐步完善工业布局规划，严格按照长江流域、区域资源环境承载能力，加强分类指导，确定工业发展方向和开发强度，构建特色突出、错位发展、互补互进的工业发展新格局。转变经济发展方式，构建绿色产业体系，推动长江经济带高质量发展。

另一方面，农业上迫切需要一个绿色发展示范工程以带动全省农业转型升级，走生态农业和绿色发展之路。调查中，江汉平原的农业面源污染问题严重，而江汉平原位于长江中游，是我国粮食主产区，农业产量占湖北省的60%，是长江经济带发展的农业基础保障。建议由省农业农村厅牵头，组织实施江汉平原绿色产业发展示范工程，重点治理农业面源污染，促进农业产业化、生态化和休闲化融合发展，以产业共融互促带动共抓长江大保护。

在示范区内，实施面源污染专项治理，遵循资源化、减量化、无害化、生态化的原则，大力发展农业循环经济。多措并举，确保试点工程取得良效。一是加大宣传力度，提高全民认识。加强面源污染危害和原因的宣传，增强全民生态环境意识，充分调动群众参与面源污染治理工作的积极性和主动性，从根本上改善农业环境污染问题。二是分工协作齐抓共管。建立政府统一领导、环保部门统筹协调、有关部门分工负责、全社会共同参与的工作机制。三是明确主体责任。相关部门密切配合，形成治理面源污染协同、联动机制。把区域面源污染治理工作纳入工作考核范畴，将绩效指标纳入各级领导班子和领导干部的考核内容。四是强化监督检查。完善奖惩机制，定期或不定期组织开展农业面源防治工作督查。

湖北在探索高质量发展之路方面，应强化绿色产业机制，兼顾

"保护"与"发展"。牢固树立"保护生态环境就是保护生产力、改善生态环境就是发展生产力"①的理念,强化资源环境承载约束,坚持存量调整优化和增量严格准入相结合,发挥区域比较优势,引导产业合理布局,走经济发展和生态绿色的双赢之路。

六 构建长江经济带发展与保护投融资机制

构建长江经济带发展与保护的长效机制,有赖于充分调动企业、社会组织、金融机构等各主体的参与积极性。通过完善产业政策、加大政策优惠力度、合理运用现有融资便利条件等方式加快市场参与生态保护的步伐。与此同时,积极探索新的投融资渠道,运用市场化力量建立健全投融资机制。

(一)通过完善产业政策,引导企业积极参与长江大保护

可运用财政、税收、信贷等手段完善产业政策。财政政策方面,建立长期有效的环保预算增长机制。根据国际经验,当环保投入至少达到GDP的2%时,环境问题可有望得到改善。湖北省统计年鉴数据显示,2009—2018年,污染治理项目年度完成投资平均为每年20.21亿元,GDP平均为每年26164.3亿元,可见,年均污染治理投资费用占年均GDP比重不足1%。因此,湖北应加大环境保护资金的投入力度,使环保资金支出预算增幅与地区财政收入增速基本保持一致。制定科学合理的环保资金申请和使用管理制度,提升政府治理能力现代化、科学化、法制化。

在税收方面,按照《环境保护税法》的要求,积极开征环境保护税,充分发挥环境保护税在生态环境保护中的市场导向作用。环境保护税不仅要从短期上减少污染促进资源节约,在中长期目标上更应该以湖北的产业结构调整和优化升级相结合,大力推行

---

① 新华社评论员:《抓好政治建设这个党的根本性建设——学习贯彻习近平总书记在中央政治局第六次集体学习重要讲话》,http://www.xinhuanet.com/politics/2018-07/01/c_1123062787.htm,2018年7月1日。

绿色发展，实现高质量发展。通过分级税收制度积极引导企业发挥节能减排的积极性，实现"共抓长江大保护"。科学设计绿色信贷产品，创新绿色信贷抵质押担保模式，促进绿色产业发展。创新绿色惠农信贷产品，重点支持生态农业产业化发展，培育生态农业龙头企业、家庭农场等新型农业经营主体，调动农民参与长江大保护的积极性。加强企业社会责任建设，充分发挥企业在"共抓长江大保护"中的市场主体作用。

（二）加大政策优惠力度，鼓励各类社会组织设立长江发展保护基金

积极鼓励经济活动参与企业和社会组织设立发展保护基金。为鼓励企业进行公益性捐款，应探索实施更大税收优惠。根据《中华人民共和国慈善法》规定，企业慈善捐赠支出超过法律规定的准予在计算企业所得税应纳税所得额时当年扣除的部分，允许结转以后三年内在计算应纳税所得额时扣除。企业境外捐赠用于慈善活动的物资，依法减征或者免征进口关税和进口环节增值税。同时为扩大企业的社会责任感、荣誉感与透明度，可定期对项目进展进行公示并接受社会监督。

建议湖北筹划建立"长江生态环境保护"基金会，以独立法人资格、非营利性的社团组织形式筹集长江水生态环境保护资金，公开向社会募捐，进行市场化运作，扩大长江生态环境保护的宣传和影响，同时为湖北长江生态环境保护提供庞大的资金支撑。也可依托现有的慈善组织的专业平台，积极争取环境保护资金。例如中国环境保护基金会[①]等。

目前，湖北省已设立"长江生态保护基金暨长江江豚专项基金"，并将其纳入武汉社会组织发展基金会的专项基金，武汉社会

---

① 中华环境保护基金会成立于1993年4月，是中国第一个专门从事环境保护事业的基金会，是具有独立法人资格、非营利性的社团组织，2005年获得联合国经社理事会的"专门资商地位"。

组织发展基金会将和长江日报通过"汉公益"网络,搭建专项捐赠平台,引领、示范、带动更多社会资源和力量。荆州市人民政府与国家开发银行湖北省分行共同筹建的长江大保护和城市建设发展(荆州)基金,围绕产业升级、文化旅游、重大基础设施、推进"双创"、环境整治、扶贫攻坚等重点领域推进长江大保护的建设。由此,可制定激励政策以鼓励更多的创新模式的开展,使得长江保护资金筹措及来源多元化、长效化。

(三)构建引导企业承担社会责任的绿色金融机制和绿色保险体系

应在全省范围内明确要求各级财政部门要积极推动建立"政府引导、市场运作、社会参与"的多元化生态环境保护投融资机制,鼓励和引导社会力量积极参与长江经济带生态保护建设,拓宽保护资金的来源渠道。

首先,在我国当前财政体制下,用于生态环境保护的资金主要来自于政府财政拨款,包括中央和地方按比例拨款。长期来看,仅依靠政府财政资金治理生态环境主要存在两方面缺点,一是环保后备资金储备不充足;二是政府单方面进行环境保护治理,社会与公众参与度不高。通过拓宽生态保护资金融资渠道,可以有效改善上述缺点,既能提高环保后备资金储备量,又能提升社会资本参与环保治理的深度和广度。湖北应鼓励省内金融机构加快开展绿色金融业务,构建符合省情的绿色金融体系。大力支持绿色产业发展,鼓励有条件的绿色企业进行上市融资。

其次,湖北应快速完善绿色保险体系。保险不仅具有风险分散功能,还具有资金融通和社会管理功能。在绿色发展背景下,绿色保险不仅可完善绿色金融体系,帮助企业分散环境污染衍生的风险,减轻政府负担,还有利于引导企业承担社会责任,探索建立政府和企业联动的投融资共抓机制。例如,2013年2月,环境保护部与中国保监会联合印发了《关于开展环境污染强制责任保险试点工作的指导意见》，试点对利用市场手段防治环境污染、规范高污染企业危废处理行为等进行了有益尝试。建议湖北结合此试点和 2018 年国家出台的《环境污染强制责任保险管理办法（草案）》，全面推进和实施环境污染强制责任险，并探索以自愿为原则的环境污染责任险，构建绿色保险体系，完善政府和企业"共抓长江大保护"的投融资机制。

（四）合理利用政策性金融机构提供的融资便利条件

应利用好世界银行、国家开发银行等政策性金融机构提供的融资便利条件，促进我国经济持续健康发展。世界银行非常重视对于小型地区性企业的投资，特别是绿色环保企业。中国长江经济带的绿色发展理念亦符合世界银行致力于改善环境的大目标。因此，应出台相应政策鼓励和帮助本地企业申请世界银行贷款，以此增加与国际金融机构的联系，谋求更多领域、更多方式的合作。

湖北应鼓励各级政府加强与金融机构的联系，利用政策性金融机构融资的便利条件助力湖北长江经济带生态环境治理。如国家开发银行近年来重点开展了一系列长江经济带生态环保方面的信贷与投资金融业务。长江经济带战略与长江大保护属于国家重大战略，属于国家开发银行金融政策支持的范围。因此，湖北各相关部门和企业可大力争取类似国家开发银行等金融机构的政策性资金支持，重点扶持长江经济带发展与保护，增加优质生态产品服务供给，引导绿色经济的发展。

七 积极参与长江经济带相关立法工作，贡献湖北方案和智慧

湖北在长江经济带中占有重要位置，在长江经济带高质量发展中具有关键作用。在《长江保护法》立法工作中，湖北应加强论证，积极发声，彰显湖北特质。具体而言，可组建专业研究团队，积极与立法工作组对接，并同步推进省内各法规政策，探索完善具有湖北特色的依法治理机制。

(一) 科学论证湖北长江经济带保护相关立法工作中的关键问题

组建专业研究团队，科学论证属地利益分配、重大工程影响、生态贡献、生态补偿等长江经济带相关立法工作中的关键问题。专业人员通过实地考察、问卷调查、统计分析等方式开展调查研究工作，了解长江经济带沿线中各地存在的问题。只有通过科学论证，才能正确把握长江立法工作的现实意义，理清长江经济带发展与保护的内在利益关系，从而制定出有利于统筹兼顾地方发展与流域保护的法律。

(二) 与国家长江经济带相关立法工作组对接，加强立法协调性

省人大成立立法调研组，与国家长江经济带相关立法工作组对接，提供立法建议，增强地方立法与国家立法的协调性。一方面，省人大积极配合中央出台法律政策是其工作职责之一，他们必须准确全面地表达民意，并将其落实到具体的立法实践中；另一方面，为进一步发挥人大代表在立法中的主体作用，让代表更多、更深入地参与立法实践，从立法项目确定之初就参与到立法工作中，确保民意在立法中得到最大限度的体现，争取湖北代表进入立法工作组，确保将湖北智慧带给全国。

(三) 同步推进省内立法，探索完善具有湖北特色的依法治理机制

依据湖北长江经济带发展与保护规划和湖北长江发展与保护相关条例，探索建立湖北长江经济带生态环境保护依法治理体系。在国家相关法律尚未出台的情况下，可以考虑地方立法，提升政府治理的法治化，加大环保执法的保障力度。地方立法应充分考虑国家法律与本地实际情况的结合，在遵循宪法和国家相关法律的前提下，充分考虑地方特点和实际情况，组织多方论证，征求各方意见。综合体现湖北长江经济带发展与保护的特殊性和重要

性地位。此外，省内各地市需要根据湖北省的相关法律法规，结合本地实际制定相应的规章条例。

在地方性法规体系建立以后，湖北还应继续加强长江经济带环境保护的组织领导能力，从监督考核、依法履责、制度配套、严格执法、创新执法模式、加强法制宣传等方面持续发力。在实际操作中，健全生态环境治理法治化。同时，通过推进地方性法规体系的建立与完善，丰富相关法律智库。

第九章

长江经济带发展与保护的未来展望

当前,长江经济带面临区域发展不协调不平衡、资源环境"超载"、共抓大保护机制不完善等问题和挑战。为此,长江经济带应立足于整合全流域资源,强调以大保护为前提的沿江各省市协调发展,依托沿江三大城市群辐射和带动全流域多点发展,推动我国经济高质量发展。鼓励沿江各省市结合区域特点和经济社会发展阶段,因地制宜地开展政策创新试点,破除地区之间利益藩篱和政策壁垒,形成齐抓共管合力。

第一节 长江经济带发展形势与挑战

一 长江经济带区域不协调、不平衡问题突出

长江经济带包括了上游、中游、下游共9省2市,是我国一条横向布局的经济发展区域,从东至西,经济发展程度从高至低。经过长期的开发开放,长江经济带区域发展不协调、不平衡问题突出。

这种区域发展的不平衡性,是由多重因素决定的。首先,流域经济特点决定了长江经济带的不平衡发展,流域上游的自然资源丰富;而流域下游的生产力发展水平、技术创新能力、劳动者素质等具有优势。其次,长江经济带沿线各省市以工业化带动城镇化,第二产业迅速发展,但同时却没有带动第一、第三产业同步

发展。最后，政策出台多，但实施和执行力度不强。各省市在制定政策时，除了贯彻中央及国家文件精神以外，还应根据自身实际情况制定地方政策。通过对政策的分析梳理，不难发现，近年来，各省市在出台涉及长江经济带生态环境保护的政策措施时，多以贯彻和落实中央下发的文件政策为主，而较少采取针对性强的行动；区域间协同发展政策多，但实际行动却比较少。

二 各省市制定生态环境保护政策趋同问题突出，缺乏制度创新因素

系统梳理长江经济带11省市生态保护政策发现，各省市制定的政策、出台的文件、规章条例等趋同问题严重，且缺乏创新。生态环境保护涉及自然资源各个方面，在治理和保护的时候要兼顾各个方面，例如各省市均出台了水污染防治条例，土壤污染防治条例等。除此之外，各省市污染情况不一样，资源环境条件也有不同，经济基础更是千差万别，在治理的手段和方式方法上也应不同。因此，配套政策如果过于趋同，只会导致操作层面的困境，"执行难"便是当前各省市在治理过程中面临的最大挑战。结果就是政策文件、响应号召铺天盖地，污染形势和恶化情况依旧顽固不化。

三 长江经济带资源环境"超载"问题严重，"减负"迫在眉睫

长江经济带面临的环境"超载"问题十分严重，沿江的化工企业呈密集点状式向面状、带状发展。大量重化工企业沿江布局加剧了长江生态环境保护治理的难度。长江沿线各省市化工产量约占全国的46%，有约40万家化工生产企业盘踞长江沿岸。上中下游产业布局与资源、市场脱节，造成交通运输污染严重，尤其是钢铁、石化和建材等耗能型企业大多集中布局在长江下游，而

所需能源如石油、煤炭等生产基地大多分布于中上游地区[①]。长江流域产业布局现状是地区追求经济增长、企业追求产业利益、区域缺乏具有环保理念的产业规划和长期的监管缺位等因素共同造成的。结合前述长江经济带资源环境问题的分析，当前长江经济带面临的突出环境问题主要体现在水污染、土壤污染、大气污染和固体废弃物污染等方面。

从区域特点上来讲，长江经济带属于典型的流域经济，它有别于其他区域经济，特点是依托流域水资源而发展。流域的整体性是长江经济带的特殊属性，一方面，长江水运使得沿江各省市产业发展有了良好的交通运输条件，运输成本降低，有利于沿江产业的发展；另一方面，如果没有环保准入制度的强制性约束，资本的趋利性会使各生产企业选择性忽视生产造成的环境污染。各地产业园区引进生产企业时也许以优厚的产业发展政策，一般较少真正限制环境污染企业的生产活动。哪个地区环保准入标准宽松，企业便选择落户哪里，如同"猫捉老鼠"，"城管打击小商贩"，哪里管得松就去哪里，这也进一步加剧了产业趋同现象。因此，环境"减负"任务迫在眉睫。

四 缺乏区域协调治理机制，生态治理"各人自扫门前雪"

根据长江经济带发展与保护政策的分析可以看出，近几年，各省市普遍较多的关注于省市内部各地区的协调，但跨流域、跨地区的省际间协调治理机制尚不完善，还远没形成区域协调发展良好氛围。

很大程度上，区域协调治理机制的形成和完善一方面依靠政府间的合作，另一方面需要形成社会组织的良性互动。长江经济带

[①] 周正柱：《长江经济带高质量发展存在的主要问题与对策》，《科学发展》2018年第12期。

各省市地方政府"自扫门前雪"的行政思维短时间内是很难打破的。因为这关乎自身利益，谁先缩减产业链，调整产业结构，"阵痛"的后果便由谁来自己吞下。当然，如果各省市自己门前的"雪"扫得干净，长江流域的生态环境也会得到整体效应的提升。问题是流域的中上游恰恰是经济欠发达区域，产业结构、科技含量远没有下游地区发达，中上游尤其是上游，受区位、生活、娱乐、教育、科技等配套因素限制，中上游城市想要引进高新技术企业难上加难。对于下游而言，传统制造产业和化工污染，农业面源污染问题也十分严重。总体来看，长江经济带各地区治理污染的压力都比较大，没有统一协调的权威机构和强制性体制机制，区域协调治理便难以实施。

五 社会力量参与薄弱，"共抓"方式单一

从国外的生态环境保护案例到我们自身现实生活中，生态环境污染和恶化，影响每个人。曾经是美国"癌症村"的汤姆斯河镇，现如今已是环境宜人、游客众多的"生态村"，而从发现化工污染到最终迫使化工厂搬迁并巨额赔偿，其民众自发组织的社会组织作用巨大。长期以来，我们一直强调对于生态污染，政府应该强势，法律应该健全，但恰恰忽视了民众的监督，社会组织的作用。

在我国，社会力量参与行政管理事务并非易事，因为"官比民大"的传统思想及长期以来的治理体系中，民众参与好像就是仅仅"参与"而已，很少真正为了公共事务而行使自己的权利。家庭经济条件、受教育程度、民族传统思维、社会的法治程度等，都是导致我国社会力量薄弱的根本原因。然而，长江经济带生态环境的保护离不开社会力量的积极参与，例如江苏为了鼓励民众举报污染违法行为出台了《江苏省保护和奖励生态环境违法行为举报人的若干规定（试行）》，除了奖励举报人以外，还特别规定

了要保护举报人。长江生态环境的保护需要"共抓",很大程度上应包括普通老百姓积极参与。

第二节　长江经济带竞争力提升策略

当前,长江经济带与"一带一路"建设、京津冀一体化发展、粤港澳大湾区建设和长三角一体化战略一同成为我国区域发展的主要战略核心。其中,"一带一路"建设的战略定位最高和视觉范围最广,主要任务是国内资源与经济融入世界经济发展格局,从理念上和思路上面向国际合作和参与全球治理。其他四大战略则主要是面向国内进行资源和经济的整合与提升,同时向加强区域经济国际化转型。

具体来看,长江经济带覆盖范围最广,承载了我国四成的人口,战略重心是通过流域经济发展的特点,依托长江流域以其东部发达地区带动流域中西部地区的协同发展,同时更强调对于生态环境的保护。京津冀一体化发展、粤港澳大湾区建设和长三角一体化都是基于我国三个经济最发达的区域而提出的,京津冀一体化主要是通过北京、天津和河北三地联动发展,加强环渤海及京津冀地区的经济协作,以更大的区域来疏解北京的非首都功能,从而构建经济、社会和生态一体化格局。长三角一体化战略是基于进一步提升长三角地区资源整合和经济持续发展而提出的,而长三角地区作为"一带一路"和长江经济带战略交汇要地,强劲的经济实力和地区产业基础是其战略实施的有力保障,重点任务是加快实现产业结构转型,促进经济高质量发展。最后是粤港澳大湾区发展战略,它是依托我国珠三角地区而提出的,与其他区域战略不同的是,粤港澳大湾区是落实"一国两制"政策的有效途径,要解决不同制度在一个战略框架下的整合问题,在全面推进内地与港澳经济贸易、居民生活、交通运输等方面具有重要的战略意义，是推动粤港澳三地强强联合发展的保障。对比国家层面的区域发展战略后，可以更清晰的认识长江经济带战略的优势与机遇。

在优势方面，长江经济带战略立足于整合流域资源，强调以生态保护为前提的沿江各省市协同发展，通过沿江三大城市群，辐射和带动全流域多点发展，为我国区域经济社会发展提供了新战略平台。在发展和保护政策的不断完善过程中，长江经济带将收获更多的政策红利，并实现实力的整体提升。

综合分析，长江经济带具有明显的战略优势，一是水资源优势明显，长江经济带发展充分依托我国水资源总量第一的长江，长江带来的不仅是肥沃的土地，更是便捷、廉价的航运资源。通过修建水利工程，也带来了农业灌溉、防洪防汛和能源供应等种种发展红利和便利条件。二是人口集聚程度高，城市发展潜力大。长江经济带人口约6亿人，占全国40%以上，强大的人力资本优势，对区域发展和产业发展都具有强大的促进作用。长江经济带中心城市的辐射和带动作用明显，东部城市发展居全国前列，如上海、杭州、南京，中西部城市发展动力强劲，如武汉、重庆、成都、贵阳、昆明等。三是地区发展空间大，选择性多。长江中上游地区往往生态资源丰富，许多城镇发展起步虽晚，但产业选择空间大，可以利用战略机遇进行特色发展，差异化和特色化城镇建设将更宜居，在吸引和接纳中下游转移人口方面更具竞争力。四是政策条件优厚，作为国家发展战略，长江经济带随着体制机制的不断完善，将给区域发展带来更多的政策改革，也会带来更多的改革红利，如浙江省政府部门推行《保障"最多跑一次"改革规定》，在提高政府办事服务行政能力改革中走在了全国前列。诸如此类提升人民满意度的改革政策将更多地在长江经济带各省市开展。

新时期长江经济带战略提升为区域发展带来了巨大的机遇，以城市发展为核心,长江经济带整体竞争力也得到了显著加强,城市竞争力往往是区域竞争力的具体体现。据中国社会科学院与经济日报共同发布的《中国城市竞争力第16次报告》,2017年中国城市综合经济竞争力排行前10位中,深圳位列第一,香港和上海分别居第二、第三位。其余依次排名为台北、广州、北京、天津、苏州、南京和武汉,其中有4个城市位于长江经济带。不得不说,与其他国家层面区域发展战略一样,长江经济带应面对自身所处的劣势与挑战,利用优势,把握机遇。

第三节　长江经济带政策创新

一　加快出台《长江保护法》,设置权威的长江流域管理机构

长江经济带生态环境的保护需要立法。近几年,长江经济带普遍加快了立法步伐,一系列法律法规相继出台,如各省市普遍已出台环境保护条例。但类似长江流域环境保护法等法律体系尚不健全。法律保障是政府治理环境的有力武器,《长江保护法》的制定和出台将会有力的保障长江生态安全,改善长江生态治理现状。为依法开展长江开发活动,依法治理长江生态、依法惩罚破坏生态环境行为提供强有力的支持和保障。立法的主要内容应主要包括:建立最严格的长江水资源资产管理制度,通过立法确立长江水资源有偿使用制度,建立水资源保护基金;确立水污染责任保险制度和水生态补偿制度,完善水环境损害赔偿制度;加强水质考核和责任追究,立法中明确长江省界断面水质考核和责任追究制度,考核结果向社会公告。

在立法基础上,应设置统一的长江流域管理机构,并依法统筹各省市生态环境保护工作。重点保障长江流域水资源安全问题,统一协调和治理长江经济带发展与保护工作。对各省市政府具有监督职能,定期开展监督巡视工作,督导各省市水生态治理。通

过设立长江流域管理机构有利于促进长江经济带各省市的产业发展和结构优化、开展长江经济带各省市生态保护协同治理工作，统一协调保护资源、调配治理所需经费。从长远看，将有助于长江经济带的持久发展和保护。

二 鼓励各省市结合实际情况，创新开展政策试点，破除地区之间利益藩篱和政策壁垒

长江经济带生态环境保护制度的设计应充分考虑可操作性和可执行性。创新因素不是要制造完全陌生的新制度出来，而是应当充分利用地区的区域性和差别化，制定"因地制宜"的规章条例，让制度落地，让机制活跃起来。应鼓励各省市之间打破行政区划，协同合作寻求发展和治理。可以借鉴国内其他地区协同治理经验（如京津冀协同发展领导小组办公室、京津冀协同发展专家咨询委员会及长三角区域合作办公室），设立长江经济带协同发展与保护权威机构，围绕重大事项协商、城市群联动、港口协调发展和横向生态补偿等重点问题进行体制机制创新，建立长江经济带协同发展与保护长效机制。

鼓励沿江各省市开展体制创新、制度创新、政策创新，给予有创新意识的地方政府一定的政策奖励和政策优惠。鼓励开展国家级试点工作，明确政策创新的内涵和意义，因地制宜地开展长江生态保护政策。破除地区之间利益藩篱和政策壁垒，推动长江上中下游地区协调发展和沿江地区高质量发展，实现长江经济带融合发展。加强省际间协作、协商合作机制，构建流域基础设施体系，加强生态环境协同共治，合理地推进流域产业有序转移和优化升级。

三 建立长江经济带污染治理信息数据平台，为长江生态保护建立大数据

建议建立长江经济带污染治理信息数据平台，推进各省市大数

据建设。信息平台可以包括各省市最新出台的污染治理制度文件、企业环保信用评级和污染企业黑名单、社会环保治理社会组织登记注册信息、与环保治理相关的各高校科研院所最新治污专利信息、民众污染举报系统平台等。

从当前长江经济带生态环境治理的薄弱环节入手，构建长江生态保护大数据平台。通过平台的建立来推动各省市生态保护工作电子信息化、数据共享化。各省市设置专门的机构进行平台维护，也可以由相应的流域管理机构负责建立，信息共享和污染企业的大数据分析将会提高长江经济带发展的科学性，生态环境保护的整体性及准确性。

长江经济带环境污染治理效率长期处于较低水平，长江流域整体生态改善程度有限。沿江各省市水环境监督治理情况无法实时共享，低效率和重复性的生态环境整治普遍存在。如果能建立统一的信息共享平台，做好长江经济带污染治理数据平台的统一设计和综合数据信息服务工作，可以有效提高决策的科学性和准确性。从长江流域生态环境的整体性角度出发，可有效提高治理的效果。另外，通过科技手段的不断创新，也可带动相关高新技术产业的发展，为科创企业提供大量的市场需求。如果考虑全面建设网络数据共享平台，实现生态治理的数字化、可视化，将有力地促进我国与此相关的科技自主研发能力。通过生态数字技术的不断研发，借助平台亦可有效完善流域生态治理的监测、反馈和治理一体化建设，这也是实现治理能力现代化的有效途径。

四 将区域发展与"一带一路"建设融合，扩大对外开放与交流合作

党的十九大提出要积极促进"一带一路"建设，打造国际合作新平台。长江经济带战略与"一带一路"建设在本质上都是扩大区域经济发展的范围和广度，在更大的平台上合作。因此长江经济带沿线的各省市在发展机遇与对外开放的定位上应充分结合"一带一路"建设和规划。在打造"黄金水道"的同时，打造"黄金公路""黄金铁路"和"黄金航道"。充分利用交通基础设施的建设带动地区经济发展。就长江经济带东部来讲，长三角地区既是长江经济带的"龙头"又是"一带一路"建设的排头兵。2018年11月，上海市在国家会展中心成功举办了第一届中国国际进口博览会，正是在一年前的"一带一路"国际合作高峰论坛上，习近平主席宣布中国从2018年起举办中国国际进口博览会，充分展示了我国对外开放的决心和信心。上海市也理所应当地承担起对外开放的战略核心城市地位和角色。在长江上游地区，重庆市则成了连接"一带一路"和长江经济带战略的重要结点，重庆承东启西、贯通南北的区位优势极大地有利于它发展和带动长江上游地区，包括四川、云南、贵州、广西等欠发达省份的对外开放和经济增长。"一带一路"建设促使西南地区也应有国际化视野，在国际合作中看到发展机遇。可见，长江经济带的发展与"一带一路"充分融合将有利于促进形成我国地区经济发展与国际市场合作的新格局。

  长江经济带面临的较大问题是国际化参与不足，无论是政府层面，还是社会各个层面，与"一带一路"融合发展能够给沿线各省市带来更多国际化的交流。尤其是国际上流域经济发达的地区和国家带给长江经济带战略发展的实际经验和建议，将会使长江经济带发展和大保护获得国际关注机会。从学术交流层面上来讲，吸引更多的国际专家和学者关注和讨论我国长江经济带面临的问题，可以促进各省市进行有效改革。从经济发展的角度来讲，市场开放带来的是更多的投资和收益机会，可有效地提高我国企业的国际竞争力。长江中上游各省市地区均为我国内陆城市，在前40年的改革开放中由于区位劣势，经济基础和对外开放步伐较慢，"一带一路"建设可以提供给中上游地区更多的国际投资和城市建设经验。从生态环保的角度讲，长江经济带各省市地方政府很少走出去与国际政府和组织合作进行开发和环境治理。吸纳国际可借鉴的经验有限，对于发达国家的污染治理方式不熟悉，对于国际型污染企业并未有很好的戒备和引进限制，导致很多在欧美发达国家由于严格的环保限制而无法落地的国际大型重化工企业纷纷落地长江经济带，重蹈发达国家先污染后治理的悲剧。所以，无论是学术研究、地方政府治理，还是流域生态治理，都应加强国际交流合作，国内外政府间和民间社会环保组织开展合作将有助于经验共享、数据共享。

五 加强群众监督，开展环保教育，增强普通老百姓生态维权意识

群众监督是人民群众对国家行政机关及其工作人员的工作所进行的监督，是法律赋予人民群众的权利。在长江经济带生态环境治理中广泛开展群众监督有助于生态环境的维护，同时也是政府执政能力的现实体现。俗话说"群众的眼睛是雪亮的"，就是告诉我们如果做得好，群众满意度便可得到提升，如果做得不好，群众则有权实行监督并提出意见。

长江经济带开展群众监督，不仅是针对政府部门，也要针对社区环境，对企业也起到监督的作用，可以依法进行生态环境举报，通过专门的渠道，各省市可以结合新媒体、新途径，如通过微信二维码一键举报等。积极鼓励群众参与长江生态环境监督和保护。通过社区宣传、舆论宣传加强老百姓生态维权意识，提高老百姓对自己生命健康负责的主体思维。

建议政府宣传部门，加强对全社会的生态环境保护、生态维权、生态污染危害的舆论引导，通过各种形式，例如社会媒体通过电视节目制作、电影、电视剧、综艺节目等进行长江大保护宣传，寓教于乐。同时开展"生态环境保护进校园"教育常态化、

制度化，使接受教育的孩子开始懂得生态保护的重要性。

最后，各省市地方政府可以指定专门的部门积极开展"长江大保护接待日"，提前通过各大媒体向公众宣传接待日时间、地点、参与方式以及接待的范围，让广大群众有渠道可以反映生态环境问题。

第四节　长江经济带研究展望

"生态兴则文明兴，生态衰则文明衰"。生态保护和绿色发展是高质量发展的应有之义，也是实现永续发展的根本支撑。中共中央、国务院明确要求充分发挥长江经济带横跨东中西三大板块的区位优势，以"共抓大保护、不搞大开发"为导向，以生态优先、绿色发展为引领，依托长江黄金水道，推动长江上中下游地区协调发展和沿江地区高质量发展[①]。以久久为功的韧劲守住绿水青山、构筑生态文明新家园，使长江经济带发展成为一条引领中国高质量发展的黄金经济带。

鉴于长江的地理位置、流域特殊性和生态地位的重要性，站好保护中华民族母亲河的岗哨，为子孙后代留下天蓝地绿水清，是长江经济带沿江各省市应有责任与担当。关于长江经济带发展与大保护这一主题，还须从以下三个方面进行深入研究。

（1）从全国层面，探究如何构建全流域或者全国范围内的"共抓长江大保护"政策体系。本研究中提出的，如建立健全长效宣传机制、生态补偿机制、联防共治机制、齐抓共管部门协调机制、绿色发展产业升级助推机制、投融资机制以及依法治理机制等是根据湖北实际发展中存在的问题，提出具有区域特征的对策。

---

① 《中共中央、国务院关于建立更加有效的区域协调发展新机制的意见》，http://www.xinhuanet.com/politics/2018-11/29/c_1123786594.htm，2018年11月29日。

从制度设计而言，长江经济带战略还应当包括其他具体相关的法律法规的设计，因此从公共政策系统的视角检视分散的法律法规、体制机制等之间的联系、冲突与矛盾，通过梳理内在机理和运行规律及原则，构建完整的政策体系，也值得深入研究。

（2）从省域层面，本书在详细梳理长江经济带各地区政策行动的基础上，以湖北长江经济带发展与保护作为典型案例研究，以期通过政策的优化提供湖北方案和湖北智慧。沿江的其他省市在探索和构建长江经济带治理体制机制方面也有不同的特点和政策。下一步应展开更多的典型案例研究，分别选择不同区域和发展程度的省市进行横向对比，加强国外典型案例研究，为长江经济带相关研究提供参考和经验。

（3）在建立健全体制机制、政策体系的基础上，政策跟踪与政策效果的实证评估也是未来研究的重点。在政策后评估研究方面，应完善后期跟踪调研，关注政策实施的长期效果。结合中央环境保护督查工作要求和工作内容，切实做好"回头看"工作和评估工作，以完善长江经济带发展与保护体制机制。

附件1　湖北构建"共抓长江大保护"体制机制研究调研问卷

（政府）

尊敬的朋友：

您好！

我们是中国地质大学（武汉）"湖北省重大调研课题小组"。为了解湖北各典型区域生态环境保护政策、制度实施状况以及利益相关者的建议意见等，我们设计了这份问卷。**以下问卷纯粹用于学术研究，问卷无需填写姓名，对您提供的信息，我们绝对替您保密，敬请放心！**请您在每个问题所给出的几个答案中选择合适的答案打钩，多选的情况会特别注明。**您的每个选择对于我们研究的客观性和科学性都至关重要，衷心希望能得到您的支持与配合！**

受访者基本信息

1. 性别：A. 男　　B. 女
2. 年龄：A. 20—30 岁　　B. 31—40 岁　　C. 41—50 岁
   D. 51—60 岁
3. 工作年限：A. 0—5 年　　B. 6—10 年　　C. 11—15 年
   D. 16—20 年　　E. 20 年以上
4. 教育程度：A. 初中及以下　B. 高中或中专　　C. 大专
   D. 本科　　E. 硕士　　F. 博士
5. 政治面貌：A. 普通群众　　B. 中共党员　　C. 民主党派成员

附件1　湖北构建"共抓长江大保护"体制机制研究调研问卷

D. 无党派成员　　E. 共青团员

6. 您所在的政府层级是：A. 省级　　B. 副省级市　　C. 地级市　　D. 县（市、区）　　E. 乡镇（街道办事处）

7. 您是哪种类型的公务员：A. 综合管理类　　B. 行政执法类　　C. 专业技术类　　D. 履行公务员职责的临时聘用人员

8. 您的行政级别：A. 办事员　　B. 科员　　C. 副科级或副主任科员　　D. 正科级或主任科员　　E. 副处级或副调研员　　F. 正处级或调研员

9. 您所在的工作单位是_____

主要问题

10. 您认为湖北省构建长江大保护有什么优势？
　　A. 地理位置独特　　B. 经济发展基础良好　　C. 社会发展基础良好　　D. 生态环境基础良好

11. 您认为湖北省构建长江大保护有什么重要作用或价值？
　　A. 促进该省经济、社会、生态的协调发展　　B. 促进区域的统一协调发展　　C. 保护长江生态环境　　D. 解决区域内发展不平衡不充分的问题

12. 您认为您所在区域内开展保护工作的力度怎么样？
　　A. 非常小，亟待加强　　B. 有点小，需要加强　　C. 比较大，基本不需要加强　　D. 非常大，没有优化的空间

13. 您认为您所在区域内开展长江保护工作有哪些突出优势？
　　A. 基础条件较好　　B. 群众环保意识普遍较高　　C. 体制机制较为健全　　D. 治理经验丰富

14. 您认为您所在区域的生态环境现状如何？
　　A. 非常不好，生态环境恶劣　　B. 比较差，生态环境一般　　C. 比较好，生态环境还可以　　D. 非常好

15. 您认为您所在区域开展生态环境保护面临的机遇有哪些？（多选题）

A. 有效促进生态环境的改善　B. 提高公民的环保意识

C. 促进区域经济、社会、生态的可持续　D. 加大与不同区域的合作与交流

16. 您认为开展此项工作面临的问题有哪些？（多选题）

A. 缺乏概念或技术层面的指导　B. 缺乏系统完备的体制机制保障　C. 工作量大，任务艰巨，缺乏专业人员　D. 协调沟通存在问题

17. 您怎么看待湖北省构建长江大保护这一战略思想？

A. 非常好，是必须的　B. 比较好，能达到多重效果　C. 说不清楚　D. 不太好，目标实现难度较高

18. 您认为现有的体制机制中还存在哪些不足？

A. 体制机制尚未形成　B. 相关政策零碎化　C. 没有明确具体的实施部门　D. 部门分工协作不合理

19. 您认为未来的长江大保护战略的工作重点是？

A. 保护生态环境　B. 促进经济发展　C. 提高协同治理能力

D. 促进区域可持续发展

20. 您认为在当前的生态环保措施落地实施面临的困境主要来自哪些因素？

A. 环保意识不足　B. 执行力不足　C. 协调合作机制不健全

D. 相关利益者之间的博弈

21. 您对湖北省共建长江大保护体制机制今后的发展前景预测是？

A. 非常悲观　B. 悲观　C. 说不清楚　D. 乐观　E. 非常乐观

22. 您认为湖北省共建长江大保护目前亟须解决的最大问题是什么？

附件1 湖北构建"共抓长江大保护"体制机制研究调研问卷

  A. 构建系统的体制机制 B. 加大宣传力度，提高环保意识 C. 加大区域合作 D. 协调各方利益

23. 您认为在共抓长江大保护战略实施中存在利益主体之间冲突主要来自于？

  A. 政府部门与公民之间 B. 政府部门与企业之间 C. 政府部门内部 D. 企业与公民之间

湖北构建"共抓长江大保护"体制机制研究调研问卷

（企业）

尊敬的朋友：

  您好！

  我们是中国地质大学（武汉）"湖北省重大调研课题小组"。为了解湖北各典型区域生态环境保护政策、制度实施状况以及利益相关者的建议意见等，我们设计了这份问卷。**以下问卷纯粹用于学术研究，问卷无需填写姓名，对您提供的信息，我们绝对替您保密，敬请放心！**请您在每个问题所给出的几个答案中选择合适的答案打钩，多选的情况会特别注明。您的每个选择对于我们研究的客观性和科学性都至关重要，衷心希望能得到您的支持与配合！

受访者基本信息

1. 性别：A. 男 B. 女
2. 年龄：A. 20—30 岁 B. 31—40 岁 C. 41—50 岁 D. 51—60 岁
3. 工作年限：A. 0—5 年 B. 6—10 年 C. 11—15 年 D. 16—20 年 E. 20 年以上
4. 教育程度：A. 初中及以下 B. 高中或中专 C. 大专 D. 本科 E. 硕士 F. 博士

5. 您的职位：A. 普通职员　　B. 行政职员　　C. 管理职务　　D. 高级管理者

6. 您所在企业所属产业类型是：A. 服务业 B. 支柱产业 C. 装备产业 D. 新兴产业

主要问题

7. 您认为环保政策的出台对您所在的企业影响程度是？
   A. 完全没有影响　B. 没有明显影响　C. 有一定的影响　D. 影响非常大

8. 您认为企业应当如何看待这一理念的提出？
   A. 完全不用关注　B. 无需重视　C. 需要关注　D. 应当高度重视

9. 您认为生态环境保护战略实施给企业带来了哪些挑战？
   A. 增加了生产成本　B. 减少了企业生产产品产量　C. 员工工资和福利下降　D. 企业长期运营模式的转变成本较大

10. 您认为企业应当如何应对环保政策带来的挑战？
    A. 加快产业升级　B. 控制企业污染排放　C. 通过创新技术提高产出　D. 增加技术优化升级的投入

11. 您认为生态环境保护战略实施给企业带来了哪些机遇？
    A. 促进企业转型　B. 加强环保监管意识　C. 重视科技创新　D. 获得了政府政策支持与保障

12. 您认为目前的环保政策中有哪些不足？
    A. 对企业转型的支持力度不高　B. 缺乏激励政策　C. 惩罚机制不科学　D. 不同企业对应的相关政策针对性不足

13. 您认为您所在的企业在该战略方针下面临的困难是？
    A. 传统模式的转变　B. 企业规模的限制　C. 产业性质的特殊性　D. 政府政策的保障力度

14. 您认为您所在企业在不影响自身发展的前提下，如何为生态环保出力？（开放题）

附件1　湖北构建"共抓长江大保护"体制机制研究调研问卷

湖北构建"共抓长江大保护"体制机制研究调研问卷

（公众）

尊敬的朋友：

您好！

我们是中国地质大学（武汉）"湖北省重大调研课题小组"。为了解湖北各典型区域生态环境保护政策、制度实施状况以及利益相关者的建议意见等，我们设计了这份问卷。**以下问卷纯粹用于学术研究，问卷无需填写姓名，对您提供的信息，我们绝对替您保密，敬请放心！**请您在每个问题所给出的几个答案中选择合适的答案打钩，多选的情况会特别注明。您的每个选择对于我们研究的客观性和科学性都至关重要，衷心希望能得到您的支持与配合！

受访者基本信息

1. 性别：A. 男　　B. 女

2. 年龄：A. 20—30 岁　　B. 31—40 岁　　C. 41—50 岁
   D. 51—60 岁

3. 教育程度：A. 初中及以下　　B. 高中或中专　　C. 大专
   D. 本科　　E. 硕士　　F. 博士

4. 职业：A. 学生　　B. 自主创业者　　C. 自由职业者
   D. 民营或外资企业从业者　　E. 国有、集体企业职工
   F. 国家事业单位员工　　G. 国家公务员（包括军人、法官和检察官）

主要问题

5. 您认为您居住的区域内生态环境怎么样？
   A. 非常不好，急需改善　　B. 不太好有待改善　　C. 一般，但仍需完善　　D. 非常好，不需要完善

· 293 ·

6. 您认为现阶段是否需要构建长江大保护体制机制？

   A. 一点不需要，反而有害　　B. 不需要　　C. 比较需要

   D. 非常需要

7. 您对现在的长江保护相关政策或具体举措的了解程度如何？

   A. 完全不了解　　B. 了解一点　　C. 比较了解　　D. 非常了解

8. 您觉得政府出台关于保护长江的政策或者进行体制机制的构建的必要性如何？

   A. 完全没必要　　B. 不是很需要　　C. 必要　　D. 非常必要

9. 您如何看待构建长江大保护战略的发展前景？

   A. 非常悲观　　B. 悲观　　C. 说不清楚　　D. 乐观

   E. 非常乐观

10. 您对未来长江构建大保护的期待是什么？

    A. 良好的生态环境保障　　B. 区域的经济条件保障

    C. 更和谐的社会关系　　D. 生态环保意识的提高

11. 下列说法，您是否同意，请在相应的位置打钩

	非常同意	比较同意	不太清楚	不同意	非常不同意
出台长江保护政策对个人生活影响突出					
生态环境是每个公民都应该关注的焦点					
已出台的生态保护政策内容很丰富					
已出台的生态保护政策效果突出					
环境保护需要从小事做起、从个人做起					

附件1　湖北构建"共抓长江大保护"体制机制研究调研问卷

续表

	非常同意	比较同意	不太清楚	不同意	非常不同意
如果有需要，愿意为保护长江贡献应有的力量					
愿意做长江保护的志愿者，参与到保护实践活动中					
坚信长江的生态环境会越来越好					
对长江生态环境保护的未来充满信心					
构建"长江大保护"的体制机制关键是政府政策					
构建"长江大保护"的体制机制关键是协同治理					

问卷调研到此结束，非常感谢您的支持与配合！如果您愿意，请留下您的联系方式：_____，我们可能回访您！

附件2　中央及湖北省关于长江经济带政策文件一览表

序号	文件名称	发文机构
中央及各部委关于长江经济带政策文件		
1	《依托黄金水道推动长江经济带发展的指导意见》	国务院
2	《长江经济带综合立体交通走廊规划（2014—2020年)》	国务院
3	《长江经济带创新驱动产业转型升级方案》	国家发改委
4	《长江经济带发展规划纲要》	中国共产党中央委员会
5	《关于健全生态环境补偿机制的意见》	国务院办公厅
6	《国家创新驱动发展战略纲要》	中共中央、国务院
7	《国家发展改革委关于建设长江经济带国家级转型升级示范开发区的通知》	国家发改委
8	《长江经济带国家级转型升级示范开发区建设要求》	国家发改委
9	《长江经济带国家级转型升级示范开发区名单》	国家发改委
10	《工业绿色发展规划（2016—2020年)》	国家工业和信息化部
11	《长江经济带生态环境保护规划》	国家环保部、国家发改委和国家水利部
12	《关于加强长江经济带工业绿色发展的指导意见》	国家工信部、国家发改委、国家科技部、国家财政部和国家环保部
13	《长江经济带11省市危险化学品搬迁改造重点项目》	国家工信部、国家发改委、国家科技部、国家财政部和国家环保部
14	《长江经济带产业转移指南》	国家工信部、国家发改委、国家科技部、国家财政部和国家环保部
15	《重点流域水污染防治规划（2016—2020年)》	国家环保部、国家发改委、国家水利部

附件2 中央及湖北省关于长江经济带政策文件一览表

续表

序号	文件名称	发文机构
中央及各部委关于长江经济带政策文件		
16	《国家环境保护标准"十三五"发展规划》	国家环境保护部
17	《"十三五"生态环境保护规划》	国务院
18	《中共中央 国务院关于全面加强生态环境保护坚决打好污染防治攻坚战的意见》	国务院
湖北省关于长江经济带相关政策文件		
1	《湖北省主体功能区规划》	湖北省人民政府
2	《湖北省水污染防治条例》	湖北省人大常委会
3	《湖北省人民政府关于国家长江经济带发展战略的实施意见》	湖北省人民政府
4	《关于全面推行"河湖长制"的实施意见》	湖北省委省政府
5	《湖北长江经济带产业绿色发展专项规划》	湖北省发改委
6	《关于印发沿江化工企业关改搬转等湖北长江大保护十大标志性战役相关工作方案的通知》	湖北省人民政府
7	《关于印发湖北长江经济带绿色发展十大战略性举措分工方案的通知》	湖北省人民政府
8	《湖北省人民政府办公厅关于建立健全生态保护补偿机制的实施意见》	湖北省人民政府
9	《湖北省长江经济带产业基金管理办法》	湖北省人民政府办公厅
10	《湖北省长江经济带产业基金政府出资管理办法》	湖北省人民政府办公厅
11	《湖北汉江生态经济带开放开发总体规划（2014—2025年）》	湖北省人民政府
12	《湖北长江大保护九大行动方案》	湖北省委省政府
13	《湖北长江经济带生态保护和绿色发展总体规划》	湖北省财政厅

参考文献

一 中文著作

[美]保罗·R.伯特尼、罗伯特·N.史蒂文斯：《环境保护的公共政策》，穆贤清、方志伟译，上海人民出版社2004年版。

丁光勋：《长江文明的起源与开发》，格致出版社2011年版。

范恒山、孙久文、陈宣庆：《中国区域协调发展研究》，商务印书馆2012年版。

黄群慧等：《工业化蓝皮书：中国工业化进程报告（1995—2015）》，社会科学文献出版社2017版。

李怀甫：《小流域治理理论与方法》，水利电力出版社1989年版。

李学勤：《失落的文明》，上海文艺出版社1998年版。

刘卫东：《2007中国区域发展报告：中国地区发展的基础、态势与战略方向》，商务印书馆2008年版。

陆炳炎：《长江经济带发展战略研究》，华东师范大学出版社1999年版。

钱颖一：《现代经济学与中国经济改革》，中信出版社2018年版。

邱林：《滦河流域水库群联合调度及三维仿真》，中国水利水电出版社2010年版。

全球治理委员会：《我们的全球伙伴关系》，牛津大学出版社1995年版。

王振等：《长江经济带蓝皮书：长江经济带发展报告（2016—

2017)》，社会科学文献出版社 2018 年版。

习近平：《决胜全面建成小康社会　夺取新时代中国特色社会主义伟大胜利——在中国共产党第十九次全国代表大会上的报告》，人民出版社 2017 年版。

阎恒、王建国：《黄河长江经济开发比较研究》，黄河水利出版社 1997 年版。

左玉辉：《环境经济学》，高等教育出版社 2003 年版。

二　中文期刊

安海忠、李华姣：《资源环境承载力研究框架体系综述》，《资源与产业》2016 年第 6 期。

安虎森、肖欢：《我国区域经济理论形成与演进》，《南京社会科学》2015 年第 9 期。

白永秀、任保平：《区域经济理论的演化及其发展趋势》，《经济评论》2007 年第 1 期。

蔡之兵：《基于空间属性的长江经济带发展战略重点方向研究》，《学习与实践》2018 年第 10 期。

岑晓喻等：《长江经济带资源环境格局与可持续发展》，《中国发展》2015 年第 3 期。

曾维华等：《人口、资源与环境协调发展关键问题之一——环境承载力研究》，《中国人口·资源与环境》1991 年第 2 期。

常纪文：《长江经济带如何协调生态环境保护与经济发展的关系》，《长江流域资源与环境》2018 年第 6 期。

常亮、杨春薇：《基于市场机制的跨区域流域管理模式研究——以辽宁省为例》，《生态经济》2016 年第 1 期。

陈从喜、李政、吴琪：《2016 年中国非金属矿产勘查形势分析》，《矿产保护与利用》2017 年第 6 期。

陈端吕、董明辉、彭保发：《生态承载力研究综述》，《湖南文理学院学报》（社会科学版）2005年第5期。

陈国秋等：《能源管理及碳管理相关标准的介绍》，《中国检验检疫》2012年第1期。

陈金龙：《五大发展理念的多维审视》，《思想理论教育》2016年第1期。

陈娟：《滇池治理：2004年起全国公示进展》，《生态经济》2004年第3期。

陈利顶、傅伯杰：《长江流域可持续发展基本政策研究》，《长江流域资源与环境》2000年第2期。

陈龙等：《水利工程对鱼类生存环境的影响——以近50年白洋淀鱼类变化为例》，《资源科学》2011年第8期。

陈墨香、汪集旸：《中国地热研究的回顾和展望》，《地球物理学报》1994年第1期。

陈瑞莲、胡熠：《我国流域区际生态补偿：依据、模式与机制》，《学术研究》2005年第9期。

陈瑞卿、陶建斌、徐猛：《近20年来江汉平原耕地种植强度的空间格局》，《中国农业信息》2018年第3期。

陈套：《长江经济带经济可持续发展能力动态评价研究》，《调研世界》2015年第7期。

陈威、杜娟、常建军：《武汉城市群水资源利用效率测度研究》，《长江流域资源与环境》2018年第6期。

陈伟：《长江经济带区域基础教育均等化水平比较分析——基于区域教育资源配置视角》，《重庆交通大学学报》（社会科学版），2015年第5期。

陈修颖：《流域经济协作区：区域空间重组新模式》，《经济经纬》2003年第6期。

陈秀山、杨艳：《区域协调发展：回顾与展望》，《西南民族大学学报》（人文社科版）2010年第1期。

陈秀山：《从"福特主义"到"后福特主义"——区域经济发展面临的新挑战》，《经济理论与经济管理》2003年第9期。

陈炎：《"文明"与"文化"》，《学术月刊》2002年第2期。

成金华、王然：《基于共抓大保护视角的长江经济带矿业城市水生态环境质量评价研究》，《中国地质大学学报》（社会科学版）2018年第4期。

程玉春：《论四川推进长江经济带可持续发展》，《软科学》1999年第3期。

邓宏兵：《强力推进长江经济带绿色发展》，《决策与信息》2016年第3期。

邓可祝：《论我国流域管理法律制度的完善》，《科技与法律》2008年第5期。

邓坤枚：《青藏高原林业资源的可持续发展探讨》，《自然资源学报》2000年第4期。

邓伟根、陈雪梅、卢祖国：《流域治理的区际合作问题研究》，《产经评论》2010年第6期。

邓先瑞、黄建武：《长江流域资源环境与可持续发展研究》，《经济地理》2003年第4期。

邓先瑞、杨宝亮：《试论长江中游沿岸地区区域环境特征与洪涝灾害》，《长江流域资源与环境》1993年第3期。

奠逸群：《长江流域水力发电规划概述》，《长江水利教育》，1991年第1期。

丁显有、肖雯、田泽：《长三角城市群工业绿色创新发展效率及其协同效应研究》，《工业技术经济》2019年第7期。

杜宾、郑光辉、刘玉凤：《长江经济带经济与环境的协调发展研究》，《华东经济管理》2016年第6期。

杜艳春、王倩、程翠云、葛察忠：《"绿水青山就是金山银山"理论发展脉络与支撑体系浅析》，《环境保护科学》2018年第4期。

段进军：《长江经济带联动发展的战略思考》，《地域研究与开发》2005年第1期。

段雯娟：《守护"长江经济带的生命命脉"》，《地球》2015年第11期。

段辛斌等：《长江三峡库区鱼类资源现状的研究》，《水生生物学报》2002年第6期。

段学军、虞孝感、邹辉：《长江经济带开发构想与发展态势》，《长江流域资源与环境》2015年第10期。

段学军、邹辉、王磊：《长江经济带建设与发展的体制机制探索》，《地理科学进展》2015年第11期。

方敏等：《高质量发展背景下长江经济带产业集聚创新发展路径研究》，《中国软科学》2019年第5期。

方子恒：《新安江流域生态补偿机制运行及政策完善建议》，《中国政府采购》2018年第9期。

冯兴华等：《长江经济带城市的网络层级——基于铁路公路客运视角的分析》，《城市问题》2017年第7期。

付保宗：《我国推行绿色制造面临的形势与对策》，《宏观经济管理》2015年11期。

付义勋、赵志芳、陈百炼：《全国草地资源空间分布规律研究》，《科技资讯》2018年第8期。

高吉喜：《划定生态保护红线，推进长江经济带大保护》，《环境保护》2016年第15期。

高令梅：《太湖流域治理的投融资模式研究——基于与泰晤士河流域治理的对比分析》，《经济论坛》2009年第22期。

高永年、高俊峰：《南水北调中线工程对汉江中下游流域生态环境影响的综合评价》，《地理科学进展》2010年第1期。

高宇等：《长江口湿地保护与管理现状、存在的问题及解决的途径》，《湿地科学》2017年第2期。

耿雷华等:《国际河流开发给中国的启示》,《水科学进展》2005年第2期。

龚勤林、孟庆红:《四川推进长江经济带可持续发展战略初探》,《理论与改革》1999年第2期。

龚正发、黎俊:《贵州地区草地资源可持续发展战略初探》,《养殖与饲料》2017年第5期。

辜寄蓉等:《长江经济带资源禀赋现状分析——基于地理国情普查》,《中国国土资源经济》2017年第7期。

郭焕庭:《国外流域水污染治理经验及对我们的启示》,《环境保护》2001年第8期。

郭文献等:《长江中游四大家鱼产卵场物理生境模拟研究》,《水力发电学报》2011年第5期。

郝寿义、程栋:《长江经济带战略背景的区域合作机制重构》,《改革》2015年第3期。

何大明等:《中国国际河流研究进展及展望》,《地理学报》2014年第9期。

何剑、王欣爱:《区域协同视角下长江经济带产业绿色发展研究》,《科技进步与对策》2017年第11期。

何宜庆、吴铮波:《高等教育发展、技术创新水平与产业结构升级——基于长江经济带的空间效应研究》,《高校教育管理》2019年第3期。

后立胜、许学工:《密西西比河流域治理的措施及启示》,《人民黄河》2001年第1期。

胡鞍钢、王亚华、过勇:《新的流域治理观:从"控制"到"良治"》,《经济研究参考》2002年第20期。

胡昊苏:《穿越时空的城市轨迹——西方人笔下的晚清云南城市》,《西南大学学报》(社会科学版)2011年第3期。

胡圣标、何丽娟、汪集旸:《中国大陆地区大地热流数据汇编》

（第三版），《地球物理学报》2001年第5期。

胡天杨、伍志显：《气候资源——长江经济带可持续发展的新动能》，《长江技术经济》2018年第3期。

胡兴球、张阳、郑爱翔：《流域治理理论视角的国际河流合作开发研究：研究进展与评述》，《河海大学学报》（哲学社会科学版）2015年第2期。

黄承梁：《以人类纪元史观范畴拓展生态文明认识新视野——深入学习习近平总书记"金山银山"与"绿水青山"论》，《自然辩证法研究》2015年第2期。

黄德春、徐慎晖：《新常态下长江经济带的金融集聚对经济增长的影响研究——基于市级面板数据的空间计量分析》，《经济问题探索》2016年第10期。

黄芳芳：《湿地保护区：筑长江生态屏障》，《经济》2015年第24期。

黄奇帆：《在长三角地区协同推进建设开放新高地》，《宏观经济管理》2019年第3期。

黄庆华、周志波、刘晗：《长江经济带产业结构演变及政策取向》，《经济理论与经济管理》2014年第6期。

黄贤金、周艳：《资源环境承载力研究方法综述》，《中国环境管理》2018年第6期。

黄贤金等：《胡焕庸亚线构想与长江经济带人口承载格局》，《长江流域资源与环境》2017年第12期。

黄真理等：《长江上游生态保护与经济发展综合改革方略研究》，《湖泊科学》2017年第2期。

黄志英、刘洋：《资源环境承载力研究综述》，《环境与发展》2018年第2期。

冀学金：《对长江经济带及湖北区段开放开发的战略研究》，《湖北社会科学》1998年第6期。

贾慧、周国富、李守乾：《贵州省草地资源可持续利用评价及保护对策研究》，《安徽农业科学》2010 年第 33 期。

姜翠玲、严以新：《水利工程对长江河口生态环境的影响》，《长江流域资源与环境》2003 年第 6 期。

姜文仙、覃成林：《区域协调发展研究的进展与方向》，《经济与管理研究》2009 年第 10 期。

姜月华等：《长江经济带资源环境条件与重大地质问题》，《中国地质》2017 年第 6 期。

金书秦、邢晓旭：《农业面源污染的趋势研判、政策评述和对策建议》，《中国农业科学》2018 年第 3 期。

靖学青：《长江经济带产业转移与区域协调发展研究》，《求索》2017 年第 3 期。

康尔泗等：《乌鲁木齐河山区流域径流形成的实验研究》，《第四纪研究》1997 年第 2 期。

孔令桥等：《长江流域生态系统格局演变及驱动力》，《生态学报》2018 年第 3 期。

孔令钰、齐林：《环境指挥棒为何失灵——总量考核五尴尬》，《财新周刊》2015 年第 36 期。

黎桦林：《流域府际合作治理机制文献综述》，《学理论》2013 年第 30 期。

李根：《长江经济带产业结构与城乡收入差距关系研究——基于面板数据的实证检验》，《经济问题探索》2019 年第 7 期。

李国栋、刘雨潇：《麦作文明与稻作文明——释读"大河文明的诞生"》，《贵州师范学院学报》2014 年第 1 期。

李焕、黄贤金、金雨泽：《长江经济带水资源人口承载力研究》，《经济地理》2017 年第 1 期。

李璐、董捷、张俊峰：《长江经济带城市土地利用效率地区差异及形成机理》，《长江流域资源与环境》2018 年第 8 期。

李满春等：《基于引文分析法的"点—轴系统"理论研究述评》，《地理科学进展》2019年第2期。

李如成：《我国水力资源分布及开发利用情况》，《贵州水力发电》，2006年第2期。

李胜、陈晓春：《基于府际博弈的跨行政区流域水污染治理困境分析》，《中国人口·资源与环境》2011年第12期。

李同明：《长江经济带的综合开发与可持续发展》，《经济问题》1999年第7期。

李裕瑞、杨乾龙、曹智：《长江经济带农业发展的现状特征与模式转型》，《地理科学进展》2015年第11期。

李忠魁等：《流域治理效益的环境经济学分析方法》，《中国水土保持科学》2003年第3期。

利奥波德、曹明伦：《辽阔领地》，《中国翻译》2017年第1期。

林孝松等：《长江经济带自然保护区分布特征研究》，《资源开发与市场》2018年第3期。

蔺雪峰、汪波、冯剑丰：《中新天津生态城的城市治理研究》，《天津大学学报》（社会科学版）2011年第3期。

刘桂环、文一惠：《新时代中国生态环境补偿政策：改革与创新》，《环境保护》2018年第24期。

刘海等：《饮马河流域生态调度研究》，《水文》2013年第6期。

刘鸿志等：《关于深化河长制制度的思考》，《环境保护》2016年第24期。

刘欢、邓宏兵、李小帆：《长江经济带人口城镇化与土地城镇化协调发展时空差异研究》，《中国人口·资源与环境》2016年第5期。

刘建康、曹文宣：《长江流域的鱼类资源及其保护对策》，《长江流域资源与环境》1992年第1期。

刘军、吉敏：《产业聚集理论研究述评》，《经济问题探索》2011

年第 8 期。

刘莉君、康佳妮、刘友金：《基于偏离—份额法的长江经济带制造业发展类型演变特征与转/承态势分析》，《重庆大学学报》（社会科学版）2020 年第 1 期。

刘茂松：《基于长江经济带建设的湖南战略研究》，《湖南社会科学》2017 年第 6 期。

刘乃全：《产业聚集理论及其发展》，《上海财经大学学报》2002 年第 2 期。

刘平阔、彭欢、骆赛：《中国能源转型驱动力的结构性特征研究》，《中国人口·资源与环境》2019 年第 12 期。

刘伟忠：《我国协同治理理论研究的现状与趋向》，《城市问题》2012 年第 5 期。

刘文政、朱瑾：《资源环境承载力研究进展：基于地理学综合研究的视角》，《中国人口·资源与环境》2017 年第 6 期。

刘孝富等：《基于 PSFR 模型的东江湖流域生态安全评价》，《长江流域资源与环境》2015 年第 1 期。

刘旭辉：《美国田纳西河流域开发和管理的成功经验》，《老区建设》2010 年第 3 期。

刘洋：《长江中游城市群发展模式转型思路研究》，《中国经贸导刊》2017 年第 32 期。

刘叶婷：《迈克尔·豪利特、M. 拉米什：〈公共政策研究——政策循环与政策子系统〉》，《公共管理评论》2008 年第 1 期。

刘志彪：《重化工业调整：保护和修复长江生态环境的治本之策》，《南京社会科学》2017 年第 2 期。

卢宁：《从"两山理论"到绿色发展：马克思主义生产力理论的创新成果》，《浙江社会科学》2016 年第 1 期。

鲁晓东、许罗丹、熊莹：《水资源环境与经济增长：EKC 假说在中国八大流域的表现》，《经济管理》2016 年第 1 期。

陆大道：《关于"点—轴"空间结构系统的形成机理分析》，《地理科学》2002年第1期。

陆大道：《建设经济带是经济发展布局的最佳选择——长江经济带经济发展的巨大潜力》，《地理科学》2014年第7期。

陆大道：《论区域的最佳结构与最佳发展——提出"点—轴系统"和"T"型结构以来的回顾与再分析》，《地理学报》2001年第2期。

陆玉麒、董平：《新时期推进长江经济带发展的三大新思路》，《地理研究》2017年第4期。

路洪卫：《完善长江经济带健康发展的区域协调体制机制》，《决策与信息》2016年第3期。

罗慧、霍有光、胡彦华、庞文保：《可持续发展理论综述》，《西北农林科技大学学报》（社会科学版）2004年第1期。

罗腾飞、邓宏兵：《长江经济带城镇化效率测度及时空差异研究》，《华中师范大学学报》（自然科学版）2016年第3期。

吕新华、刘清：《长江流域的湿地资源及其恢复保护》，《地理与地理信息科学》2003年第1期。

吕忠梅、陈虹：《关于长江立法的思考》，《环境保护》2016年第18期。

马超德：《中国流域综合管理的战略思考》，《科技导报》2008年第18期。

马兰、张曦、李雪松：《论流域经济可持续发展》，《云南环境科学》2003年第1期。

马一嘉、武俊杰、倪天阳：《我国磷矿资源的开发利用现状及进展》，《矿冶》2018年第2期。

毛显强、钟瑜、张胜：《生态补偿的理论探讨》，《中国人口·资源与环境》2002年第4期。

宓泽锋、曾刚：《创新松散型产业的创新网络特征及其对创新绩效的影响研究——以长江经济带物流产业为例》,《地理研究》2017年第9期。

穆艳杰、马德帅:《以"两山"思想为主要内容的习近平生态文明思想与中国实践分析》,《思想理论教育导刊》2018年第6期。

牛文元:《可持续发展的能力建设》,《中国科学院院刊》2006年第1期。

潘桂行等:《人类活动和自然因素对海流兔河流域生态环境影响分析》,《干旱区资源与环境》2017年第4期。

潘竟虎、刘菊玲、王建:《基于遥感与GIS的江河源区土地利用动态变化研究》,《干旱区地理》2004年第3期。

彭劲松:《长江经济带区域协调发展的体制机制》,《改革》2014年第6期。

彭荣胜:《区域经济协调发展内涵的新见解》,《学术交流》2009年第3期。

彭智敏:《长江经济带综合立体交通走廊的架构》,《改革》2014年第6期。

平智毅、吴学兵、吴雪莲:《长江经济带经济增长对工业污染的影响分析——基于地理距离矩阵的空间杜宾模型》,《生态经济》2019年第7期。

秦昊扬:《生态治理中的非政府组织功能分析》,《理论月刊》2009年第4期。

秦腾等:《长江经济带城镇化进程中的水资源约束效应分析》,《中国人口·资源与环境》2018年第3期。

任敏、马彦涛:《清水江流域生态补偿实践的政策创新及完善》,《资源节约与环保》2015年第9期。

任平等:《长江上游森林生态系统稳定性评价与空间分异特征》,《地理研究》2013年第6期。

任胜钢、张如波、袁宝龙:《长江经济带工业生态效率评价及区域差异研究》,《生态学报》2018 年第 15 期。

桑保良等:《上海市水土保持工作现状与建议》,《中国水土保持》2007 年第 12 期。

尚勇敏、曾刚、海骏娇:《"长江经济带"建设的空间结构与发展战略研究》,《经济纵横》2014 年第 11 期。

尚占环等:《江河源区退化高寒草地土壤微生物与地上植被及土壤环境的关系》,《草业学报》2007 年第 1 期。

沈坤荣、李影:《中国经济增长的能源尾效分析》,《产业经济研究》2010 年第 2 期。

宋栋:《论政府在大河流域综合治理开发中的作用》,《中国软科学》2000 年第 6 期。

孙克强、李萍:《对深化长三角地区环保协调机制问题的研究》,《江南论坛》2018 年第 8 期。

孙秀芬、张古彬:《饮马河流域生态调度补偿机制探讨》,《中国水利水电科学研究院学报》2009 年第 4 期。

孙亚南:《长江经济带核心城市可持续发展能力评价》,《南京社会科学》2016 年第 8 期。

孙智君、戚大苗:《长江经济带沿江省市新型工业化水平测度》,《区域经济评论》2014 年第 5 期。

孙智君、于洪丽:《长江经济带能源效率、能源消费与经济增长的区域差异——基于沿江 11 省市的数据分析》,《湖北经济学院学报》2014 年第 3 期。

覃成林:《区域协调发展机制体系研究》,《经济学家》2011 年第 4 期。

汤鹏飞:《以生态优先引领长江经济带绿色发展——"中国长江论坛·2016"》,《社会科学动态》2017 年第 3 期。

唐常春、刘华丹:《长江流域主体功能区建设的政府绩效考核体系建构》,《经济地理》2015 年第 11 期。

唐肖阳等:《汉江流域农业面源污染的源解析》,《农业环境科学学报》2018年第10期。

陶永亮、赵婷:《大国开放路径及影响研究——兼论"一带一路"和长江经济带战略对空间经济绩效的影响》,《经济问题探索》2018年第8期。

童坤、孙伟、陈雯:《长江经济带水环境保护及治理政策比较研究》,《区域与全球发展》2019年第1期。

涂文学、王耀:《繁荣长江文化复兴长江文明——基于长江文化带建设的考察》,《学习与实践》2018年第6期。

万军、蔡运龙:《应用线性光谱分离技术研究喀斯特地区土地覆被变化——以贵州省关岭县为例》,《地理研究》2003年第4期。

王海英等:《长江中游水生生物多样性保护面临的威胁和压力》,《长江流域资源与环境》2004年第5期。

王合生、李昌峰:《长江沿江区域空间结构系统调控研究》,《长江流域资源与环境》2009年第3期。

王佳宁、罗重谱:《政策演进、省际操作及其趋势研判——长江经济带战略实施三周年的总体评价》,《南京社会科学》2017年第4期。

王俊:《长江流域水资源现状及其研究》,《水资源研究》2018年第1期。

王磊、翟博文:《长江经济带交通基础设施对经济增长的影响》,《长江流域资源与环境》2018年第1期。

王莉娜、李志红、朱荣胜:《湖北省汉江经济带农业面源污染解析》,《中国现代农业发展论坛论文集》2014年。

王林梅、邓玲:《我国产业结构优化升级的实证研究——以长江经济带为例》,《经济问题》2015年第5期。

王圣云、翟晨阳:《长江经济带城市集群网络结构与空间合作路径》,《经济地理》2015年第11期。

王思凯等:《莱茵河流域综合管理和生态修复模式及其启示》,《长江流域资源与环境》2018年第1期。

王婷等:《基于最严格水资源管理制度的初始水权分配研究》,《长江流域资源与环境》2015年第11期。

王维:《长江经济带城乡协调发展评价及其时空格局》,《经济地理》2017年第8期。

王维等:《长江经济带城市生态承载力时空格局研究》,《长江流域资源与环境》2017年第12期。

王维等:《长江经济带区域发展差异时空格局研究》,《长江流域资源与环境》2017年第10期。

王小广:《长江经济带持续发展的总体战略》,《生态经济》1995年第5期。

王毅:《改革流域管理体制促进流域综合管理》,《中国科学院院刊》2008年第2期。

王勇:《浅析法国流域治理的政府间协调机制》,《大连干部学刊》2009年第8期。

王长建等:《开都河—孔雀河流域水资源承载力水平的综合评价与分析》,《冰川冻土》2012年第4期。

王振华、李青云、汤显强:《浅谈长江经济带水生态环境问题与保护管理对策》,《水资源开发与管理》2018年第10期。

王镇环:《加强黄河流域生态环境治理》,《中国人大》2018年第1期。

魏后凯:《"建设长江经济带"笔谈之一建设长江经济带及重庆应对策略》,《改革》2014年第6期。

魏后凯:《区域开发理论研究》,《地域研究与开发》1988年第1期。

魏永平、段艳芳:《汾河流域生态治理现状及修复措施》,《中国水利》2017年第7期。

文伏波：《进一步搞好长江流域治理开发》，《科技进步与对策》2001年第3期。

吴传清、董旭：《新发展理念与长江经济带发展战略重点》，《长江技术经济》2018年第1期。

吴传清、黄磊、文传浩：《长江经济带技术创新效率及其影响因素研究》，《中国软科学》2017年第5期。

吴传清、万庆：《长江经济带城镇化发展的时空格局与驱动机制研究——基于九大城市群2004—2013年数据的实证分析》，《武汉大学学报》（哲学社会科学版）2015年第5期。

吴传清：《建设长江经济带的国家意志和战略重点》，《区域经济评论》2014年第4期。

吴豪、虞孝感、姜加虎：《长江流域湿地生态系统研究的意义和重点》，《生态经济》2001年第11期。

吴琪等：《我国普通建材用砂石土类矿产开发利用若干问题的探讨》，《矿产勘查》2018年第5期。

吴威等：《长江经济带航空运输发展格局及对策建议》，《经济地理》2018年第2期。

伍新木：《长江经济带在中国经济发展中的战略地位与作用》，上海炎黄文化研究会论文，上海，1997年。

武红、谷树忠、国冬梅：《国际水资源管理的理论方法与实践：基于五大湖流域的典型分析》，中国自然资源学会学术年会论文，重庆，2010年10月。

武晓静等：《长江经济带城市创新能力差异的时空格局演变》，《长江流域资源与环境》2017年第4期。

夏会会等：《1996—2013年长江经济带工业发展过程中的大气环境污染效应》，《长江流域资源与环境》2017年第7期。

向世聪：《基于产业集聚的园区经济运行效应分析》，《湘潭大学学报》（哲学社会科学版）2006年第3期。

肖加元、潘安：《基于水排污权交易的流域生态补偿研究》，《中国人口·资源与环境》2016年第7期。

肖金成、黄征学：《长江经济带城镇化战略思路研究》，《江淮论坛》2015年第1期。

萧浩辉：《社会主义复兴和创新的伟大世纪——21世纪社会主义展望》，《长沙电力学院学报》（社会科学版）2001年第2期。

谢书玲、王铮、薛俊波：《中国经济发展中水土资源的"增长尾效"分析》，《管理世界》2005年第7期。

邢利民：《国外流域水资源管理体制做法及经验借鉴——流域水资源管理问题系列研究之一》，《生产力研究》2014年第7期。

熊耀献等：《广西承接东部产业转移的研究》，《经济研究参考》2008年第23期。

徐进：《基于信用的产业集群优势研究》，《中国软科学》2003年第8期。

徐康宁：《区域协调发展的新内涵与新思路》，《江海学刊》2014年第2期。

徐明等：《四川盆地钻孔温度测量及现今地热特征》，《地球物理学报》2011年第4期。

徐元田：《淮阴盐矿开发利用规划和现状》，《中国井矿盐》1993年第1期。

徐长乐：《建设长江经济带的产业分工与合作》，《改革》2014年第6期。

许继军、刘志武：《长江流域农业面源污染治理对策探讨》，《人民长江》2011年第9期。

许建萍、王友列、尹建龙：《英国泰晤士河污染治理的百年历程简论》，《赤峰学院学报》（汉文哲学社会科学版）2013年第3期。

许有鹏：《干旱区水资源承载能力综合评价研究——以新疆和田河流域为例》，《自然资源学报》1993年第3期。

薛俊波等:《中国经济增长的"尾效"分析》,《财经研究》2004年第9期。

薛毅:《20世纪上半期长江三峡开发略论》,《湖北社会科学》2004年第12期。

严登华等:《生态海绵智慧流域建设——从状态改变到能力提升》,《水科学进展》2017年第2期。

严翔等:《长江经济带生态与能源约束对科技创新的增长阻尼效应研究》,《经济问题探索》2018年第11期。

燕然然等:《长江流域湿地自然保护区分布现状及存在的问题》,《湿地科学》2013年第1期。

杨滨键、尚杰、于法稳:《农业面源污染防治的难点、问题及对策》,《中国生态农业学报》2019年第2期。

杨德才、余玮:《制度创新、区域分工协作与长江经济带良性发展——基于国外流域经济带发展经验的思考》,《中国发展》2014年第6期。

杨芳、裴中平、周琴:《长江经济带沿江排污口布局与整治规划研究》,《三峡生态环境监测》2018年第2期。

杨桂山、徐昔保、李平星:《长江经济带绿色生态廊道建设研究》,《地理科学进展》2015年第11期。

杨红梅:《滦河流域生态环境及治理探讨》,《水科学与工程技术》2007年第6期。

杨继瑞、罗志高:《"一带一路"建设与长江经济带战略协同的思考与对策》,《经济纵横》2017年第12期。

杨勤业、张军涛、李春晖:《可持续发展代际公平的初步研究》,《地理研究》2000年第2期。

杨文健、李晓明:《长江经济带城市综合脆弱性影响因素及其测度——以长江经济带的36个城市为例》,《城市问题》2017年第1期。

杨忠厚：《离退休人员领取养老金资格认证的问题和对策》，《山西财经大学学报》2012年第1期。

易志斌、马晓明：《论流域跨界水污染的府际合作治理机制》，《社会科学》2009年第3期。

殷书柏、李冰、沈方：《湿地定义研究进展》，《湿地科学》2014年第4期。

于格、谢高地、鲁春霞等：《我国农产品流动的生态空间跨区占用研究——以小麦为例》，《中国生态农业学报》2005年第3期。

于璐璐等：《流域生态系统健康评价研究进展》，《水文》2017年第3期。

余谋昌：《生态文明：人类文明的新形态》，《长白学刊》2007年第2期。

俞树毅：《国外流域管理法律制度对我国的启示》，《南京大学法律评论》2010年第2期。

张慧芝：《毛泽东流域治理思想管窥》，《理论探索》2013年第4期。

张建清、程琴：《长江经济带产业结构升级对能源效率的影响研究——基于2001—2017年数据》，《工业技术经济》2020年第1期。

张津瑞、施国庆：《公共基础设施资本存量对区域经济增长的影响——以长江经济带为例》，《长江流域资源与环境》2019年第7期。

张军红、侯新：《莱茵河治理模式对中国实施河长制的启示》，《水资源开发与管理》2018年第2期。

张侃侃、郭文炯：《基于空间特征、过程与机制的流域经济研究》，《经济问题》2013年第10期。

张雷、鲁春霞、李江苏：《中国大河流域开发与国家文明发育》，《长江流域资源与环境》2015年第10期。

张雷、吴映梅:《长江干流地区区域发展与国家工业化》,《长江流域资源与环境》2005年第5期。

张林波等:《人类承载力"K值"影响因素》,《中国人口·资源与环境》2007年第6期。

张美涛:《贵州融入长江经济带经贸合作路径的思考》,《贵州社会科学》2016年第8期。

张明凯、潘华、胡元林:《流域生态补偿多元融资渠道融资效果的SD分析》,《经济问题探索》2018年第3期。

张玮、刘宇:《长江经济带绿色水资源利用效率评价——基于EBM模型》,《华东经济管理》2018年第3期。

张文合:《流域开发综论——兼议我国七大江河流域的战略地位》,《地理学与国土研究》1991年第1期。

张小林:《保护优先 重点治理 全面做好长江经济带建设中的水土保持工作》,《中国水土保持》2016年第5期。

张小玲:《梅雨锋西端高空低压槽前持续性暴雨分析——1981年7月四川大暴雨》,中国气象学会年会论文,北京,2005年。

张昕、朱毅:《论长江中游地区造型文化遗产的审美特征》,《湖北美术学院学报》2014年第2期。

张阳武:《长江流域湿地资源现状及其保护对策探讨》,《林业资源管理》2015年第3期。

张翼飞等:《太湖流域水污染权交易制度比较分析——基于环湖六市的调研》,《中国环境管理》2017年第1期。

张宇、曹卫东、梁双波:《长江经济带城镇化协同演化时空格局研究》,《长江流域资源与环境》2016年第5期。

张玉韩、吴尚昆、董延涛:《长江经济带矿产资源开发空间格局优化研究》,《长江流域资源与环境》2019年第4期。

张云飞:《"绿水青山就是金山银山"的丰富内涵和实践途径》,《前线》2018年第4期。

张运春等:《四川森林资源的可持续发展》,《长江流域资源与环境》2002 年第 3 期。

张志强、李肖:《论水土保持在长江经济带发展战略中的地位与作用》,《人民长江》2019 年第 1 期。

张治栋、李发莹:《基础设施、空间溢出与产业结构升级——基于长江经济带地级市的实证分析》,《云南财经大学学报》2019 年第 5 期。

张治栋、廖常文:《区域市场化、技术创新与长江经济带产业升级》,《产经评论》2019 年第 5 期。

长江流域发展研究院课题组:《长江经济带发展战略研究》,《华东师范大学学报》(哲学社会科学版) 1998 年第 4 期。

赵超、洪华生、张珞平:《流域用水系统协调发展分析》,《人民黄河》2008 年第 10 期。

赵琳、徐廷廷、徐长乐:《长江经济带经济演进的时空分析》,《长江流域资源与环境》2013 年第 7 期。

郑德高、陈勇、季辰晔:《长江经济带区域经济空间重塑研究》,《城市规划学刊》2015 年第 3 期。

郑晓、郑垂勇、冯云飞:《基于生态文明的流域治理模式与路径研究》,《南京社会科学》2014 年第 4 期。

周成、冯学钢、唐睿:《区域经济—生态环境—旅游产业耦合协调发展分析与预测——以长江经济带沿线各省市为例》,《经济地理》2016 年第 3 期。

周业旺:《长江经济带公路运输效率的测度》,《统计与决策》2018 年第 19 期。

周正柱:《长江经济带高质量发展存在的主要问题与对策》,《科学发展》2018 年第 12 期。

周中林、乔冰彬、朱勤敏:《长江经济带发展战略实施路径研究》,《长江大学学报》(社会科学版) 2017 年第 6 期。

朱记伟、解建仓、马斌：《流域治理项目建设管理体制研究》，《科技进步与对策》2010年第9期。

诸大建：《进一步发挥上海对长江三角洲带动作用的思考》，《城市规划学刊》2003年第6期。

邹辉、段学军：《长江沿江地区化工产业空间格局演化及影响因素》，《地理研究》2019年第4期。

邹辉等：《长三角地区污染密集型产业空间演变及其对污染排放格局的影响》，《中国科学院大学学报》2016年第5期。

三 报纸

常纪文：《深入推进长江经济带绿色协同发展》，《中国环境报》2018年5月8日第3版。

陈新：《以生态促转型以转型保生态》，《人民日报》2015年2月11日第7版。

成长春：《以产业绿色转型推动长江经济带绿色发展》，《经济日报》2018年3月1日第15版。

马建华：《强化长江河道采砂管理的思考》，《人民长江报》2018年9月15日第5版。

苏南：《"十四五"可再生能源将迎"质变"》，《中国能源报》2019年12月9日。

唐冠军：《高举改革开放旗帜 建设强大的现代化长江航运》，《中国水运报》2018年12月12日第2版。

王菡娟：《清洁低碳发展是全球共同的责任》，《人民政协报》2016年12月8日第6版。

吴巧生、成金华：《重塑长江经济带矿产资源开发利用格局》，《中国矿业报》2019年5月22日第2版。

习近平：《在深入推动长江经济带发展座谈会上的讲话》，《人民日报》2018年4月27日第1版。

杨莹、周长征、杨亚非等：《锦绣长江·绿色腾飞——改革开放40周年长江保护与发展亮点回眸》，《中国水利报》2018年12月18日。

朱玫：《河长制：环境治理体系改革的破冰举措》，《学习时报》2017年11月20日第6版。

四　学位论文

邓琳：《长江经济带科技创新对区域经济增长的影响研究》，硕士学位论文，重庆工商大学，2018年。

丁恩俊：《三峡库区农业面源污染控制的土地利用优化途径研究》，博士学位论文，西南大学，2010年。

范红霞：《中国流域水资源管理体制研究》，硕士学位论文，武汉大学，2005年。

房引宁：《流域综合治理PPP项目核心利益相关者利益诉求与协调研究》，博士学位论文，西北农林科技大学，2018年。

冯献：《长江流域"三化"协调发展水平综合评价与空间差异研究》，博士学位论文，中国农业科学院，2014年。

冯孝杰：《三峡库区农业面源污染环境经济分析》博士学位论文，西南大学，2005年。

李剑波：《长江经济带三大城市群经济发展质量时空演变研究》，硕士学位论文，西南大学，2017年。

刘芳：《流域水资源治理模式的比较制度分析——以新疆塔里木河流域治理为例》，博士学位论文，浙江大学，2010年。

盛慧琴：《长江经济带产业升级与生态环境优化的耦合性研究》，硕士学位论文，湖北工业大学，2019年。

田培杰：《协同治理：理论研究框架与分析模型》，博士学位论文，上海交通大学，2013年。

涂良军：《长江经济带沿线省份新型工业化水平测度及对策建议》，

硕士学位论文,重庆工商大学,2016年。

王建忠:《长江流域防护林生态系统服务功能评估与宏观调控技术研究》,硕士学位论文,华中农业大学,2012年。

许洁:《国外流域开发模式与江苏沿江开发战略(模式)研究》,硕士学位论文,东南大学,2004年。

钟世坚:《区域资源环境与经济协调发展研究》,博士学位论文,吉林大学,2013年。

五 英文文献

Alves F. L., Sousa L. P. and Almodovar M., "Integrated Coastal Zone Management (ICZM): A Review of Progress in Portuguese Implementation", *Regional Environmental Change*, Vol. 13, No. 5, 2013.

Arrow J. O., "Estimating the Influence of Health as a Risk Factor on Unemployment: A Survival Analysis of Employment Durations for Workers Surveyed in the German Socio-Economic Panel (1984 – 1990)", *Social Science & Amp; Medicine* (1982), Vol. 42, No. 12, 1996.

Bailey G. J. and Helms M. M., "MRO Inventory Reduction—challenges and Management: A Case Study of the Tennessee Valley Authority", *Production Planning & Control*, Vol. 18, No. 3, 2007.

Baird J., Plummer R. and Morris S., "Enhancing Source Water Protection and Watershed Management: Lessons from the Case of the New Brunswick Water Classification Initiative", *Canadian Water Resources Journal*, Vol. 39, No. 1, 2014.

Barone S., "Building a Narrative on Environmental Policy Success. Reflections from a Watershed Management Experience", *Critical Policy Studies*, No. 1, 2018.

Benney T. M., Vandeveer S. D., "Grassroots Global Governance: Local Watershed Management Experiments and the Evolution of Sustainable Development by Craig M. Kauffman (review)", *Global Environmental Politics*, No. 18, 2018.

Cave K., Plummer R. and De Loe R., "Exploring Water Governance and Management in Oneida Nation of the Thames (Ontario, Canada): An Application of the Institutional Analysis and Development Framework", *Law & Critique*, Vol. 13, No. 2, 2013.

Cuvelier C. and Greenfield C., "The Integrated Watershed Management Planning Experience in Manitoba: the Local Conservation District Perspective", *International Journal of Water Resources Development*, Vol. 33, No. 3, 2017.

Ellison, B. A., "Common Waters, Diverging Streams: Linking Institutions and Water, Management in Arizona, California, and Colorado", *Economics Public Administration Review*, Vol. 67, 2007.

Groves D. G., Fischbach J. R. and Bloom E., *Adapting to a Changing Colorado River: Making Future Water Deliveries More Reliable Through Robust Management Strategies*, RAND Corporation, 2013.

Kong L., Zheng H. and Rao E., "Evaluating Indirect and Direct Effects of Eco-restoration Policy on Soil Conservation Service in Yangtze River Basin", *Science of the Total Environment*, No. 607–608, 2018.

Moradi S. and Limaei S. M., "Multi-objective Game Theory Model and Fuzzy Programing Approach for Sustainable Watershed Management", *Land Use Policy*, Vol. 71, 2018.

Panten K., Heel B. F. V. and Fliervoet J. M., "Cross-Border Collaboration in River Management: Views on Participation in a Dutch-German Case Study", *Water Resources Management*, 2018.

Park R. E. and Burgess E. W., *Introduction to the Science of Sociology*, Chicago: The University of Chicago Progress, 1921.

Ren J. L. , Lyu P. H. and Wu X. M. , "An Informetric Profile of Water Resources Management Literatures", *Water Resources Management*, Vol. 27, No. 13, 2013.

Sabit E. , Bilgili B. C. , Dikmen ülkü, "Net Primary Productivity of Anatolian Forests in Relation to Climate, 2000 - 2010", *Forest Science*, Vol. 62, No. 6, 2016.

Schneider W. A. , "Integral Formulation for Migration in Two and Three Dimensions", *Geophysics*, Vol. 43, No. 1, 1978.

Tang Z. S. , Sun R. B. and Pan A. , "Tennessee River Basin Management", *Water Resourse & Hydropower of Northeast China*, 2000.

Veiga L. B. E. and Magrini A. , "The Brazilian Water Resources Management Policy: Fifteen Years of Success and Challenges", *Water Resources Management*, Vol. 27, No. 7, 2013.

Wang Z. , Luo Y. and Zhu X. , et al. , "Watershed Modeling of Surface Water-groundwater Interaction under Projected Climate Change and Water Management in the Haihe River Basin, China", *British Journal of Environment & Climate Change*, Vol. 3, No. 3, 2013.

Wei W. , Chen L. and Fu B. , "Responses of Water Erosion to Rainfall Extremes and Vegetation Types in a Loess Semiarid Hilly Area, NW China", *Hydrological Processes*, Vol. 23, No. 12, 2009.

Yu D. Y. , Shi P. J. and Han G. Y. , et al. , "Forest Ecosystem Restoration due to a National Conservation plan in China", *Ecological Engineering*, Vol. 37, No. 9, 2011.

后　　记

本书是 2020 年湖北省社科基金一般项目（后期资助项目）"长江经济带：发展与保护"（2020059）的最终成果。在研究和出版过程中还得到了研究阐释党的十九大精神国家社科基金专项"加快生态文明建设体制改革，建设美丽中国研究"（18VSJ037）、湖北省 2018 年度重大调研课题基金项目"湖北构建'共抓长江大保护'体制机制研究"（LX201839）和中国地质大学（武汉）"地学长江计划"核心项目群"长江流域土地资源集约利用与生态环境保护政策研究"（CUGCJ1706）的支持，在此一一表示感谢。

本书共九章，具体分工情况为：第一章、第二章、第三章、第四章、第八章由李世祥主笔，白俊，王楠，史见汝，李先敏，罗桥参与；第五章、第六章、第七章，由郭凯路主笔；第九章由王占岐主笔，汪金峰、汪军参与。全书由李世祥统稿。

在调研方面，本书得到了湖北省发改委长江经济带开发开放指导处常贤波，中共武汉市委办公厅丰广，武汉市长江大保护工作领导小组办公室许甫林、钟峥嵘，湖北省恩施市巴东县人民政府及各职能单位相关同志的大力支持。本书的研究还得到了中共湖北省委政策研究室陈宏斌，湖北省政府研究室邵德艾，湖北省社会科学研究院彭智敏，湖北省社会科学界联合会许巍，中国地质大学（武汉）成金华、吴巧生、白永亮等专家的指导和宝贵意见。在此，对这些领导和专家表示诚挚的感谢！

后　记

　　本书在写作过程中参考了相关方面的一系列政策文件，也查阅了大量的文献资料，从中借鉴了许多宝贵的思想和观点。同时，在本书的末尾列出了参考文献，对这些文献的作者一并表示衷心的感谢，如有不慎遗漏，在此表示歉意，并盼谅解。

　　感谢中国社会科学出版社编辑认真细致的校对工作。

　　由于时间仓促，水平有限，研究中难免存在一些不足之处，恳请大家批评指正。

李世祥

2019 年 12 月